シリーズ
現代経済の展望

新興アジア経済論

シリーズ 現代経済の展望

新興アジア経済論

キャッチアップを超えて

末廣 昭
Suehiro, Akira

岩波書店

はしがき

アジア開発銀行(ADB)は『アジア二〇五〇――アジアの世紀の誕生』(二〇一一年)の中で、現在の成長率が続いていけば、アジアの名目GDPは二〇五〇年には世界全体の五〇%を超えると推計し、二一世紀前半はまさしく「アジアの世紀」であると主張した。この報告書の中で、「アジアの世紀」の担い手とみなされたのが中国とインドの二カ国、いわゆる新興アジア経済(Emerging Asian Economies)である。

それでは、アジアとはどの国・地域を指すのか。ADBが毎年、主要統計を発表する「開発途上のアジア・太平洋諸国」(Developing Asian and Pacific Countries)は、中央・西アジア一〇カ国(アフガニスタン、パキスタンを含む)、東アジア五カ国・地域(中国、香港、台湾、韓国、モンゴル)、南アジア六カ国(バングラデシュ、ブータン、インド、モルジブ、ネパール、スリランカ)、東南アジア一〇カ国(ASEAN加盟の一〇カ国)、太平洋諸国一四カ国の計四五カ国である。一方、世界銀行や経済産業省の『通商白書』が「東アジア」(East Asia)と呼ぶ場合には、ADBの東アジア、東南アジアに日本を加えた一六カ国・地域を指す。

本書で「アジア」という場合には、ADBの「開発途上のアジア・太平洋諸国」に日本を加えた国・地域を指し、「東アジア」という場合には、世界銀行の定義に従うことにする（ADBの「東アジア」は、本書では日本を含めて「北東アジア」と呼ぶ）。本書が主として分析の対象とするのは日本を含めた「東アジア」であり、掲載した統計には、必要に応じてインドの数字を加えた。ちなみに、アジア全体に占める「東アジア」の比重は、二〇一二年の時点で人口の五六％、名目国民所得の七八％を占める。これにインドを加えると、それぞれの数字は八六％、九四％に上昇するので、インドを除く南アジア、中央・西アジア、太平洋諸国は、今回の分析では対象外とした。

次に、本書で「新興アジア経済」という場合には、現時点での各国の所得水準の絶対的な高さではなく、一九九〇年以降二五年間に所得水準を引き上げてきた国を指すものとする。具体的には、経済的躍進が著しい中国・インドのほか、マレーシア、タイ、インドネシア、ベトナムなどの国を含む。地域として集団として着実に所得水準を引き上げてきたところに、「新興アジア経済」の特徴がある。同時に日本をはじめ、かつてアジアNICs（新興工業諸国）、NIES（新興工業経済群）と呼ばれた韓国・台湾・香港・シンガポールも、「新興アジア経済」との関係を抜きに、現在の経済発展を語ることはできない。

このことは次のことを示唆する。一九九〇年以降のアジアの経済発展は、個別の国の経済実績のたばではなく、相互に密接に関係する地域の発展として捉えるべきである。日本企業などが主導する「東アジア生産ネットワーク」や、部品の製造と製品の最終組立が国境を越えて展開される「グローバル・サプライチェーン」は、その最たる事例と言えよう（第三章）。アジア域内の貿易・投資が拡大する状況は、「生産するアジア」（ADBは「Factory Asia」と呼んだ）や「アジア化するアジア」の特徴をほうふつとさせる。

地域化の動きは生産体制に限らない。都市化の進展と生活の向上が生み出した富裕層・中間層の成長が、アジアを巨大な消費市場に変えているからである(第二章)。一九八〇年代半ばまで、アジアは製造した工業製品の多くを北米に輸出していた。いま、アジアは製造した製品とサービスの多くをアジア域内で消費する。「消費するアジア」の登場である。

さらに、今日の世界経済を牽引するＩＴ産業の大半は、アジア域内でもっぱら生産されている。私たちが日常使用しているＩＴ製品のうち、アジア地域以外で一〇%以上生産されている製品は、いまやブラウン管テレビと液晶テレビくらいしかない(その大半を韓国・台湾企業が製造する)。世界の人々が使用するパソコン、マザーボード、キーボード、スマートフォン、タブレット、携帯電話の九割以上が、アジアで生産され輸出されているのだ(第三章)。

加えて、これらの製品を製造し販売するのは、従来のように欧米・日本の先導企業ではもはやない。パソコンにしろ、液晶テレビにしろ、携帯電話にしろ、その生産は韓国・台湾、あるいは中国の新興企業家たちが担っている。

ＩＴ産業の主役の交替は、同産業を中心に生じた新しい技術体系のパラダイム・シフトと関係する。製品の機能と基幹部品の製造方法の関係から産業の特性と企業の戦略を探求する「アーキテクチャ論」の議論に従えば、部品製造のモジュール化と製品知識のオープン化が、世界の産業・企業地図を根底から塗り変えてしまった(第四章)。その意味で、一九八〇年代末までは想定できなかった「キャッチアップの前倒し」という新しい現象が、新興アジア諸国の企業によって実現した。この点は、国営・公企業や多国籍企業に対抗して独自の役割を果たすファミリービジネスの強固な存在(第五章)と並んで、新興アジア諸国の経済発展の「担い手」の大きな特徴を構成する。

以上は、新興アジア諸国の二五年間の軌跡が示すポジティブな側面である。他方で、急速な経済発展はネガティブな側面も伴う。先進国以上に速いスピードで進む工業化と都市化は、不可避的に人口構造、労働市場、家族制度などに大きなインパクトを与えるからである。その中でも、アジア地域の経済発展に重要な影響をもたらしたのが人口構造の変化であった(第七章)。つまり、多産多死から少産少死への短期間の移行が引き起こした「圧縮された人口転換」の影響がそれである。

この人口転換は、「人口ボーナス」という転轍機を媒介に、労働集約的で輸出指向産業を軸とするアジア、とくに東アジアの工業化を促した。人口ボーナスとは、ある国の生産年齢人口(一五歳から六四歳の人口)が全人口に占める比率が伸びていく期間、つまり、利用可能な労働人口が増大していく期間を指す。人口経済学者たちは、世界銀行が主張した「東アジアの奇跡」(一九九三年)の三分の一は、じつは人口学的要因で説明できると主張したほどである。

その半面、「圧縮された人口転換」は、それまで労働力と資本の追加的投入にもっぱら依拠してきたアジアの経済発展パターンの限界、すなわち、「要素投入型成長路線の限界」(中所得国の罠)を顕在化させた(第六章)。少子高齢化が、新規労働力の供給や国内貯蓄率(投資率)の上昇を阻害することになるからである。この問題は、高所得国に所属するアジア諸国と新興アジア諸国の双方に対して、新たな社会問題を惹起した。それが「老いてゆくアジア」の姿である(第七章)。

さらに、グローバル化・自由化の帰結である競争の激化や、自然災害の頻発に代表されるリスクの頻発と多様化は、人々の将来への不安と精神的なストレスを惹起する。自殺者やうつ病患者数が増加し、若者が将来への希望を失うという「疲弊するアジア」の姿が浮上する（第八章）。若者にとって「過酷な現実、不安な将来」の問題は、新興アジア諸国だけではなく、高所得国に所属する日本・韓国・台湾にも共通する社会問題であろう。

本書はこうした新興アジア諸国の現実を、「生産するアジア」「消費するアジア」という経済的側面と、「老いてゆくアジア」「疲弊するアジア」という社会的側面の双方に注目しながら、丸ごと理解することを目指す。

私は二〇〇〇年に、『キャッチアップ型工業化論――アジア経済の軌跡と展望』（増補改定版は Suehiro 2008）と題する本を上梓した。この本で私は、一九七〇年代からアジア通貨危機直後までのアジア経済の発展パターンを、①イデオロギー（開発主義）、②担い手（政府、企業、生産労働者と技術者）、③制度・組織（技術形成、労働市場、教育制度）の三つの側面に分けて、「キャッチアップ」という一貫した視角から捉えようと試みた。

本書はこの本の続編を意図している。ただし、対象とする期間はもとより、視角も方法も前著とは異なる。一九九〇年代以降の国際環境の変化や中国の台頭、そして、新たなリスクや社会問題の登場が、私に課題設定の変更を迫ったからである。

前著で出来なかったこと。前著では意図的に、社会主義国で人口大国である中国を検討の対象から外した。しかし、中国を抜きに「新興アジア経済」を議論することは今や不可能であろう。本書では可能な限り中国経済の実態に触れるようにした。ＩＴ産業で起こっている技術革新も、前著では詳しく論じることができなかった。本書では、「キャッチアップの前倒し」という観点から「キャッチアップ型工業化論」の見直しを試みる。

前著で宿題にしたこと。経済発展ではなく社会発展にもっと注目すべきである。そのように私は前著の結論で述べた。この点については、本書の第七章以下でできるだけ触れるつもりである。従来の「躍動するアジア」というイメージとは異なるアジアの現実を読者に示すことは、この本の大きな課題であると同時に、特徴でもある。

本書は、日本の現状にほとんど触れていない。しかし、新興アジア経済を描く作業の中で、常に念頭にあったのは日本の将来の姿である。私が考えるアジアの将来のシナリオ、つまり「経済と社会のバランスがとれたアジア」というシナリオには、「課題先進国」である日本の協力が大きく関わっている(終章)。

日本はアジア諸国とどのように協力していくのか。とりわけ、「生産するアジア」「消費するアジア」に関与するだけではなく、「老いてゆくアジア」「疲弊するアジア」にどのように真摯に向き合うのか。そのことが私はとても大切だと考える。

目次

第一章　新興アジア経済論の視角と課題

1　新興国とはどこの国か？

ＩＭＦの「新興経済」の定義

近年、新興国や新興経済という言葉を、しばしば本やメディアで見るようになった。たとえば、経済産業省（『通商白書二〇一一』）は新興諸国の特集を組むにあたって、その定義をＩＭＦ（国際通貨基金）の記述に依拠している。そこでまずＩＭＦの定義から見ておこう（IMF 2010）。

ＩＭＦは『世界経済展望』（二〇一〇年四月号）の中で、世界経済を先進経済（advanced economies, 三〇カ国・地域）、新興経済（emerging economies, 一五カ国）、発展途上経済（developing economies, 一二六カ国）の三つのグループに分類している。

「先進経済」というのは、Ｇ７を構成する七カ国（アメリカ、カナダ、日本、イギリス、フランス、ドイツ、イタリア）、仏独伊を除くユーロ圏、アジアＮＩＥＳ（韓国、台湾、香港、シンガポール）、スウェーデン、ノルウェイ、チェコ、イスラエル、オーストラリア、ニュージーランドの国・地域を指す。

一方、「新興経済」は、アジアが七カ国（中国、タイ、マレーシア、インドネシア、フィリピン、インド、パキスタン)、ラ米が七カ国(アルゼンチン、ブラジル、チリ、コロンビア、メキシコ、ペルー、ベネズエラ)、ロシア東欧が五カ国(ブルガリア、ハンガリー、ポーランド、ルーマニア、ロシア)、中東・アフリカやCIS(旧ソ連構成国)が六カ国(エストニア、ラトビア、リトアニア、南アフリカ、トルコ、ウクライナ)である。「新興経済」というのは、一九九〇年代以降、先進国や発展途上国と比べて、相対的に高い成長を実現した国すべてをカバーしていると言ってよい(中東の石油輸出国を除く)。冷戦期にアメリカと並ぶ経済大国であったロシア(旧ソ連)が、「新興経済」に分類されているのは、二〇〇〇年代に入って相対的に高い成長を示したからである。

ＩＭＦの推計によると、新興経済二五カ国は二〇〇八年に、世界の名目ＧＤＰの二三%を占めていた。この数字が二〇三〇年には六〇%以上に上昇するという。逆に、アメリカは同期間に二六%から一七%へ、ユーロ圏は三八%から一四%へ、日本も九%から四%に低下し、世界経済地図は大きく塗り替わる。

「新興国」を示す多様な表現

もっとも、新興国への関心は最近始まったことではない。たとえば、経済協力開発機構(ＯＥＣＤ)の『新興工業国の挑戦』(OECD 1979[一九八〇])は、新興経済論の先駆けとも言えるからだ(**表1-1**)。この報告書でＯＥＣＤは、①工業製品輸出の伸び、②雇用に占める工業部門比率の上昇、③一人当たり国民所得の継続的増加の三つを指標に用いて、東アジアの四カ国・地域(韓国、台湾、香港、シンガポール。アジアＮＩＣｓ)、ラテンアメリカの二カ国(メキシコ、ブラジル。ラ米ＮＩＣｓ)、東欧・南欧の

表 1-1　新興経済の呼称とその構成国・地域

呼称	構成する国・地域	典拠と備考
NICs(新興工業諸国), NIES(新興工業経済群)	10カ国・地域. 韓国, 台湾, 香港, シンガポール, メキシコ, ブラジル, スペイン, ポルトガル, ギリシャ, ユーゴスラビア	1979年. OECD『新興工業国の挑戦』(1979年／邦訳1980年). 1988年のトロント・サミットでNICsの呼称をNIESに変更.
Asian NIES(アジアNIES), Four Little Dragons(アジア四小龍)	4カ国・地域. 韓国, 台湾, 香港, シンガポール	1991年. エズラ・F. ヴォーゲル『アジア四小龍』(1991年／邦訳1993年). 英語ではFour Asian Tigersとも呼ぶ.
HPAEs(High-Performing Asian Economies, 高成長アジア経済群)	8カ国・地域. 日本, アジアNIES(韓国, 台湾, 香港, シンガポール), ASEAN3(タイ, マレーシア, インドネシア).	1993年. 世界銀行『東アジアの奇跡：経済成長と政府の役割』(1993年／邦訳1994年). 1997年アジア通貨危機後, HPAEsは使用せず.
Group of Twenty (G20)	20カ国・地域. G7, ロシア, 欧州連合(EU), 新興国11カ国(オーストラリア, 中国, 韓国, インドネシア, インド, トルコ, サウジアラビア, メキシコ, ブラジル, アルゼンチン, 南アフリカ)	1999年から拡大財務大臣・中央銀行総裁会議を定期的に開催. 2008年から世界金融危機・財政危機への対処として「G20サミット」を定期的に開催. IMF, 世界銀行, 欧州連合委員会の代表なども同席.
BRICs(ブリックス), BRICS(2011年から)	4カ国(のち5カ国). ブラジル, ロシア, インド, 中国, 南アフリカ(2011年から新規参加)	2001年11月. 国際投資銀行ゴールドマン・サックス報告書(Building Better Global Economic BRICs). 2003年の報告書(Goldman Sachs 2003)が反響を呼ぶ.
Next Eleven(N-11)	11カ国. 韓国, インドネシア, フィリピン, ベトナム, パキスタン, バングラデシュ, メキシコ, トルコ, イラン, エジプト, ナイジェリア	2007年. 国際投資銀行ゴールドマン・サックス『2007年経済予測レポート』.

(出所)典拠の文献にもとづき筆者作成.

四カ国(スペイン、ポルトガル、ギリシャ、ユーゴスラビア。南欧NICs)の計一〇カ国・地域を「新興工業諸国」(NICs)と名付けた(末廣 二〇〇〇:第一章)。

ところが、ラ米NICsはその後債務累積危機に陥り、南欧NICsも外貨を工業製品輸出ではなく観光収入で稼ぐようになる。結局、一九八〇年代に残ったのはアジアNICs(以下、NIES)のみとなった。そこで東アジアへの関心が高まり、「アジア四小龍」(ヴォーゲル 一九九三[一九九一])といった議論が盛んに行われた。

次いで一九九三年に、世界銀行が『東アジアの奇跡』を刊行する(World Bank 1993)。この報告書は、一九六五年から八九年の間に一人当たり所得が高い伸び率を達成し、同時に、経済的不平等度が相対的に小さかった稀有な地域として、東アジアの経済発展を大々的に取り上げた。そして、日本、NIES4、「新・新興工業国」であるタイ・マレーシア・インドネシアの計八カ国・地域を総称して、「高成長アジア経済群」(HPAEs)と呼んだ。なお、この報告書では中国やインドはまだ登場していない。

東アジアに奇跡をもたらした要因は、安定したマクロ経済の運営、政府による教育投資の実施、効率的で安定的な金融制度の存在、外国からの技術の積極的な導入、「緑の革命」(高収量品種のコメの導入など)にもとづく農業の発展などである。同時に、政府による市場への選択的介入(産業政策など)や、政治から遮断された経済テクノクラートの役割も評価した。

ところが、一九九七年にアジア通貨危機が勃発すると、世界銀行の東アジアに対する評価は一変する。効率的で安定的な金融制度は、脆弱で構造的欠陥をもった金融制度であったと、その評価が一八〇度変わってしまった。また、政府による市場への選択的介入は市場機能を歪めたと逆の見解に変わり、高い評価を受けた官僚制度も、政治家と企業家・官僚が癒着する「クローニー資本主義」（取り巻き資本主義）の典型と、断罪されたのである（末廣 二〇〇〇：第四章）。

二〇〇〇年代に入って新たに注目を集めたのが、アジア以外の新興国とBRICsの二つである。前者の代表は、G7のメンバーやロシア、EU代表に加えて、新興国一一カ国の首脳などから構成される拡大財務大臣・中央銀行総裁会議、すなわちG20（Group of Twenty）である。「新興国」として新たに招聘された国は、中国、韓国、インド、インドネシアのアジア四カ国のほかに、ラテンアメリカ三カ国、中東二カ国、南アフリカ、オーストラリアであった。

一方、二〇〇三年にはアメリカ最大手の投資銀行であるゴールドマン・サックスが『BRICsと夢見る――二〇五〇年への途』（Goldman Sachs 2003）を刊行する。BRICsの名前は、ブラジル、ロシア、インド、中国の国名の頭文字から来ている。同報告書が、中国・インドは二〇五〇年までにアメリカのGDPを抜くと大胆に予測したため、BRICs（のち南アフリカが加わってBRICSとなる）の名前は、一気に世界中のメディアの間に広まった経緯がある。

興味深いのは、中国、ロシア、南アフリカなどが、G20やBRICS首脳会合の場を利用して、先進国にさまざまな物言いをつけるようになった事実であろう。とくに二〇〇八年世界金融危機以後、G20は通貨問題や世界貿易を議論する場として、従来のG7以上に重要な役割を果たすようになっている（伊藤正直 二〇一二、飯田 二〇一三）。

ただし、最近のBRICSやネクスト・イレブン（N-11）などは、学術的な検証に耐える概念とは言えない。金融機関や投資家に向けて、投資銀行などが有望な投資先として新興国を選んでいる場合が多いからである。むしろ、本書の課題にとっては、ＩＭＦの「新興経済」より、世界銀行が一九八〇年から使っている所得水準別の国の分類の方が有益であろう。

2　世界銀行による国の分類

低所得国・中所得国・高所得国

世界銀行は、『世界開発報告』巻末付録の中で、世界の国々を一人当たり国民所得（ＧＮＩ）の水準によって、いくつかのグループに分類している。この分類が始まったのは『一九八〇年報告』からである。

『一九八〇年報告』では、一九七八年基準で三六〇ドル以下を低所得国、三九〇ドルから三五〇〇ドルまでを中所得国、それ以上を市場経済工業国（のち高所得国に変更）とし、他に石油輸出国、非市場経済工業国（社会主義国）の計五つに分類した。最後の二つは経済体制の違いにもとづくもので、所得水準とは関係ない。

次いで、『一九八九年報告』では、一九八七年を基準に、低所得国・中所得国・高所得国の三分類に変更した。そして、『二〇〇〇年報告』では中所得国をさらに二つに区分し（lower と upper）、九八年を基準にして、低所得国（七六〇ドル以下）、下位中所得国（七六一―三〇三〇ドル）、上位中所得国（三〇三一―九三六〇ドル）、高所得国（九三六一ドル以上）の四分類方式に変えた。

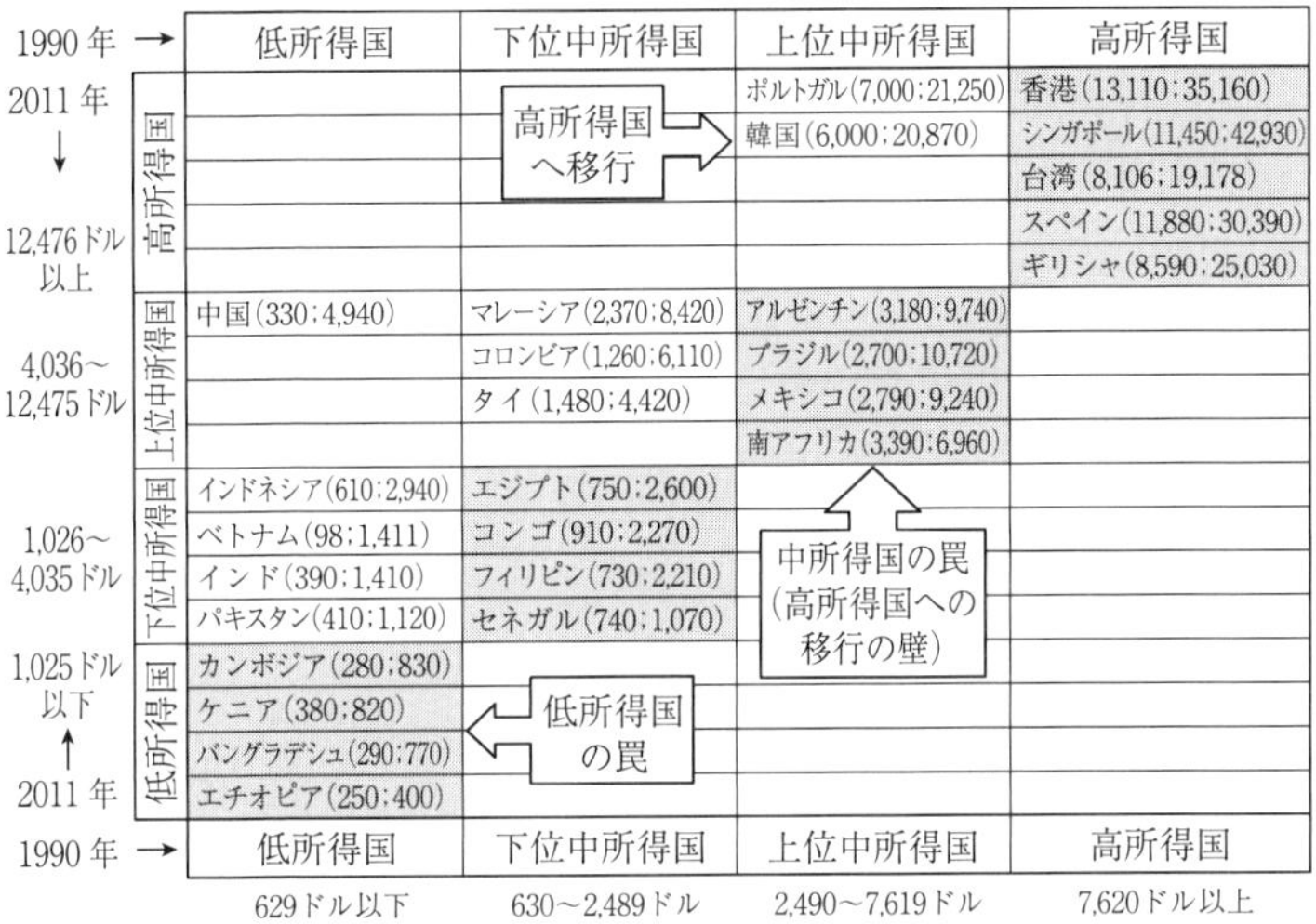

	低所得国	下位中所得国	上位中所得国	高所得国
高所得国			ポルトガル(7,000;21,250) 韓国(6,000;20,870)	香港(13,110;35,160) シンガポール(11,450;42,930) 台湾(8,106;19,178) スペイン(11,880;30,390) ギリシャ(8,590;25,030)
上位中所得国	中国(330;4,940)	マレーシア(2,370;8,420) コロンビア(1,260;6,110) タイ(1,480;4,420)	アルゼンチン(3,180;9,740) ブラジル(2,700;10,720) メキシコ(2,790;9,240) 南アフリカ(3,390;6,960)	
下位中所得国	インドネシア(610;2,940) ベトナム(98;1,411) インド(390;1,410) パキスタン(410;1,120)	エジプト(750;2,600) コンゴ(910;2,270) フィリピン(730;2,210) セネガル(740;1,070)		
低所得国	カンボジア(280;830) ケニア(380;820) バングラデシュ(290;770) エチオピア(250;400)			
1990年→	低所得国	下位中所得国	上位中所得国	高所得国
	629ドル以下	630～2,489ドル	2,490～7,619ドル	7,620ドル以上

(出所)World Bank, *World Development Report* の付録統計より筆者作成.

図1-1　主要諸国の1人当たりGNI，1990年と2011年　(ドル)

基準となる数字は、物価水準を考慮してほぼ毎年引き上げられているが、四分類方式自体は現在まで変わっていない。大雑把に言えば、低所得国と下位中所得国が発展途上国、上位中所得国が中進国、高所得国が先進国に該当する。

この分類に照らして、世界主要国の一九九〇年と二〇一一年の地位の移動を整理したものが**図1-1**である。横軸が一九九〇年の地位、縦軸が二〇一一年の地位を示す。したがって、対角線上のボックスにいる国は、過去二一年間に地位が変わらなかった国、対角線より上は地位が上昇した国を示している。

図を見ると、旧アジアNICsのシンガポール・香港、台湾、南欧NICsのスペイン・ギリシャはもともと高所得国であり、韓国、ポルトガルが上位中所得国から高所得国へ移行した。というより、過去二一年間で高所得国へ移行できたのは、OECDがNICsと呼んだ上位中所得国に所属する五カ国・地域のうち、これら二カ国だけであった。

一方、ブラジル、メキシコのラ米NICsは上位中所得国に留まり続けている。これが本書の第六章で取り上げる「中所得国の罠」(the middle-income trap)、もしくは「高所得国への移行の壁」である。なお、エジプト、コンゴ、セネガルは下位中所得国のまま、カンボジア、ケニア、バングラデシュ、エチオピアは低所得国のままであった。

これとは対照的に、二一年間に地位を引き上げた国の多くは、アジア地域に集中していた。下位中所得国から上位中所得国へ上昇した国はマレーシア、タイであり、中国に至っては低所得国から下位中所得国(九八年)を経て上位中所得国への仲間入り(二〇一〇年)を果たしている。インドネシア、ベトナム、インド、パキスタンも、低所得国から脱却し下位中所得国へと移行した(後出**表6-1**を参照)。

地域からアジア経済を見る

本書の課題は、新興アジア諸国の発展パターンを特徴づけ、彼らが抱えている経済的社会的諸問題を検討することにある。ただし、研究の対象は狭い意味での新興アジア諸国に限定しない。

本書で「新興アジア諸国」という場合は、通常想起される中国、インドの二カ国だけでなく、韓国(上位中所得国から高所得国へ)、マレーシア・タイ(下位中所得国から上位中所得国へ)、インドネシア・ベトナム・パキスタン(低所得国から下位中所得国へ)のすべての国・地域を指すものとする。現時点での所得水準ではなく、当該国の地位の上昇に注目する。

一方、第三章以下で見るように、現在のアジア地域では、貿易・投資・人材・文化のいずれの分野をとっても、地域的な広がりをもって相互浸透が進んでいる。そのため、高所得国に含まれる日本、台湾、シンガポールを、本書の議論から切り離すことはできないだろう。また、低所得国の段階にいるカンボジア・ラオス・ミャンマー(CLM)も、国境を接する中国やタイの影響を強く受けている。

結局、新興アジア経済論は、IMFが定義した「新興経済」に留まらず、「地域としてのアジア」を対象とせざるを得ない。のちに紹介する「アジア化するアジア」、『通商白書』の「東アジア生産ネットワーク」論、「老いてゆくアジア」などは、いずれも「地域としてのアジア」に注目した議論であった。

では、アジア地域でいま何が起きているのか。この点を検討する前に、アジア地域の地殻変動と不可分の関係にある世界の新しい動きから見ておきたい。

3 世界とアジアで起きていること

世界に共通する五つの動き

一九九〇年代以降、世界で起きている新しい動きは、次の五つに整理することができる。

第一は、グローバル化・自由化・情報通信革命の同時進行である。この三つは相互に密接に関係している。

グローバル化は、モノ(商品)、マネー(直接投資、国際短期資金)、ヒト(労働力、高度人材、学生・研修生、観光客)、情報・文化(映画や音楽)の国境を越えた移動を指す。一九九〇年代以降、世界経済は急速なスピードで増大していった。一九九〇年と二〇一一年を比較すると、世界人口は五三億人から七〇億人へと一・三倍に増加した。これに対して、世界の輸出合計は三・五兆ドルから一八兆ドルへ五・一倍、直接投資額は二四〇〇億ドルから一兆四〇〇〇億ドルへ五・八倍も伸びている(日本貿易振興機構『世界貿易投資報告二〇一三』ほかより集計)。

世界経済の膨張を背後から支えたのが、各国で進んだ経済の自由化である。一九八〇年代前半にラテンアメリカ諸国で生じた債務危機を契機に、いわゆる「ワシントン・コンセンサス」と呼ばれる自由化路線が定着する。自由化の波は九〇年代に入るとアジアに波及し、九七年の通貨危機以後、その傾向はいっそう強まった。金融・貿易・投資への規制が大幅に緩和され、政府の市場介入には各種の制約と条件が付けられるようになった。

ちなみに、二国間もしくは地域レベルでの「発効済み自由貿易協定」の件数は、一九九〇年以前は、欧州自由貿易協定やラテンアメリカ統合連合(ALADI)など、九件を数えるにすぎなかった。ところが、二〇〇〇年代半ばからその数が急増し、二〇一三年九月現在、二五二件にまで増加している(日本貿易振興機構 二〇一三)。

情報通信技術(ICT)の著しい進展も、グローバル化を加速する重要な要因である。パソコン、携帯電話、インターネットなどの普及は情報通信コストを劇的に引き下げ、物流コストの低下とあいまって、企業活動の国際化を一気に加速させたからである。のちに見る地域大の生産体制やグローバル化するサプライチェーン(部品供給の地理的連鎖とそのネットワーク化)の形成は、その端的な表れに他ならない。

二〇一一年九月にタイで大規模な洪水が発生した。この大洪水はホンダなどの自動車メーカー、キヤノンなどの電子メーカーの現地工場と日本の親工場を直撃しただけではない。現地工場の被害発生から三日も経たないうちに、北米の関連工場、次いで欧州の関連工場も相次いで生産縮小に追い込まれた。サプライチェーンがいまや世界に広がっている実態をまざまざと見せつけた出来事だった(『通商白書二〇一二』第二章第3節「タイの洪水」)。

第二は、技術のパラダイム変化である。一九七〇年代に生じたマイクロエレクトロニクス革命(ME革命)は、世界の製造業の技術体系に大きな影響を与えた。自動車産業に代表される大量生産方式の生産体制から、電機電子産業に見られるフレキシブルな多品種少量生産体制への移行がそれであった(末廣 二〇〇〇:第一〇章、Pérez 2001)。

ところが、一九九〇年代に入ると、IT産業を中心に、部品のモジュール化や製品知識・製造技術のオープン化が急速に進み、これが後発工業諸国、とりわけ新興アジア諸国の企業の台頭を促した(本書第四章)。また、バイオテクノロジーの発展は、「グリーン成長戦略」とも結びついて、各国の農業の在り方を変えつつある。

第三は、株式取引を含む金融市場の急速な発展、つまり「資本主義の金融化」(financialization of capitalism)の進展である(Epstein ed. 2005)。

そもそも、アジア通貨危機の直接の原因は、欧米・日本の国際短期資金の大量かつ急激な流入と流出にあった(World Bank 1998)。二〇〇八年の世界金融危機も金融・証券セクターの肥大化が原因である(伊藤正直 二〇一〇)。

通常、金融市場の発展は、貨幣供給量(M1とM2の合計)が名目GDPに占める比率で示す。いわゆる「金融システムの深化」と呼ばれる指標で示される。これに対して金融機関や家計などが保有する金融資産を名目GDPで割った数字が「金融化率」であり、資本主義の金融化の尺度となる。韓国を例にとると、金融資産は一九九〇年の七七〇兆ウォン(金融化率は三八三%)から二〇一〇年には一〇、〇〇〇兆ウォン(同七九〇%)に膨れ上がった(『韓国金融委員会報告書二〇一三』より)。こうした資本主義の金融化は、当然ながら各国の経済構造と企業行動の双方に影響を与えた。

第四は、世界各地で生じている社会構造の変化、とりわけ人口構造の変化である。

女性が出産可能年齢期に生む子供の数(合計特殊出生率)は、世界主要国二一カ国(うちアジア一〇カ国)でみると、一九九〇年の二・一一人から、二〇一〇年には人口置き換え水準である二・一〇人を下回る一・八三人まで下がった。ちなみに、一九五〇年代初めは四・三三人である。一方、六五歳以上の高齢人口が占める比率は、一九九〇年の六・八%から二〇一〇年の八・七%に上昇し、二〇二五年には一二・七%に達すると予測されている(国連『世界人口推計二〇一〇年版』より算出)。

世界で起きている動きは少子化・高齢化の進展だけではない。人口構造の変化は、同時に都市化の進展、家族制度の変容、労働市場の流動化(非正規労働者の増加など)とも密接に関連しているからだ。世界が直面している経済社会問題の背後には、人口構造の変化(人口転換)が存在することに注意する必要がある。

第五は、地球をとりまく自然環境の悪化とリスクの増大・多様化である。工業化と都市化の進展は、世界各地のエネルギー消費量を増加させ、これが大気汚染、産業公害、森林喪失といった環境問題を悪化させた。また、エネルギー消費量の増加は、二酸化炭素の排出量の増加を通じて気候変動(climate change)を引き起こし、こうした気候変動が二〇〇〇年代に入って頻発する大規模な自然災害の重大な原因となっている。

日本エネルギー経済研究所の推測によると、二〇〇七年から三五年までの間に増加する一次エネルギー消費量(石油換算)五八億トンのうち約六割の三五億トンは、アジア地域で発生するという。また、世界保健機関(WHO)が発表する世界汚染国際都市のワーストテンは、アジア地域に集中していた。

ウルリッヒ・ベック(二〇〇三)も指摘するように、世界はさまざまなリスクに晒されている。世界金融危機や雇用不安といった経済リスク、国際テロといった政治リスク、地球環境の悪化に伴う生活リスク、新型感染症に見られる健康リスクなどがそうである。こうしたリスクにどう対応していくかは、世界にとっても、アジアにとっても、極めて大きな課題になっていると言えよう。

新興アジア経済を理解するためのキーワード

次に、世界で起きている動きを念頭に置きながら、一九九〇年代以降、アジア地域で生じている変化と、アジア諸国(とりわけ新興アジア諸国)が直面している経済的・社会的諸課題について述べる。また、それぞれの課題を本書のどの章で検討するのかについても、簡単に紹介しておきたい。

キーワードは次の七つである。①「アジアの世紀」の再来と中国の台頭、②アジア化するアジア、③キャッチアップの前倒し、④大企業の「鼎構造」とファミリービジネス、⑤中所得国の罠の回避、

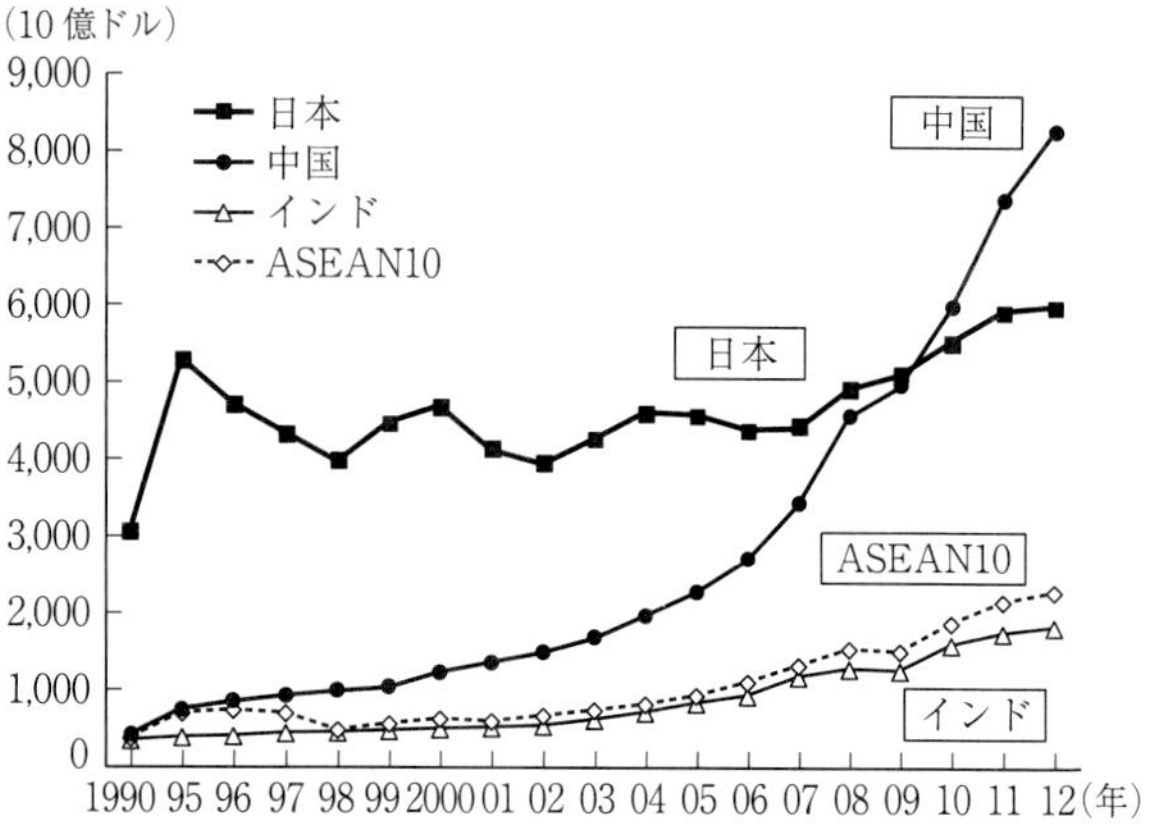

(出所)IMF, *World Economic Outlook* ほかより筆者作成.

図1-2 日本, 中国, ASEAN10, インドの名目GDP, 1990-2012年 (10億ドル)

⑥社会大変動の時代、⑦社会発展なき成長。

一番目のキーワードは、「アジアの世紀」の再来と中国の台頭である。一九九〇年代以降の変化で筆頭に掲げるべき動きは、世界経済に占めるアジアの地位の上昇と、その中でも中国経済の目覚ましい躍進ぶりであろう。**図1-2**が示すように、中国は二〇一〇年に日本の名目GDPを追い抜き、アメリカに次ぐ世界第二位の経済大国に発展した。名目ではなく、物価水準を反映させた購買力平価(PPP)レートで測ると、中国が日本を追い抜いたのはもっと早く、二〇〇二年であった(後出**表2-1**)。インドも二〇一一年に日本を追い抜いている。アジア地域の成長軸となる国が移動しているのである。この問題は第二章で検討する。

第二章では、一八二〇年から二〇五〇年という長いタイムスパンの中で、アジアが世界経済に占める地位の推移を概観し、一九世紀前半がじつは「アジアの世紀」であった歴史的事実を確認する。二一世紀が「アジアの世紀」の到来ではなく再来としたのはそのためである。次いで、一九八〇年以降のGDP(PPP)、商品輸出、鉄鋼生産、自動車生産の指標を使って、過去三〇年間における「世界経済の中のアジア」の地位の変化を見る。また、消費人口(富裕層と上位中間層)、エネルギー消費量、二酸化炭素の排出量の三つについて、今後の予測を紹介し、アジアが地球環境問題に対して重要な責務を負っていることも指摘する。

二番目のキーワードは、「アジア化するアジア」である。これは、一九九〇年代に入って進んだアジア域内の相互依存体制の深化を表わす言葉である。一九八〇年代半ばまでは、日本を含むアジア地域にとって、最大の貿易パートナーはアメリカであった。ところが、グローバル化・自由化の進展とIT関連産業の著しい発展が、「地域としてのアジア」の発展を促した。アジアで生産した工業製品を北米に輸出するのではなく、アジアで生産した製品・サービスをアジアで消費するという、新しい構造が生まれたのである。

この問題は第三章で論じる。まずIT製品を事例にとり、アジア域内貿易が急成長を遂げた背景を探り、貿易構造が「太平洋トライアングル」から「東アジア・トライアングル」へ移行した経緯をあとづける。また、中国ASEAN貿易が、産業内水平貿易(企業内貿易)と伝統的垂直貿易の結合によって急増している事実にも注目する。

三番目のキーワードは、「キャッチアップの前倒し」である。前著『キャッチアップ型工業化論』では、「後発性の利益」仮説と技術の段階的発展論に依拠しながら、後発工業国の技術形成の特徴を追跡型・積み重ね型イノベーションに求めた。ところが、**図1-3**の液晶テレビの事例が端的に物語っているように、新製品を開発した日本企業の世界シェアが、短い期間に急速に低落し、韓国・台湾さらには中国の新興企業が、生産量で日本企業を上回り、グローバル市場を席巻するという新しい現

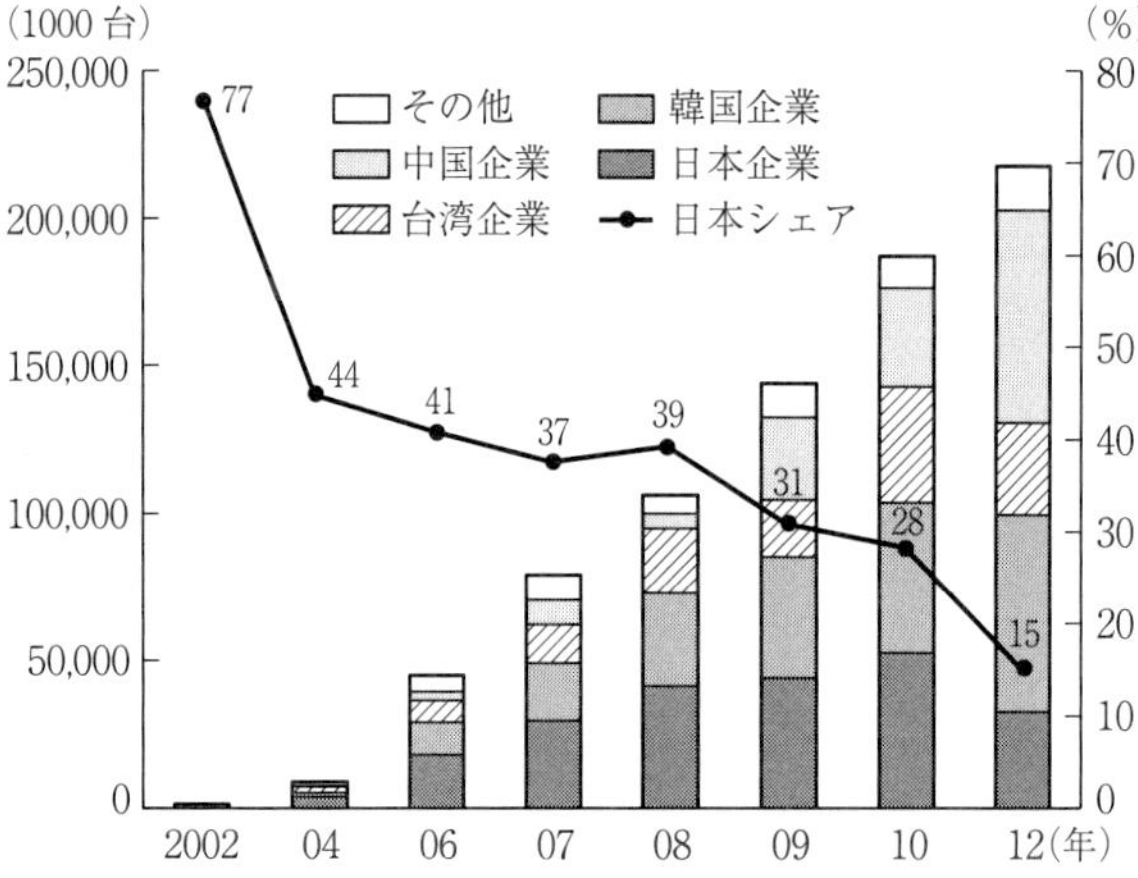

(注)生産拠点国別ではなく製造企業の国籍別．生産拠点別の表3-1と異なるので注意．
(出所)富士キメラ総研『ワールドワイドエレクトロニクス市場総調査』各年版より筆者・川上桃子作成．

図1-3 液晶テレビの生産推移：企業国籍別，2002-2012年(1000台)

象が生じた。しかも、日本企業のシェア喪失は、グローバル市場が爆発的に拡大する中で生じたから、事態はそれだけ深刻であった(小川(二〇〇九)。液晶パネル産業については赤羽(二〇一四))。

ではなぜ、こうした現象が起きているのだろうか。

第四章では、IT製品を事例にとり、アーキテクチャ論を用いて、一九九〇年代以降に世界とアジアで生じた「技術のパラダイム変化」の内実を明らかにする。また、韓国のサムスン電子と台湾のパソコン産業の発展の秘密を探る。しかし、アーキテクチャ論が対象とする世界は、もっぱらIT関連産業(部品のモジュール化が進みやすい組立産業)であり、取り上げる経済主体も韓国・台湾・中国の新興企業に偏っている。そこで、彼らの発展パターンとまったく異なるが、国内天然資源(コメやハーブ)を活用して独自のイノベーションを追求しているタイの事例も紹介する。

四番目のキーワードは、「大企業の鼎構造の変容」である。鼎構造というのは、食物を煮たり、お茶を沸かす容器を三本足が支える「かなえ」と同様、①国営・公企業、②外国企業(多国籍企業)、③地場の民間大企業(ファミリービジネス)の三者が、東アジアの工業発展を支えている状態を指す(末廣二〇〇〇：第七章)。

第五章では、アジア通貨危機以後、この三者の関係がどのように変容したのかを、大企業のデータを使って検討する。具体的には、ファミリービジネスが後退し、政府系企業と多国籍企業がプレゼンスを増したこと、にもかかわらず、ファミリービジネスは国内資源に基盤を置く分野(資源・エネルギー、アグロ)や、生活に密着した新規分野(住宅、外食産業、近代小売、医療・健康)で、引き続き競争優位を発揮している点に注目する。

新興アジア諸国が直面する経済社会問題

五番目のキーワードは、「中所得国の罠の回避」である。二〇〇〇年代末から、世界銀行やアジア開発銀行が盛んに論じている問題のひとつが、マレーシアや中国が直面している「中所得国の罠」であった(ADB 2012c, World Bank et al. 2012)。しかし、所得水準が異なる国を一括して中所得国と呼び、しかも、現に直面している問題と将来直面しそうな課題を同列に論じるなど、国際機関の議論には疑問とすべき点が多い。

第六章では、まず国際機関の議論を批判的に検討し、新興アジア諸国が直面している問題を、「要素投入型成長路線の限界」という観点から捉え直す必要性を指摘する。その上で、生産性の年伸び率、アメリカとの生産性の格差、研究開発費の投入といった指標を使って、アジアの現状を明らかにする。また、後半部分では、中国、マレーシア、タイの順に、それぞれの国の経済が直面している主要課題と政府が取り組むべき対策を整理する。

六番目のキーワードは、「社会大変動の時代」である。アジア諸国は世界の動きで見たように、急速な人口構造の変化(人口転換)を経験してきた。この人口転換は、経済成長に対しては正の効果と負の効果の二つの側面を持つ。正の効果は多産多死から少産少死に移行する過程で、生産年齢人口が一定期間にわたって増加し続け、この増加が労働力の追加的供給と国内貯蓄率(投資率)の引き上げを可能にするメカニズムを指す。メイソンが「人口ボーナス」と呼んだ効果がそれである(Mason 1997)。また、人口ボーナスは、「東アジアの奇跡」を説明する有力な人口学的要因でもある。

他方、人口転換は少子化と高齢化を通じて負の効果ももたらす。とくに高齢化社会が急速に到来した場合、若年労働力人口の減少や貯蓄率の低下だけでなく、医療費や老齢年金といった財政負担も増加するからである。しかも、社会保障制度が未整備の下で高齢化社会に移行すると、地方に住む高齢者をだれがケアするかという深刻な問題が発生する。

第七章では、「圧縮された人口転換」という観点から、新興アジア諸国の人口構造の変化をまず紹介し、人口ボーナス論と成長会計のツールを使って人口転換の正の効果を、次に高齢化社会に焦点を当てて負の効果を、それぞれ検討する。また、タイや韓国などを事例にして家族制度と家族観の変容も紹介する。

最後の七番目のキーワードは、「社会発展なき成長」である。新興アジア諸国の場合、経済発展は

表 1-2　韓国の自殺率の推移(1992-2010 年)と 2010 年の年齢別構成
(10 万人当たり人数)

年次	日本参考	男女計	男性	女性	年齢別構成	男女計	男性	女性
1992	16.9	8.3	11.5	5.0	10～19 歳	5.2	5.3	5.0
1996	17.8	12.9	17.7	8.1	20～29 歳	24.4	26.1	22.5
1998	25.4	18.4	26.5	10.3	30～39 歳	29.6	35.4	23.5
2000	24.1	13.6	18.8	8.3	40～49 歳	34.1	47.6	20.0
2002	23.8	17.9	24.6	11.1	50～59 歳	40.1	60.0	20.0
2004	24.0	23.7	32.4	14.9	60～69 歳	52.7	81.5	26.5
2006	23.7	21.8	29.5	14.1	70～79 歳	83.5	134.8	48.5
2008	24.0	26.0	33.4	18.7	80 歳以上	123.3	222.7	83.1
2010	23.4	31.2	41.4	21.0	全　体	31.2	41.4	21.0

(注)(1)年齢別構成は 2010 年の数字. (2)日本の 2010 年の男女別は男性 34.2, 女性 13.2.
(出所)韓国保健福祉部・韓国自殺予防協会『自殺予防調査研究報告書』(2011 年)より金炫成作成. 日本は内閣府『自殺対策白書』各年版より筆者作成.

着実に貧困人口比率の低下をもたらした。その一方で、国内の所得格差は解消されず、むしろ拡大する傾向にある。新興アジア諸国が直面する最も深刻な問題は、この経済的不平等の問題である。

第八章では、この問題を正面から取り上げる。まず、クズネッツの「経済成長と所得の不平等」の内容を要約し、パルマ(Palma 2011)による「クズネッツ仮説」に対する批判を紹介する。次に、アジアの経済的不平等の原因を、空間的格差(都市・沿岸部と農村・内陸部)、労働分配率の低下、正規・非正規労働者間の格差に分けて、その影響を検討する。

一方、高所得国のNIESなどで顕在化しているのが、若者問題とストレス社会の到来であった。**表1-2**に示した、韓国における自殺率の異常なまでの上昇と、他の地域に比べて著しく多い女性と若年層の自殺者の存在。これはアジア諸国が抱える社会問題の最も不幸な形での表出であろう。

韓国の自殺率は、国際的にも高いと言われる日本の数字を二〇〇八年に追い抜き、一〇年にはOECD加盟諸国の中で最悪の数字を記録した。人口一〇万人当たり二・八人のギリシャ、四・四人のメキシコと比較すると、韓国の三一・二人がいかに突出した数字であるかが分かるであろう。メキシコは五〇年以上たっても高所得国へ移行できない国である。国内の格差もアジア以上に大きい。しかし、自殺率を比較した場合、メキシコと韓国とどちらが国民にとって幸福な社会なのか、考え込まざるを得ない。

本書の終章では、新興アジア諸国の経済開発における国家の役割、つまり、「開発主義・福祉国家・リスク管理」の問題を取り上げ、経済発展と社会発展のバランスを重視した社会の可能性を展望する。同時に、いま日本がアジアにおいて求められている真の役割と貢献は何かを問いたい。

東アジアや新興アジア諸国が直面している多くの課題は、じつは日本が過去直面してきた課題と重なる。そして、日本は政府の政策面でも、地方自治体や企業の活動の面でも、多くの経験を積み重ね、ノウハウを蓄積してきた。この経験とノウハウを生かしながら、「アジアの中の工業先進国」としての日本ではなく、「世界の中の課題解決型先進国」としての日本という立場から、アジア諸国に協力すべきではないのか。これが本書を結ぶにあたって私が伝えたいメッセージである。

第二章　歴史の中のアジア、世界の中のアジア

1　「アジアの世紀」の再来

世界経済の長期趨勢

「はじめに」で触れたように、アジア開発銀行は『アジア二〇五〇』(ADB 2012b)の中で、高成長が持続するシナリオに従えば、二〇五〇年にアジア地域の名目GDP(購買力平価基準)は世界の五〇%を超え、「アジアの世紀」(the Asian Century)が到来すると主張した。この点をもう少し詳しく見てみよう。

アジア開発銀行は推計を行うにあたって、今後四〇年間、主要アジア諸国が現在とほぼ同じ成長率(四・四%から五・八%の間)を維持すると仮定する「アジアの世紀」シナリオ(楽観的シナリオ)と、彼らが経済諸問題を解決できず、そのため成長率が鈍化すると仮定する「中所得国の罠」シナリオ(悲観的シナリオ)の二つを提示する。

ここで「中所得国の罠」と呼んでいるのは、賃金の上昇と投資効率の低下によって、労働と資本の追加的投入に依存する「要素投入型成長」(input-driven growth)が行き詰まる状態を指す(詳しくは第六

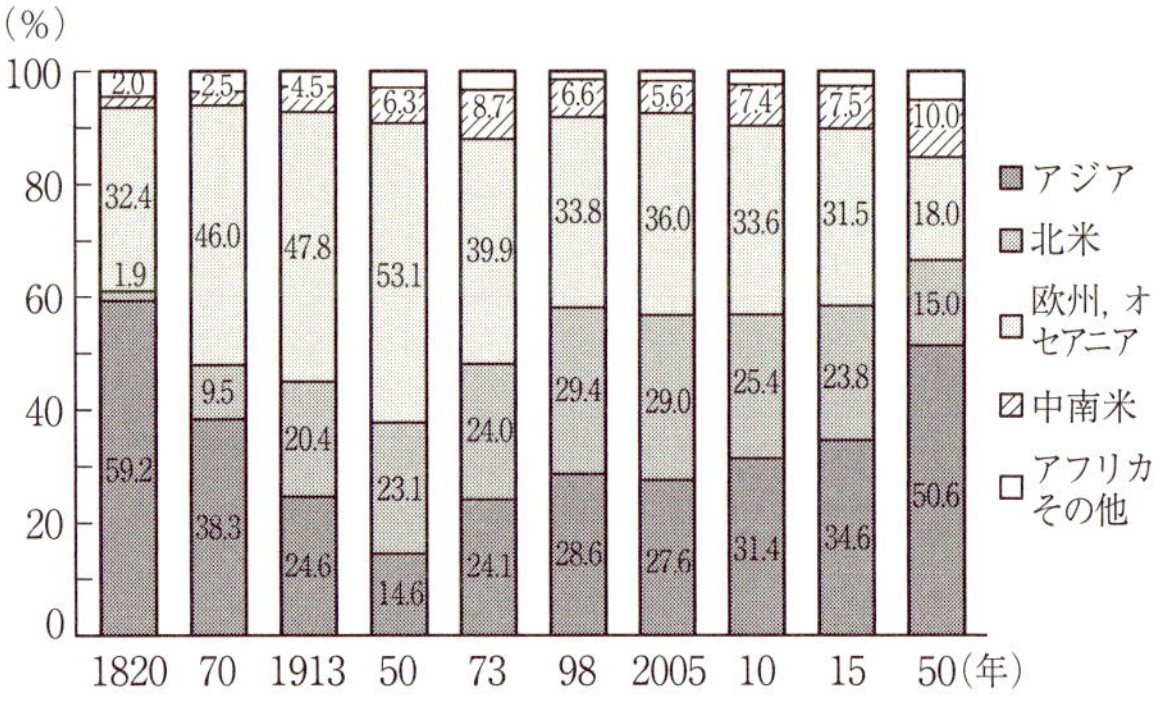

(注)中東諸国は2050年以外はアジアに，2050年は「アフリカその他」に含まれる.
(出所)(1)1820–1973年：マディソン(2004: 201–266). (2)1998–2015年：IMF, *World Economic Outlook Database October 2010*. (3)2050年予測値はADB(2012b)より筆者作成.

図2–1 世界の主要地域別GDPシェアの推移，1820–2050年(%)

章)。

報告書は、楽観的シナリオに従えば、アジアの名目GDP(PPP)は二〇三〇年に世界の三九%、二〇五〇年には五一%(一四八兆ドル)に達すると予測した(Ibid.: 32)。それに対して、アメリカとヨーロッパの二〇五〇年のシェアは、それぞれ一四%と一八%に下がると見込んだ。一方、悲観的シナリオの場合には、アジアのシェアは三二%(六一兆ドル)に留まり、アメリカ(二一%)、ヨーロッパ(二六%)が、引き続き高いシェアを維持すると予測している(Ibid.: 119)。

もっとも、「アジアの世紀」は近年始まった現象ではない。歴史を遡ってみると、一九世紀から二〇世紀初めまでは、文字通り「アジアの世紀」だったからである。**図2–1**では一八二〇年を起点にとり、一九七三年まではマディソン(二〇〇四)の長期推計の数字を、一九九八年から二〇一五年まではIMFのデータを、二〇五〇年についてはアジア開発銀行の楽観的シナリオの予測を、それぞれ使用している。

一九世紀前半は、アジアが他の地域を経済面で圧倒した時代であった。一八二〇年当時、アジアが世界のGDPに占める比率は五九％。欧州の三二％を大幅に上回っていた。大英帝国の繁栄（パックス・ブリタニカ）が明確になる一八七〇年時点においても、アジアは欧州（四六％）に次いで三八％という高さを誇っている。

当時、大半の国（植民地地域を含む）は付加価値生産の低い農業に依存していたから、人口のサイズがそのまま経済規模の大きさに直結した。実際、一八二〇年のアジアの人口は七・一億人と世界人口の六八％を占め、七〇年においても、七・六億人と世界人口の六〇％を占めていた（マディソン 二〇〇四：二〇九）。

その後、欧州地域のシェアは一九五〇年をピークに減少していき、代わりに北米地域、とりわけ石油産業と自動車産業を中心に大量生産・大量消費の体制を実現したアメリカのシェアが高まっていく。「パックス・アメリカーナ」の時代が始まったのである。

アメリカが覇権国として君臨した一九七三年で見ると、北米のGDPがアジア（世界の二四％）に追いついている。このときの世界人口に占める比率は、前者が六％、後者が五七％であった（同上書：二八二）。工業の著しい進展が、人口のサイズと経済規模の緊密な結びつきを断ち切ったのである。

一方、アジア地域は一九五〇年に世界の一五％と、過去最低の数字を記録した。その後、七三年には日本の躍進（高度成長の時代）によって、シェアを二〇％台にまで回復させ、九八年には北米と肩を並べるまでになった。そして、IMFの推計によれば、二〇一五年にアジアは、北米・欧州を抜いて再び世界最大の経済地域になる。したがって、二一世紀前半は「アジアの世紀」の到来ではなく、

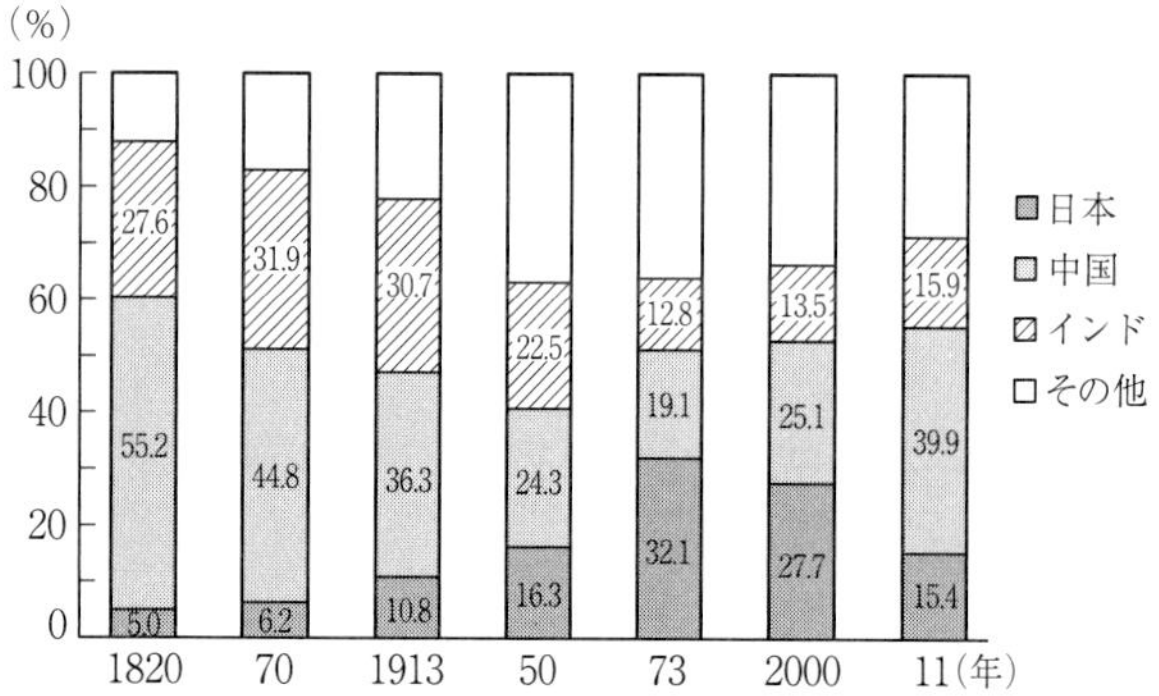

(出所)(1)1820–1973年：マディソン(2004: 308). (2)2000年, 2011年は世界銀行の購買力平価でみた名目GDPの数字より筆者作成.

図2–2　アジア域内の経済的重心の移動, 1820–2011年　(%)

「アジアの世紀」の復活、もしくは再来と呼ぶ方が適切であろう。

経済的重心の移動

それでは、「アジアの世紀」再来の過程で、日本・中国・インドの三大国はどのような地位を占めてきたのか。**図2－2**が示すように、第一次世界大戦までの経済大国は、巨大な人口を擁する中国とインドであった。この二つの国(インドは当時植民地)だけで一八二〇年当時、アジアのGDP合計の八三％(人口ではアジア合計の八三％)を占め、一九一三年の時点でもなお六七％(同人口の七六％)のシェアを占め続けていた(同上書：二五〇―二五一)。

一方、日本のプレゼンスがだれの目にも明らかに高まったのは、一九五〇年代以降のことである。七三年には、日本のGDPはアジア地域全体の三分の一にまで達し、その後三〇年間、アジアの中で首位の座を保ち続けた。ところが、九〇年代初めのバブルの崩壊とその後の長期不況の影響で、日本は急速にシェアを低下させ、前出**図1－2**に示したように、二〇一〇年にはトップの座を中国に明け渡すのである(パックス・シニカの時代)。こうした主役交替の動きを、アジアにおける「経済的重心の移動」(the shift of economic gravity)と呼ぶことにしたい(Gill and Kharas 2007)。

「経済的重心」には二つの理解がある。ひとつ目は、経済規模の大きい国を「地域の重し」とみなす通常の考え方である。経済規模が大きいということは、当該国の市場も大きいことを意味する。実際、中国の経済成長はＡＳＥＡＮ諸国からの農水産物や資源・エネルギーの輸入を急増させ、これがＡＳＥＡＮ諸国の成長を支える重要な要因となった(本書第三章第3節)。

もうひとつは、ある国が地域大に広がる生産・輸出ネットワークの中で地理的なコアとしての役割を果たしている場合、その国を「地域の求心力」とみなす新しい考え方である。たとえば、中国から輸出される工業製品のかなりの部分は、中国が輸入する原料・部品や半製品を加工した最終財である。したがって、中国からの輸出の増加は、中国本国の成長に寄与するだけではない。原料・素材、機械・設備、部品・部材を中国に輸出する日本、ＮＩＥＳ、ＡＳＥＡＮ諸国の成長も牽引する。空間経済学(Spatial Economics)もしくは新経済地理学(the New Economic Geography)の用語である「経済的重心」を使用する理由は、この二番目の役割に注目したからにほかならない(Fujita et al. 1999［二〇〇〇］、Fujita ed. 2007)。

2　世界経済と「生産するアジア」

名目GDP（PPP）からみたアジア

次の検討課題は、世界経済に占めるアジアの地位の変遷である。この点を確認するために、世界のGDPを、アジア、北米（アメリカ、カナダ）、欧州（EU加盟国）の三大地域に分け、一九八〇年以降の推移を整理した。**表2-1**がそれである。表では名目の数字ではなく、各国の物価水準を反映させた購買力平価（PPP）レートを使っている。また、経済的重心の移動を見るため、日本、中国、インドの数字も示す。

表2-1を見ると、アジアのシェアは、一九八〇年から二〇一〇年の三〇年間に、一九％から二八％へ九ポイント上昇したことが分かる。一方、北米は同期間に二五％で横ばいを示し、欧州は三〇％から二五％へと五ポイントほど低下した。

興味深いのは、二〇〇八年から一一年のわずか三年の間に、アジア地域のシェアが三ポイントも上昇している事実である。この上昇は、世界金融危機（リーマンショック）のあと、日本を除くアジア諸国、とりわけ新興アジア諸国がいち早く経済回復を達成し、その後の世界経済の成長を牽引している事実を裏付けている（『通商白書二〇一一』。世界金融危機については伊藤正直（二〇一〇）を参照）。

もうひとつ指摘すべきは、購買力平価（PPP）レートで経済規模を測った場合、中国とインドの躍進が名目GDPより一段と明確になるという事実である。名目GDPの場合、中国が日本を抜くのは

表 2-1　世界経済の中のアジア(1)：名目 GDP(PPP＝購買力平価)，1980-2011 年　(10 億ドル，％)

年次	世　界	アジア計				北　米	欧　州
		小　計	日　本	中　国	インド		
1980	12,250	2,278	996	245	294	3,039	3,618
1990	25,513	6,036	2,373	902	763	6,294	6,930
2000	42,441	11,899	3,295	2,988	1,610	10,775	10,585
2008	71,734	22,856	4,289	8,215	3,407	15,522	15,940
2011	81,177	28,487	4,383	11,379	4,534	16,492	16,441
1980	100.0	18.6	8.1	2.0	2.4	24.8	29.5
1990	100.0	23.7	9.3	3.5	3.0	24.7	27.2
2000	100.0	28.0	7.8	7.0	3.8	25.4	24.9
2008	100.0	31.9	6.0	11.5	4.7	21.6	22.2
2011	100.0	35.1	5.4	14.0	5.6	20.3	20.3

(注)アジアは東アジア・太平洋諸国と南アジアの合計．欧州は 2011 年現在の EU 加盟諸国
(出所)World Bank, *World Development Indicators 2012 Online* より筆者作成.

二〇一〇年。インドの経済規模も日本の三分の一でしかなかった(前出**図1-2**)。ところが、PPPで測ると、中国は二〇〇一年に早くも日本と肩を並べ、〇二年には三兆七〇〇〇億ドルと、日本(三兆四〇〇〇億ドル)を追い抜いた。インドも一一年に四兆五三四〇億ドルと日本を追い抜いている(IMFオンラインデータ)。

GDPは農林水産業、製造業、サービス業の付加価値額の合計である。このうち製造業に限定した場合、アジアのシェアはどの水準なのか。この点を知るために、**表2-1**と同じ世界銀行のオンラインデータを使い、アジア地域(東アジア・太平洋地域と南アジア地域の合計)の製造業付加価値額を集計してみた。

すると、二〇一〇年の合計値は四・一兆ドルとなり、世界合計の四一％を占めることが判明した。一方、両地域の名目GDP(PP

Pではない)は一八・三兆ドルで、こちらは世界合計の二九%である。この両者の数字の違いは、アジア地域の経済拡大が製造業の発展を軸にしてきたことを示唆する。

以上の検討から、現在のアジア地域は、GDP(PPP)で見ると世界の三五%、製造業付加価値額では世界の四〇%以上を占めていることが分かった。ただし、これらの数字はあくまで経済規模の比較であり、一人当たり国民所得(PPP)に目を転じると、まったく違う世界が現れる。

たとえば、アジア開発銀行の「楽観的シナリオ」によると、アジアのGDPが世界の五〇%を超えると予測した二〇五〇年の時点でさえ、一人当たりPPPは三万八六〇〇ドルと、アメリカ(九万八六〇〇ドル)の水準の四割以下であった。「悲観的シナリオ」に従えば、アメリカの水準の二割にまで下がる(ADB 2012b: 119–120)。経済規模の拡大は、一人当たりPPPの先進国へのキャッチアップを必ずしも意味しないのである。

商品輸出からみたアジア

次に**表2–2**を使って、世界の商品輸出金額の推移を見てみよう。比較のために、対象とする時期や地域区分は**表2–1**と同一にしてある。

輸出金額を見ても、アジアが世界経済に占める地位の推移は名目GDP(PPP)とほぼ同じであった。たとえば、世界金融危機以後にアジア地域のシェアが一段と高まった点などは、名目GDP(PPP)の動きと軌を一にしている。一方、違いの方は、北米と欧州のシェアの低下がよりいっそう顕著であったこと、表には示していないが、中国の輸出金額が日本のそれを抜くのがPPPより二年ほ

表 2-2 世界経済の中のアジア(2)：商品輸出金額，1980-2011 年（10 億ドル，%）

年次	世界	アジア計				北米	欧州
		小計	日本	中国	インド		
1980	2,002	345	127	18	8	292	807
1990	3,487	786	282	52	18	519	1,567
2000	6,443	1,835	459	249	43	1,076	2,388
2008	15,972	4,850	746	1,435	199	1,773	5,785
2011	17,908	6,083	787	1,904	297	1,964	5,887
1980	100.0	17.2	6.3	0.9	0.4	14.6	40.3
1990	100.0	22.5	8.1	1.5	0.5	14.9	44.9
2000	100.0	28.5	7.1	3.9	0.7	16.7	37.1
2008	100.0	30.4	4.7	9.0	1.2	11.1	36.2
2011	100.0	34.0	4.4	10.6	1.7	11.0	32.9

（注）(1)商品輸出のみでサービス輸出は含まない．(2)アジア，欧州の範囲は表 2-1 の注記と同じ．
（出所）World Bank, *World Development Indicators 2012 Online* より筆者作成．

ど遅い二〇〇四年であったこと、インドの比重がまだ小さいことなどである。

ＰＰＰの動きと比べた場合、もうひとつ特筆すべき違いがある。日本・中国・インド三カ国の合計がアジア全体に占める比率の相対的な低さがそれであった。二〇一一年に、三カ国の輸出合計がアジア全体に占める比率は四九％。この数字は名目ＧＤＰ（ＰＰＰ）の三カ国合計がアジア全体に占める比率の七一％よりも、二二ポイントも低い。この差は、貿易に限った場合、三カ国以外のアジア諸国、とりわけＮＩＥＳとＡＳＥＡＮ諸国の存在が大きいことを反映したものである。

鉄鋼業からみたアジア

通常の「世界経済の中のアジア」論であれば、話はここで終わる。しかし、アジア経済のダイナミズムをより的確に示す指標は、Ｇ

表 2-3 世界経済の中のアジア(3)：鉄鋼生産，1980-2012 年
(100 万メトリックトン，%)

年次	世　界	アジア計				北　米	欧　州
		小　計	日　本	中　国	インド		
1980	716	161	111	37	9.5	117	142
1998	777	298	94	115	23.5	115	160
2003	970	442	110	222	32	110	193
2008	1,329	771	119	502	58	105	198
2012	1,548	1,013	107	717	77	102	169
1980	100.0	22.5	15.5	5.2	1.3	16.3	19.8
1998	100.0	38.4	12.1	14.8	3.0	14.8	20.6
2003	100.0	45.6	11.3	22.9	3.3	11.3	19.9
2008	100.0	58.0	9.0	37.8	4.4	7.9	14.9
2012	100.0	65.4	6.9	46.3	5.0	6.6	10.9

(出所)世界鉄鋼協会(WSA)のオンライン統計，日本鉄鋼連盟『鉄鋼統計要覧』各年版より筆者作成.

DPや貿易よりも、鉄鋼、自動車、電機電子といった主要製造業の動向の方である。このうち電機電子産業(IT産業)は次章で詳しく紹介するので、ここでは鉄鋼業と自動車産業の動向を見ておきたい(**表2-3**)。

表には示していないが、一九六五年当時の世界の鉄鋼生産(粗鋼換算)は四・六億トン。当時、アジアは世界の四%を占めるにすぎなかった。アジアの生産量の大部分は日本である。八〇年になると、日本の生産量が一億トンを超え、アジアのシェアも二三%に上昇した。なお、八〇年当時の鉄鋼大国は、一位がソ連(一億四八〇〇万トン)、二位が日本(一億一一〇〇万トン)、三位がアメリカ(一億一五〇〇万トン)の順で、この三カ国のみで世界合計の五〇%を占めた。

ところが、一九九〇年代に入ると、三大鉄鋼大国からロシア(旧ソ連)とアメリカが脱落する。ロシアは、軍需中心に発展を遂げた旧ソ連時代の鉄

鋼生産設備（乗用車の車体に適さない厚板鋼板）が時代遅れになってしまい、二〇〇〇年代に入るまで停滞を余儀なくされた。一方、アメリカは企業の吸収合併を繰り返したあと、USスチール社とニューコア社のみが残り、他の企業は姿を消してしまった。日本も一億トン前後の生産が八〇年代以降ずっと続き、停滞を余儀なくされた。

こうした動きとは対照的に、一九九〇年代以降大躍進を遂げたのが、中国、韓国、インドの鉄鋼業である。とくに中国の鉄鋼業の発展は目覚ましく、九〇年代後半には日本を追い抜き、二〇一二年には世界の四六％を一国で占めるまでに成長した。また、同年のアジアの鉄鋼業が世界に占めるシェアは六五％に達し、アジアへの生産集中が際立っている。なお、アジア全般と中国の鉄鋼業については佐藤創編（二〇〇八）、東南アジア諸国の動向については川端（二〇〇五）が参考になる。

中国を典型とするアジア鉄鋼業の発展ぶりは、二〇一二年の「世界の鉄鋼会社上位五〇社」（粗鋼ベース）の企業国籍別分布が如実に物語っている（世界鉄鋼協会のオンラインデータ）。ランキングの一位こそ、ルクセンブルクに本社を置くアルセロール・ミッタル社であったが、二位の新日鐵住金、三位の河北鋼鉄集団、四位の宝鋼集団、五位の韓国ポスコ社と、アジア企業が続いた。上位五〇社のうち中国企業の数は二四社にも及ぶ。インド（三社）、日本（二社）、韓国（二社）を引き離して、文字通り中国一人勝ちの状態と言えよう。

ところで、アルセロール・ミッタル社は、欧州最大の鉄鋼会社アルセロール社を、インドのミッタル・スチール社が二〇〇六年に買収した企業である。したがって、本社をルクセンブルクに置いているものの、実質的な所有者はインド企業であった。同社を「アジア」に加えると、アジアの世界シェアはじつに七〇%を超える。

さて、鉄鋼業のアジアへの生産集中は二つのことを意味する。

第一は、鉄鋼業は膨大な量の鉄鉱石と石炭を必要とし、そのため同産業の発展は、原料の海外からの輸入増加を不可避的に伴うという点である。中国はもともと石炭を国内で賄っていた国である。しかし、鉄鋼業や火力発電の急速な発展によって石炭輸入国に転じた(郭 二〇一二)。中国が近年、インドネシアやベトナムにおいて石炭の共同開発に乗り出している理由は、鉄鋼業の急速な成長と密接に関係している(末廣ほか 二〇一一)。

第二は、鉄鋼業や次に述べる自動車産業の発展に連動したエネルギー消費量の急増が二酸化炭素の排出量を増加させ、アジア諸国の国内だけではなく、地球規模の環境問題を引き起こしている点である。中国で深刻になっている大気汚染(PM2・5)は、その最たる事例であろう。

世界保健機関(WHO)が発表した世界大都市の「二〇一三年大気汚染調査報告」によると、北京市の大気汚染指数は、WHOが定める基準の三五倍(三・五倍ではない)にも達した。あるメディアはこの状態を指して「北京市全体がまるで空港内にある喫煙所のようだ」と報じたほどである(*Economist*: January 16, 2013)。

自動車産業からみたアジア

一九六〇年当時、世界の自動車生産台数は一六五〇万台。このうち九割近くが北米と欧州の二地域に集中し、アジア(日本)のシェアはわずか三%にすぎなかった。ところが、その後、日本が自動車の

表2-4　世界経済の中のアジア(4)：自動車生産，1980-2012年（1000台，％）

年次	世　界	アジア計				北　米	欧　州
		小　計	日　本	中　国	インド		
1980	38,495	11,166	11,042	222	n.a.	9,380	11,269
1998	52,355	14,396	10,041	1,628	n.a.	14,576	19,541
2008	70,526	30,955	11,576	9,299	2,332	10,775	18,432
2010	77,610	40,654	9,626	18,265	3,536	9,832	16,904
2012	84,141	43,501	9,942	19,271	4,145	12,792	16,240
1980	100.0	29.0	28.7	0.6	n.a.	24.4	29.3
1998	100.0	27.5	19.2	3.1	n.a.	27.8	37.3
2008	100.0	43.9	16.4	13.2	3.3	15.3	26.1
2010	100.0	52.4	12.4	23.5	4.6	12.7	21.8
2012	100.0	51.7	11.8	22.9	4.9	15.2	19.3

（出所）国際自動車工業連合会（OICA），Fourin『世界自動車メーカー年鑑』より筆者作成.

生産・輸出台数を飛躍的に伸ばし、一九八〇年には自動車生産の三極体制（北米、欧州、日本）が確立する（**表2-4**）。

生産の三極体制は、自動車の三大消費市場（北米、欧州、日本）と、完全に地域が重なっている。日本の組立メーカーは一九七〇年代以降、東南アジア諸国に積極的に進出していったが、戦略的な生産拠点と市場はあくまで北米と欧州であった。

事態が大きく変わるのは二〇〇〇年代に入ってからである。主役は鉄鋼業と同様、中国・韓国・インドの三カ国、とりわけ驚異的な成長を続ける中国である。二〇一〇年にアジア地域の生産合計台数は四〇〇〇万台を超え、世界シェアも五〇％を超えるに至った。このうち中国の生産台数は一八〇〇万台と、すでに日本の二倍の規模に達している（二〇一二年には一九二七万台）。

中国自動車産業の飛躍的発展は、ＡＳＥＡＮ諸国にも大きな影響を与えた。

まず、自動車産業(車体向け鋼板)は、鉄鋼業にとって建設用資材と並ぶ一大需要先である。その結果、自動車産業の発展は鉄鋼業の発展を促すと同時に、中国のASEAN諸国に対する資源需要(石油、天然ガス、石炭、鉱物資源)を一気に加速した。

それ以上に大きなインパクトを与えたのは、タイヤの原料となる天然ゴムに対する需要の急増の方であろう。

自動車産業の生産と消費が「三大地域」に集中していた時代は、天然ゴムの生産・輸出国の間には一種の棲み分けが存在した。インドネシア(米国のグッドイヤー社)が北米市場向け、マレーシア(仏国のミシュラン社)が欧州市場向け、タイ(日本のブリヂストン社)が日本市場向けというように、主要タイヤ・メーカーの間で、生産地域について暗黙の分割が行われたからである。

ところが、中国が自動車生産大国に成長したことで、天然ゴムの生産地と消費市場の関係にも劇的な変化が生じる。たとえば、二〇〇八年と一二年の世界主要国の天然ゴムの消費量を比較すると、アメリカは二七三万トンから二七二万トンへと横ばい、日本は二〇〇万トンから一六六万トンへと減少を示したのに対し、中国は六四〇万トンから八九〇万トンへと驚異的な増加を示した(国際ゴム研究会IRSGのオンラインデータ)。

同じIRSGの統計によると、二〇一二年の天然ゴムの主要生産国は、一位がタイ(三五一万トン)、二位がインドネシア(三〇二万トン)、三位がベトナム(九六万トン、〇八年の五位から浮上)、四位がマレーシア(九二万トン)の順であった。これにミャンマー(一四万トン)を加えると、東南アジア五カ国の合計八五五万トンは、世界生産の七五%を占める。

中国自身も世界で六位(八〇万トン)の産出国であったが、急増するタイヤの需要にはとても追いつかない。しかも、天然ゴムは植樹してからゴム液の採取が可能になるまでに六年から七年はかかる。その結果、中国はいきおいASEAN諸国から大量の天然ゴムを買い付けるようになり、これが中国ASEAN貿易を増大させる大きな要因となった(後出**表3-5**を参照)。

ただし、鉄鋼業と同様に、自動車の生産国と企業の国籍の間には乖離が生じている事実に注意したい。生産拠点はアジアであるが、組立メーカーの国籍(本社所在地)は日本や欧米諸国である場合が多いからだ。具体的には、ASEAN諸国では日本企業(トヨタ自動車、ホンダ、日産、三菱自動車、いすゞなど)が、インドではスズキが、中国ではフォルクスワーゲン、GMなどの欧米企業と日本企業(トヨタ自動車、日産、ホンダ、スズキなど)が、それぞれリーディング・メーカーであった。

たとえば、二〇一二年の世界の自動車生産八四〇〇万台のうち、トヨタ自動車、GM、フォルクスワーゲン、日産・ルノー、現代《ヒュンダイ》・起亜《きあ》、フォード、フィアット・クライスラー、ホンダの「八大グローバル乗用車グループ」の合計生産台数は五七〇〇万台と、世界生産の六八%を占めていた。また、トヨタ自動車など日本の乗用車メーカー八社の日本国内と海外の合計生産台数は二四七〇万台で、世界生産の二九%を占めていた(『日本経済新聞』二〇一四年一月三〇日号より集計。上山編著(二〇一四)も参照)。

3　グローバル化と「消費するアジア」

富裕層・中間層の成長

ここまでは「世界経済の中のアジア」を、生産と輸出の観点から見てきた。以下では視点を変えて消費市場としてのアジア、つまり「消費するアジア」のダイナミックな実態と今後の予測を見ておこう。

「消費するアジア」を支えているのは、所得水準の向上と都市化の進展に伴って誕生した都市中間層である。都市中間層にはさまざまな定義があるが(所得水準、職種、ライフスタイルなど)、カラス(Kharas 2010)は、一人当たり一日の実質所得(PPP)が一〇ドルから一〇〇ドルの間にある人口を「グローバル中間層」(global middle income class)と定義し、世界の地域別分布の推計を行った。

カラスの推計によると、アジア太平洋地域のグローバル中間層は、二〇〇九年に五億三〇〇〇万人と、世界の二八%のシェアを占めていた。この数字は名目GDPのシェアとほぼ一致している。興味深いのは将来の予測の方である。具体的には、アジア太平洋地域のグローバル中間層は、二〇二〇年に一七億四〇〇〇万人(世界のグローバル中間層の五四%)、二〇三〇年には三二億三〇〇〇万人(同六六%)に増加するという(Ibid.: 28)。

もっとも、カラスの「グローバル中間層」の定義は、所得水準からみると余りに大雑把すぎる。そこで、経済産業省がユーロモニターの推計結果を使って整理した、「アジア富裕層・中間層」の現状

表 2‒5　新興アジア諸国の富裕層・中間層の成長，2010 年と 2020 年（100 万人，％）

(1)2010 年(実績)

国・地域	富裕層	上位中間層	下位中間層	低所得層	合計
中　国	38	118	523	663	1,342
NIES3	32	33	13	2	80
ASEAN6	16	40	198	260	514
インド	18	53	495	649	1,215
新興アジア計	104	244	1,229	1,574	3,151
同上(％)	3.3	7.7	39.0	50.0	100.0

(2)2020 年(予測)

国・地域	富裕層	上位中間層	下位中間層	低所得層	合計
中　国	180	390	530	290	1,390
NIES3	60	20	5	1	86
ASEAN6	40	120	270	130	560
インド	70	280	710	280	1,340
新興アジア計	350	810	1,515	701	3,376
同上(％)	10.4	24.0	44.9	20.8	100.0

(注)(1)人数は可処分所得世帯の人口．(2)所得階層の定義は本文を参照．
(出所)経済産業省『通商白書 2011』，155‒156 頁より筆者作成．

と今後の予測の数字の方を紹介しておきたい(**表2‒5**)。

こちらの推計では、年間の世帯可処分所得が三万五〇〇〇ドル以上を「富裕層」、一万五〇〇〇ドル以上三万五〇〇〇ドル未満を「上位中間層」、五〇〇〇ドル以上一万五〇〇〇ドル未満を「下位中間層」、五〇〇〇ドル未満を「低所得層」の四つの階層に分類し、二〇一〇年と二〇二〇年の国・地域別の分布を計測している。

まず、新興アジア諸国の「富裕層」である。二〇一〇年現在の分布状況は、中国三八〇〇万人、NIES3(韓国、香港、台湾)が三二〇〇万人、ASEAN6(シンガポール、マレーシア、タイ、フィリピン、インドネシア、ベトナム)が一六〇〇万人、インドが一八〇〇万人で、合計すると一億四〇〇〇万人(当該地域人口の三%を占める)であった。この数字は日本の市場規模にほぼ匹敵する。

一〇年後の二〇二〇年には、中国の一億八〇〇〇万人を筆頭に、新興アジア諸国の富裕層の人口は飛躍的に伸び、合計は三億五〇〇〇万人(同一〇%)に達すると予測した。さらに、「上位中間層」の八億一〇〇〇万人を加えると、「富裕層+上位中間層」に含まれる人口(消費購買力のある人口)は、二〇二〇年に一一億六〇〇〇万人、当該地域人口の三四%にも達する。これを『通商白書二〇一一』は「アジア一大消費市場」と呼んだ。「消費するアジア」の浮上である。

エネルギー消費と環境問題

新興アジア諸国の急速な工業化は、鉄鋼業などで見たように、エネルギー消費量の急増を伴う。中国の場合、二〇〇〇年から一〇年間の年平均成長率は一〇%であったが、エネルギー消費量の伸びも九%と、両者の間には強い相関関係が見られた(郭 二〇一一)。

そこで、日本エネルギー経済研究所の『アジア/世界エネルギーアウトルック二〇〇九』の推計結果に拠りながら(小宮山ほか 二〇一一)、二〇三五年までの世界とアジアのエネルギー消費の動向を紹介しておこう(**表2-6**)。なお、同様の推計や予測は国際エネルギー機関(IEA)も実施している。ただし、日本エネルギー経済研究所の場合には、アジア地域を中国、インド、ASEAN諸国などに細分した上で推計しているので、こちらのデータを用いることにする。

推計にあたっては、①今後の経済成長率(アジアは年率四・九%)、②人口の増加率(年率一・〇%)と年

表 2-6　世界経済の中のアジア(5)：一次エネルギー消費量，1990–2035 年　(100 万トン＝石油換算，%)

年次	世　界	アジア計				北　米	欧　州
		小　計	日　本	中　国	インド		
1990	8,000	1,700	240	720	160	2,160	3,280
2007	11,100	3,550	550	1,770	430	2,660	3,000
2035	16,900	7,100	500	3,450	1,210	2,870	3,550
1990	100.0	21.3	3.0	9.0	2.0	27.0	41.0
2007	100.0	32.0	5.0	16.0	4.0	24.0	27.0
2035	100.0	42.0	3.0	20.0	7.0	17.0	21.0

(注)1990 年と 2007 年は実績，2035 年は日本エネルギー経済研究所の推計値．地域別 % から実数を計算．
(出所)小宮山ほか(2011：第 1 章)より筆者作成．

齢階級別構成の変化、③原油価格の変動(二〇三五年はバーレル当たり一二〇―一三〇ドル)の三つを前提に置き、さらに、今後採用される可能性の高い政府の省エネ対策や導入される新技術の影響も考慮する(同上書：九―一二)。

表2-6によれば、世界の一次エネルギー消費量は、二〇〇七年の一一一億トン(石油換算)から三五年には一六九億トンへと増加する。この増加分五八億トンのうち六割の三五・五億トンがアジア地域で発生し、その結果、世界全体に占めるアジアの比率は三二%から四二%に上昇すると予測した。とくにアジアの中では、経済的躍進を反映して中国、次いでインドの比重が高い。

アジアの増加分三五・五億トンのうち、最大のエネルギー源は石炭の一二億トンである(九割が発電用)。これに次ぐのが石油の九億トン(六割が運輸、二割が民生用、二割が産業用)、天然ガスの八億トン(五割が発電、二割が民生用、二割が産業用)であった(同上書：二九)。石炭・石油へのエネルギー源の依存体制は、当然ながら、**表2-7**に見る二酸化炭素の排出量の増加をもたらす。

表 2-7 世界経済の中のアジア(6)：二酸化炭素の排出量，1990–2035年 （100万トン＝石油換算，％）

年次	世界	アジア計				北米	欧州
		小計	日本	中国	インド		
1990	21,200	5,000	1,000	2,150	500	5,500	7,700
2007	28,800	10,700	1,200	6,000	1,400	6,300	6,600
2035	41,500	19,100	950	9,800	3,400	6,600	7,000
1990	100.0	23.6	4.7	10.1	2.4	25.9	36.3
2007	100.0	37.2	4.2	20.8	4.9	21.9	22.9
2035	100.0	46.0	2.3	23.6	8.2	15.9	16.9

(注)1990年と2007年は実績，2035年は日本エネルギー経済研究所の推計値.
(出所)小宮山ほか(2011：第1章)より筆者作成.

二酸化炭素排出量の世界合計は、二〇〇七年の二八八億トンから三五年の四一五億トンへ増加する、と彼らは推計した。同期間に、アジアの比率は三七％から四六％へと上昇し、一次エネルギー消費量の数字よりも高くなる。このことは、アジア地域が世界経済の成長の原動力となると同時に、地球環境問題の将来を左右する地域にもなることを意味する。

実際、日本エネルギー経済研究所は、二つの表とは別に、世界各国が省エネ・環境対策や代替・再生エネルギーの開発に取り組んだ場合の「クリーンエネルギー・シナリオ」も検討し、アジア地域の脱石油・省エネ対策が今後決定的に重要になると指摘している。

具体的には、環境対策と省エネ技術の開発が順調に進むと仮定した場合、一次エネルギー消費量は、**表2-6**の推計値よりも石油換算で二三億トン減少し、このうち六割の一三億トンがアジア地域の貢献によって実現すると述べた(同上書：四〇)。

確かに、新興アジア諸国でも、環境対策や代替・再生エネルギーへの取り組みがようやく開始され、「グリーン成長」

に対する国民の関心も強まっている(中国などでの取り組みは寺尾編(二〇一三)を参照)。しかし、先進国主導で進む環境規制に対しては、中国とインドが国際会議の場で強く反発しており、国際的協力枠組みの構築は決して容易ではない。その意味で、終章で述べるように、「課題先進国」である日本は、この分野でより積極的な役割を果たすことが期待されているのである(小宮山 二〇〇七)。

第三章　アジア化するアジア
――中国の台頭と域内貿易の深化

1　IT産業は中国の一人勝ちか？

IT産業のアジア一極集中

最初に表3-1を見ていただきたい。表は二〇一二年現在、一九種類のIT製品が世界のどこで生産されているのか、その地理的分布を整理したものである。

驚くべきことに、キーボード、光ディスクドライブ、プリンター、ハードディスクドライブ(HDD)、中小型と大型の液晶パネル、デジタル一眼レフカメラの七つの製品は、アジアの生産が世界シェアの一〇〇%を占めていた。つまり、これらの製品はアジア以外の地域では生産されていないのである。

さらに、アジアでの生産が九〇%を超える製品は、DVD／ブルーレイプレーヤー、マザーボード、タブレット、ルームエアコン、スマートフォン、フューチャーフォン、ノート型PCの七製品を数える。アジア地域での生産比率がもっとも低いのは、ブラウン管テレビの四九%である。ただし、その

表 3-1　主要 IT 製品の生産に占めるアジアの比率(2012 年)，アジアのシェア順　(%)

製　品	世界生産量 1000 台(枚)	世界合計	アジア計	アジア地域内訳			北米	欧州
				日本	中国	その他アジア		
キーボード	372,300	100.0	100.0	0.1	98.7	1.2	0.0	0.0
光ディスクドライブ	291,500	100.0	100.0	1.0	61.7	37.3	0.0	0.0
プリンター	100,100	100.0	100.0	0.0	53.7	46.3	0.0	0.0
ハードディスクドライブ(HDD)	595,000	100.0	100.0	0.0	35.3	64.7	0.0	0.0
中小型液晶パネル	1,747,470	100.0	100.0	21.4	31.4	47.2	0.0	0.0
大型液晶パネル	746,750	100.0	100.0	3.2	11.4	85.4	0.0	0.0
デジタル一眼レフカメラ	20,670	100.0	100.0	30.0	10.3	59.7	0.0	0.0
DVD/Blu-ray プレーヤー	108,000	100.0	99.6	0.0	82.8	16.8	0.0	0.0
マザーボード	125,500	100.0	98.4	0.0	96.0	2.4	1.6	0.0
タブレット	150,250	100.0	97.3	0.4	92.9	4.0	0.0	1.0
ルームエアコン	121,940	100.0	96.5	2.6	77.7	16.2	0.6	0.2
スマートフォン	779,300	100.0	95.6	1.6	63.9	30.1	0.0	2.6
フューチャーフォン	892,400	100.0	92.6	0.5	70.0	22.1	0.0	0.1
ノート型 PC	209,500	100.0	91.8	1.9	87.9	2.0	0.0	2.0
カーナビゲーション	11,590	100.0	86.6	38.8	30.3	17.5	3.6	9.6
デスクトップ型 PC	137,000	100.0	76.5	1.6	68.2	6.7	9.7	9.6
カーオーディオ	95,800	100.0	74.1	1.4	39.5	33.2	7.3	13.8
液晶テレビ	217,800	100.0	63.0	0.4	48.3	14.3	0.0	17.1
ブラウン管テレビ	13,210	100.0	48.9	2.3	25.7	20.9	0.0	19.3

(注)(1)「その他アジア」は台湾，韓国，東南アジア諸国を指す．(2)ラテンアメリカ地域がシェアを占めるのは，ブラウン管テレビ(31.8%)，ノート型 PC(6.3%)，デスクトップ型 PC(4.2%)など．(3)大型と中小型液晶パネルの単位は 1000 枚．
(出所)富士キメラ総研『2013 ワールドワイドエレクトロニクス市場総調査』(2013 年 3 月)より筆者作成．

生産台数はアジアが世界の生産台数の六割を超える液晶テレビの、もはや一七分の一でしかない。

加えて、アジアへの生産の一極集中と同時に、中国への生産集中も目立つ。キーボードの九九%を筆頭に、以下、マザーボード(九六%)、タブレット(九三%)、ノート型PC(八八%)と、中国の生産シェアが六〇%を超える製品が一〇種類にも達している。

それではこうした中国への生産集中は、IT産業における「中国の一人勝ち」現象を示していると言えるのであろうか。この点を検証する上で格好の事例がノート型PCの発展パターンであった。

川上桃子の独自の集計によると、二〇〇〇年当時、ノート型PC輸出の世界一位は台湾(一一二億ドル)で、中国からの輸出は二億ドルでしかなかった。ところが、三年後の二〇〇三年には早くも中国(一一三億ドル)が台湾(五八億ドル)を抜いて世界最大の輸出国に躍進し、〇七年には中国(五三〇億ドル)の輸出が台湾(六億ドル)の九〇倍にまで増加する。

このような短期間における中国と台湾の主客の交替は、中国の地場企業の成長によるものではない。二〇〇一年秋に、台湾政府がIT企業の中国投資を解禁した結果、台湾企業の中国本土への工場移転が一気に進んだからである。実際、台湾のノート型PCの生産量と生産拠点を見ると、〇五年の四三〇〇万台のうち九〇%、一〇年には一億四〇〇〇万台のすべてを、中国に進出した工場が占めていた(川上 二〇一二:一五〇)。

IT産業を担う企業の国籍

ノート型PCに限らず、中国が高いシェアを誇るIT製品の生産の多くは、中国に進出した台湾企業や他の外国企業が担っている。たとえば、中国のシェアが世界の九六%にも及ぶマザーボードの場合には、一位華碩《エイスース》、二位富士康《フォックスコン》(Foxconn)、三位技嘉《ギガバイト》、四位緯創《ウィストロン》、五位微星《マイクロスター》と、上位五社までをすべて台湾企業が独占した。中国のシェアが九三%に達するタブレットの場合には、アップル社のｉＰＡＤを生産するフォックスコンだけで、中国での生産の半分(七六〇〇万台)を占める。これは世界生産の半分を意味する(富士キメラ総研(二〇一三年版)より筆者集計)。

ここで名前のでてきたフォックスコンは、一九四九年に中国北部の山西省から両親と共に台湾に移住した郭台銘が一代で築いた、世界最大の電子製品受託製造企業(ＥＭＳ)である。台湾では鴻海《ホンハイ》精密工業の名前で知られる。その後、生産拠点を中国に移し、二〇〇〇年代後半の従業員数は、深圳(従業員二五万人)、昆山(二五万人)をはじめ、中国国内のみで一三カ所、計一〇〇万人にも及んだ。

次に、「その他アジア」が健闘しているＩＴ製品に目を転じてみよう。「その他アジア」が、生産の八五%を占める大型液晶パネルの場合には、生産・輸出拠点は韓国(サムスン・ディスプレイとＬＧディスプレイ)と台湾(群創光電、友達光電)に集中し、この四社のみで世界生産の八二%を支配する。

一方、韓国・台湾以外の企業が目立つのは、ＨＤＤとプリンターの二つである。ＨＤＤの場合には、東芝がフィリピンで、米国のウエスタンデジタル社とシーゲイト・テクノロジー社がタイとマレーシアで事業を展開していた。同じく、プリンターの場合には、日本のキヤノン社が中国以外ではタイとベトナムに、セイコーエプソン社がフィリピンとベトナムに、それぞれ大規模な製造拠点を設けている(同上報告書)。

これに対して、日本での生産・輸出が一定のプレゼンスを示すことができたのは、カーナビゲーション(三九%)、デジタル一眼レフカメラ(三〇%)、携帯電話などに使用される中小型液晶パネル(二一%)の三つの製品に限られていた。一九九〇年代にはIT産業で先頭を走っていた日本企業が、なぜ、グローバル市場で急速にシェアを失ってしまったのか。その理由は第四章で詳しく見ていくことにしたい。

最後に、IT製品の中でも、「アジア以外の地域」(主として欧米とラ米諸国)で一定程度シェアを維持している製品がある。ブラウン管テレビと液晶テレビの二つがそれである。しかし、主要製造企業をみると、北米を除くヨーロッパとラ米諸国で上位を占める企業は、サムスン電子、LG電子、冠捷(台湾)など、いずれもアジアNIES企業であった。

以上の点を要約すると、中国での生産は「中国企業」の生産を必ずしも意味しないこと(生産国と製造企業の国籍の乖離)、IT製品の生産は、アジア以外の地域においても、アジア企業が高い比率で担っていると言うことができる。

世界の生産加工・輸出基地としての中国

中国の経済的躍進を支えた主要な担い手は、基幹産業を掌握する国有企業と、企業家精神が旺盛な民営企業の双方である(本書第五章)。しかしながら、IT産業を見る限り、外国企業の優勢は明らかであった。そこで、主要業種について、工場出荷額に占める外国企業の比率を求めたものが**表3-2**である。なお、この表で「外国企業」と呼んでいるのは、香港・マカオ・台湾からの出資企業と、それ以外の外国の単独出資、合資経営、合作経営の企業の二種類を指す。

表 3-2　中国の主要業種に占める外国企業の出荷額，2011 年　（億元，%）

順位	業種	全企業	外国企業	外国企業比率（%）
1	通信・コンピュータ機器	63,796	48,550	76%
2	自動車・輸送機器	63,251	27,856	44%
3	化学・同関連製品	60,825	15,927	26%
4	電機機器	51,426	15,429	30%
7	鉄鋼製品	64,067	8,214	13%
8	繊維製品	32,653	6,857	21%
13	衣類	13,538	4,844	36%
14	食品製造	14,047	4,606	33%
	全産業	844,269	218,417	26%

（注）(1)順位は外国企業の出荷額の多い順.
(2)外国企業は，香港，マカオ，台湾からの出資企業と，外国の単独出資，合資経営，合作経営企業の双方を含む.
（出所）『中国統計年鑑 2012 年版』より筆者作成.

表が示すように、IT産業（通信・コンピュータ機器）における外国企業の比率は、二〇一一年に七六%と極めて高かった。自動車・輸送機器や電機機器（家電）も、IT産業ほどではないにしても、数字はそれぞれ四四%、三〇%と高い。

注目したいのは、一般的には地場企業（民族資本）が競争優位を発揮すると言われる衣類と食品製造の分野においてさえ、外国企業がそれぞれ三六%、三三%と高いシェアを誇っている事実である。その背後には、ユニクロに代表される衣類の委託生産の進展や、日本商社による農水産加工物の「開発輸入」の増加があったと考えられる。つまり、「世界の生産加工・輸出基地」として、中国は発展を続けているのである。

この点を裏付ける興味深い調査結果が、最近、アメリカのクープマンたちによってネットで公開された（**表3-3**）。彼らは、輸出額に中国国内で生産された素材や部品がどれだけ貢献したのか、逆に言えば、

表 3-3 中国の輸出に占める国内付加価値の比率：企業の資本所有形態別，2006年 （%）

企業の資本所有別	輸出額に占める国内付加価値額の比率	全輸出額に占める加工輸出の比率	中国の輸出総額に占める比率
外資 100% 企業	27.8	85.3	39.3
外国との合弁企業	44.8	63.1	18.6
国有企業	70.0	27.1	19.8
集団所有企業	70.9	24.7	4.3
民営企業	82.0	10.3	18.0
全企業	50.9	53.6	100.0

（出所）Koopman, Wang and Wei(2008), ADB(2012c: 19).

素材や部品をもっぱら海外に依存する加工輸出が全体の輸出額にどれだけ占めるのかを独自のデータを使って推計し、外資一〇〇%企業や国有企業など企業の所有形態別に比較を行った。

表3‐3によると、外国独資企業（一〇〇%所有）の場合には（中国からの輸出の四割弱を占める）、中国国内で新たに創造した付加価値は二八%にとどまった。付加価値の相当部分は賃金・給与部分と税金・減価償却である。逆に、輸出する製品に必要な原材料、部品、機械設備などは、海外からの輸入に大きく依存していることを表は示唆している。

実際、外資一〇〇%企業が中国から輸出する金額の八五%がいわゆる「加工貿易」の形態をとった。加工貿易比率の際立った高さは、国有企業の三割弱、民営企業の一割強の数字と比較すれば一目瞭然であろう（『通商白書二〇一〇』：一八一も参照）。

その結果、**図3‐1**に示すとおり、外国企業が中国の輸出総額に占める比率は二〇〇〇年初頭以降、常に五〇%以上を占めるようになった（輸入もほぼ同じである）。また、二〇〇〇年代半ば以降の輸出の急増が、外国企業の輸出の急増によって支えられてきた事実も、図から判明する。

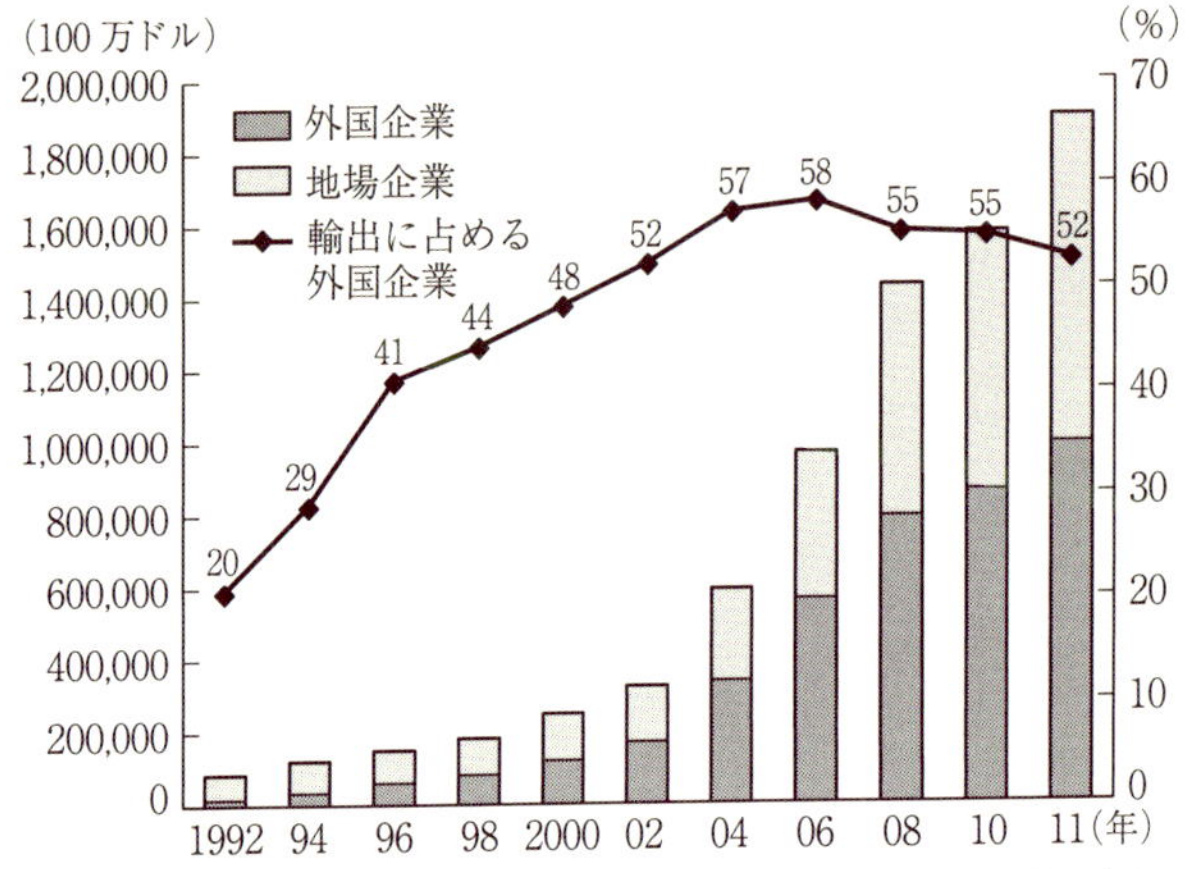

(注)外国企業には香港，台湾，マカオからの投資を受け入れた企業が含まれる.
(出所)『中国統計年鑑』各年版より張馨元作成.

図 3-1　中国の輸出額と外国企業の割合(1992-2011年)(100万ドル，%)

こうした発展パターンは、一昔前であれば、ただちに「従属的経済発展」(dependent development)のレッテルを貼られ、ネガティブな評価を受けた(末廣 二〇〇〇：第一章)。実際、一九八〇年代初め頃までは、進出した多国籍企業と輸出先のアメリカ市場に依存するアジアNIES(NICs)の発展を、「従属的経済発展」と呼ぶ研究者は少なくなかったからである。

こうした見方に異議を唱え、アジアNICs論に新風を吹き込んだのは、世界銀行が『東アジアの奇跡』の中で評価した、政治経済学者のアムスデン(Amsden 1989)やウェイド(Wade 1990)たちの議論である(世界銀行は彼らを修正主義者 Revisionist と呼んだ)。

アムスデンは韓国を事例にして、目的合理性を持った政府主導の政策は、新古典派のエコノミストたちが指摘するように価格メカニズムを歪めたが、後発工業国の政策の方向性としては間違っていなかったと結論づけた。また、主要財閥(チェボル)の発展を紹介したうえで、彼らの「旺盛な学習能力」

が韓国の工業化を支えているとも主張した。

他方、台湾の工業発展を研究したウェイドは、市場に介入して価格メカニズムを歪めたと批判された台湾の戦略的な産業政策を克明に検討し、市場機能が競争的に働くように設計された政府の市場介入(governing the market)は、後発工業国にとって有効な政策面での選択肢であると主張した。

中国の経済的躍進を、かつてのように「従属的経済発展」と捉える研究者は少数であろう。他方、アムスデンやウェイドが強調した政府の政策の目的合理性や企業の学習能力の高さだけで、中国の経済的躍進を説明することも困難であった。というのも、IT産業の発展が示唆するように、中国の経済成長は「地域としてのアジア」の成長、もしくは「アジア化するアジア」の動きと不可分の関係にあったからである。

2 アジア域内貿易の深化

生産の分散立地と産業内貿易

IT産業のような組立型産業の場合、設計・製造・最終検査の工程が分割できるだけでなく、製造工程もいくつかの生産ブロックに分割することができる。その結果、組立企業は、一方では、特定の生産ブロックを切り離して、最適と思われる場所に工場を配置すると同時に、他方では、必要とする原材料、部品、設備機械を、品質的にもコスト的にも最適と考える自社の分工場や他の工場から調達する。

とくに、輸送コストと通信コストの低下が飛躍的に進んだ一九九〇年代以降、組立企業は生産ブロックの分散化や部品等の外部調達(アウトソーシング)を国境を越えて積極的に進めるようになった。このような最適立地にもとづく生産工程の分散化は「生産のフラグメンテーション化」と呼ばれる(Arndt and Kierzkowski eds. 2001, 木村・安藤 二〇〇六)。

生産のフラグメンテーション化のもとで、組立企業にとって重要な課題は、生産ブロック内の各種コストの引き下げと、生産ブロックと他の生産ブロックの間の物流や通信のコスト(これをサービス・リンク・コストと呼ぶ)の引き下げの二つとなる。現在、東アジア地域で進められている二国間や多国間の自由貿易協定(FTA)は、後者のサービス・リンク・コストの引き下げを目指しているのである。

一方、部品等の調達の海外的な広がりとそのネットワーク化は、「グローバル・サプライチェーン」と呼ばれることが多い。

生産工程の分散立地と部品等の海外調達の進展は、親企業と海外分工場、あるいは関連工場との間の半製品や部品のやりとりを急増させる。たとえば、東京に本社を置くキヤノンは、上海、アユタヤ、ハノイの近郊に大規模なプリンター組立工場を持っている。その結果、日本の親企業から中国とタイ・ベトナムの分工場に半導体や精密機械部品が流れ、中国とタイ・ベトナムの間でも、部品や半製品のやりとりが頻繁になされた。

親企業と海外分工場の間で行われる製品や部品のやりとりは、もはや国と国の間の貿易とは言えない。企業内貿易(intra-firm trade)と呼んだ方が適切であろう。また、企業内貿易は同一産業の部品や半製品で構成されるから、しばしば産業内貿易、あるいは「垂直的産業内分業」の形をとる(吉冨 二〇〇三：第四章)。

企業内貿易と産業内貿易の進展は、アジア地域内の貿易を飛躍的に増大させた。少し数字が古くなるが、青木健(二〇一〇：一〇二)は、IT製品を最終財(完成品)と部品に分け、二〇〇八年の貿易データを使って、東アジア、北米(NAFTA)、欧州(EU)の三つの地域における域内貿易比率を計測し比較した。

それによると、東アジアIT産業の最終財の場合、輸出先の三九%が域内であった。逆に言えば、六〇%以上を欧米諸国を中心とする域外市場に輸出していた。一方、最終財の輸入相手の場合には域内の比率は七七%に跳ね上がる。これは北米の三二%、欧州の四七%よりも格段に高い数字であった。

次に部品に目を転じると、東アジアの貿易の特徴がいっそう明確になる。というのも、東アジアの部品輸出先に占める域内比率は七三%、輸入相手先に至っては八三%の高さだったからである。北米の部品の輸入相手先(域内比率三三%)、欧州の輸入相手先(同五〇%)の数字と比べると、東アジアのIT産業が、いかにアジア域内の企業や工場の製品に依存しているかが分かるだろう。

このような産業内貿易の進展の結果、東アジア地域(ただし日本を除く)の輸出先に占める東アジア地域(同上)の比率は、一九八五年の二六%から九五年には三九%、二〇〇八年には四一%へと上昇した(**表3-4**)。これとは対照的に、東アジアが生産する工業製品の最大の市場であった北米は、一九八五年の三一%から二〇〇八年の一六%へと、その比率を大きく低下させている。このような東アジア域内の経済的相互依存の深化を、渡辺利夫(一九九九)は「アジア化するアジア」と呼んだ。

表 3-4　東アジア(日本を除く)の主要輸出相手先，1980–2008 年　(%)

年次	東アジア＋日本			北米	EU	世界合計
	東アジア	日本	合計			
1980	23.0	19.8	42.8	—	15.1	100.0
1985	26.3	16.9	43.2	30.9	10.8	100.0
1990	32.9	14.6	47.5	25.1	15.7	100.0
1995	39.2	13.0	52.2	21.8	13.7	100.0
2000	37.3	12.1	49.4	23.5	14.7	100.0
2008	40.7	8.1	48.8	16.3	15.3	100.0

(注)北米は，北米自由貿易協定(NAFTA)を構成するアメリカ，カナダ，メキシコの 3 カ国.
(出所)渡辺利夫編(2004: 7)．2008 年は筆者集計.

貿易の「太平洋トライアングル構造」

ここで少し歴史を遡って，東アジアの貿易構造がどのように変容してきたのかを整理しておきたい。

一九六〇年当時，韓国の最大の輸出品は鉱産物のタングステン，台湾のそれは砂糖であった。七〇年になると輸出品の一位は韓国・台湾とも衣類に代わる。同年の二位は韓国が「かつら」，台湾が電機電子製品であった。そして，七〇年代に入ると輸出総額が爆発的な伸びを示した。八〇年当時，韓国の主要輸出品は，一位繊維製品，二位衣類，三位電機電子製品，台湾の場合には，一位繊維・衣類，二位電機電子製品になった。ＯＥＣＤが韓国・台湾を「アジアＮＩＣｓ」と呼んだのはこの頃のことである。さらに，一九九〇年には，韓国・台湾とも電機電子製品が衣類を抜いて輸出品のトップに躍り出る(末廣 二〇〇〇：一三九)。

一九八〇年代前半の韓国の最大の輸出先はアメリカ(輸出総額の三〇％から三五％を占める)，台湾の最大の輸出先もアメリカ(同四〇％から五〇％)であった。電機電子製品に限れば輸出先に占めるアメリカの比率は五〇％を優に超える。

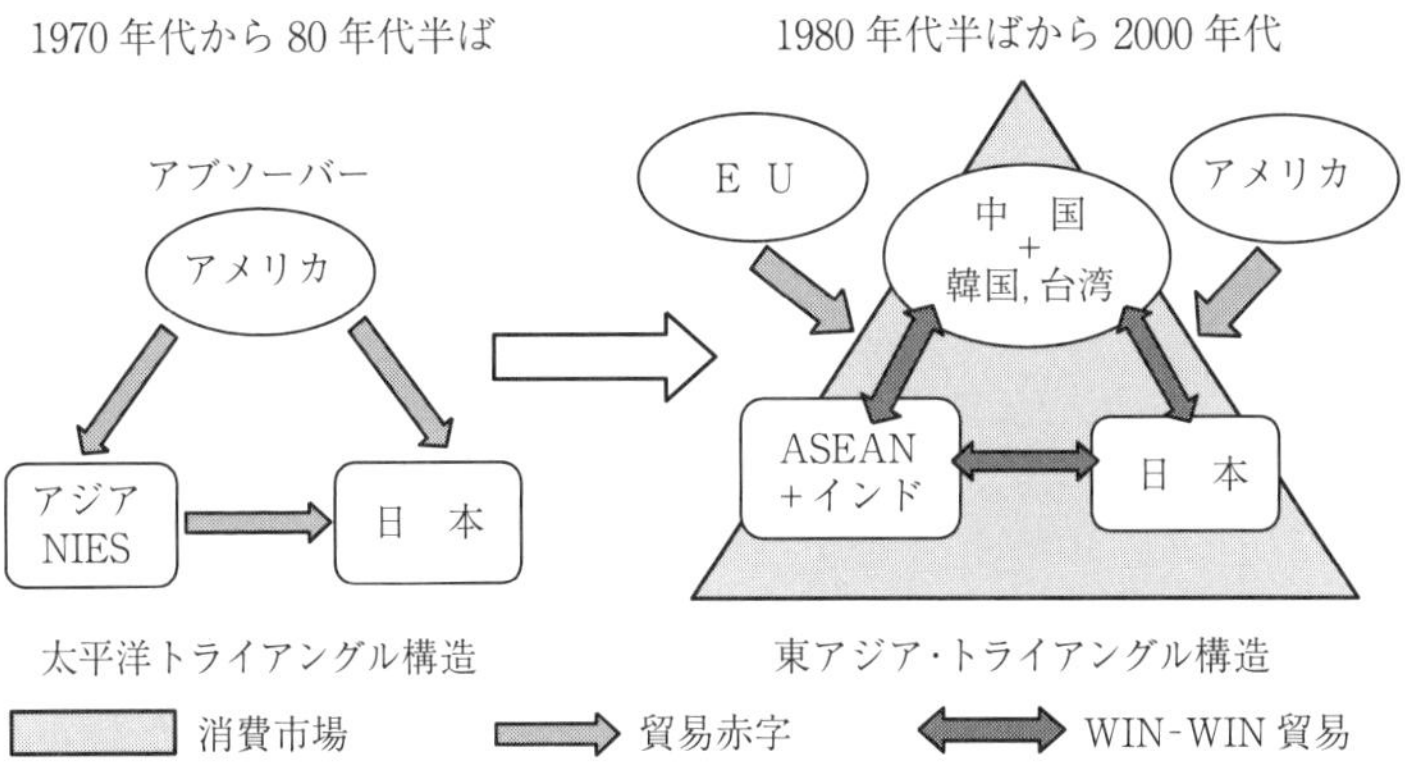

(出所)筆者作成.

図3-2　アジアにおける貿易トライアングル構造の変化

一九八〇年代半ばまでの東アジアの輸出指向型工業化(export-oriented industrialization)を支えたのは、アメリカ、日本、アジアNIES(当時はNICs)を主たるプレイヤーとする、太平洋を間にはさんだ「三角貿易」の発展である。経済企画庁の『世界経済白書 昭和六二年版』(一九八七)は次のように述べている。

「一九八〇年以降の世界経済の動きの中で、日本、アメリカ、アジアNICs、アセアンを含めた環太平洋の高い成長が目立っている。アジアNICsは急速な工業化と輸出の増加を背景に六〇年代後半から高い成長を維持しているが、そこには日本から資本財、中間財の多くを輸入し、アメリカという巨大な市場へ輸出するという構図がみられる」(同上書：一四五)。そして、相互依存関係の深化と新たな国際分業体制が生まれつつある環太平洋地域を「太平洋トライアングル地域」と呼んだ(同上書：一七二)。

図3-2を使ってもう少し補足しておこう。アジアNIES(NICsではなく、以下NIESを使う)は労働集約

的な工業製品(衣類、電機電子製品)をアメリカに輸出し、これらの工業製品の生産に必要な原材料と機械・設備類を日本から輸入する。そのため、対米貿易は黒字、対日貿易は赤字になるが、トータルでは黒字を計上する。次に、日本は資本・技術集約的な工業製品をアメリカに輸出し、資本財をNIESに輸出する。その結果、両者に対して貿易は黒字となる(詳しくは青木(一九八七)を参照)。

最後に、アメリカは両方に対して貿易収支は赤字であった。つまり、アメリカが東アジアが生産する工業製品の巨大なアブソーバーになったのである。それだけではない。アメリカは日本を含む東アジア諸国の軍事支出を肩代わりすることで、彼らがより多くの財政資金を産業インフラに投入することも可能にした。アメリカの「双子の赤字」(貿易赤字と財政赤字)が、東アジア地域の輸出指向型工業化を背後から支えたのである。

貿易の「東アジア・トライアングル構造」

こうした構図が変わるのは、G5の間で国際通貨調整を行った一九八五年のプラザ合意以降である。先進国五カ国(米・英・仏・独・日)の財務大臣・中央銀行総裁が、ニューヨークのプラザホテルに集まって合意した人為的な通貨調整は、円の急速な増価、つまり円高につながった。

その結果、対米輸出の落ち込みを避けるために、日本の輸出企業はいっせいに北米(消費地への投資)とASEAN諸国(迂回輸出目的の投資)に向かう。加えて、韓国・台湾の自国通貨もドルに対して切り上げとなったため、NIES企業も日本企業のあとを追うようにしてASEAN諸国に進出していった。こうして、一九九〇年代前半までに、日本・NIES・ASEAN諸国を結ぶ生産のネットワークが誕生し、それ以降、産業内貿易(企業内貿易)がアジア域内で急速に増加した。

産業内貿易の増加に拍車をかけたのが中国の台頭である。一九九〇年代に入ってから、日本の中国向け投資が本格化し、二〇〇〇年代には、日本に加えてNIESや欧米諸国からの中国向け投資も急増した。一九八五年当時、中国の外国投資の受入れは一〇億ドル台にすぎなかったのが、九四年には三〇〇億ドルを超え、二〇〇五年には遂に一〇〇〇億ドルを超える規模にまで膨れ上がった(ADBの国別基本指標より算出)。

中国向け外国投資の急増は、日本を中心にすえると、①日本＝NIES＝中国、②日本＝中国、③日本＝ASEAN諸国という三つの太い貿易チャネルの形成につながった(新宅・天野編 二〇〇九：第二章)。他方、中国に視点をすえると、日本だけでなく中国＝NIES、中国＝ASEAN諸国という域内貿易を活性化する契機にもなった(後出**表3-6**を参照)。以上のような新しい貿易構造をここでは「東アジア・トライアングル構造」と呼んでおきたい。

もう一度、**図3-2**に戻っていただきたい。一九九〇年代後半に形成された貿易の「東アジア・トライアングル構造」の主要なプレイヤーは、日本、中国(プラスNIES)、ASEAN諸国(プラスインド)の三つである。そして、経済的重心はもはやアメリカではなく中国であった。日本は素材、部品、機械・設備等の重要な供給者ではあるものの、アメリカに代わるほど巨大な市場を最終財に提供していない。工業製品のアブソーバーになったのは中国なのである。

「太平洋トライアングル構造」から「東アジア・トライアングル構造」への貿易構造のシフトは、主要輸出品の衣類・家電製品からIT製品へのシフトと重なっている。

ところで、衣類やカラーテレビは、「アジアが作り、アメリカが消費する」製品の典型であった。一方、パソコンは、完成品が欧米市場に半分近く輸出されるが、中国や東アジア域内でも大量に消費される。パソコンの製造には、オフィスでも工場でもパソコンの使用が不可欠だからだ。そのため、「アジアが作り、アジアで消費する」という新しい構図が生まれた。「アジア化するアジア」のもうひとつの側面である。

3　中国ASEAN貿易の進展

資源・一次産品とIT製品

東アジア域内貿易の拡大を促したもうひとつの要因は、二〇〇〇年以降の中国ASEAN間の貿易の急速な伸びであった。**図3-3**は、日本とASEAN諸国、中国とASEAN諸国の輸出と輸入の合計の推移を示したものである。

一九九五年当時、日本ASEAN間の貿易は中国のそれの六倍以上の規模を誇っていた。ASEAN諸国にとって最大の貿易パートナーは日本かアメリカのどちらかであった。しかし、二〇〇〇年代に入ると、中国ASEAN間の貿易は一直線に伸びていき、二〇〇八年には日本のそれを追い抜く。さらに、世界金融危機以後になると両者の間の差は急速に広がりつつある。二〇一二年現在、タイにとって最大の貿易相手先は、かつてのように日本やアメリカではなく中国であった。

それではなぜ、中国ASEAN貿易はかくも急速に拡大しえたのか。その理由としては、①同一産

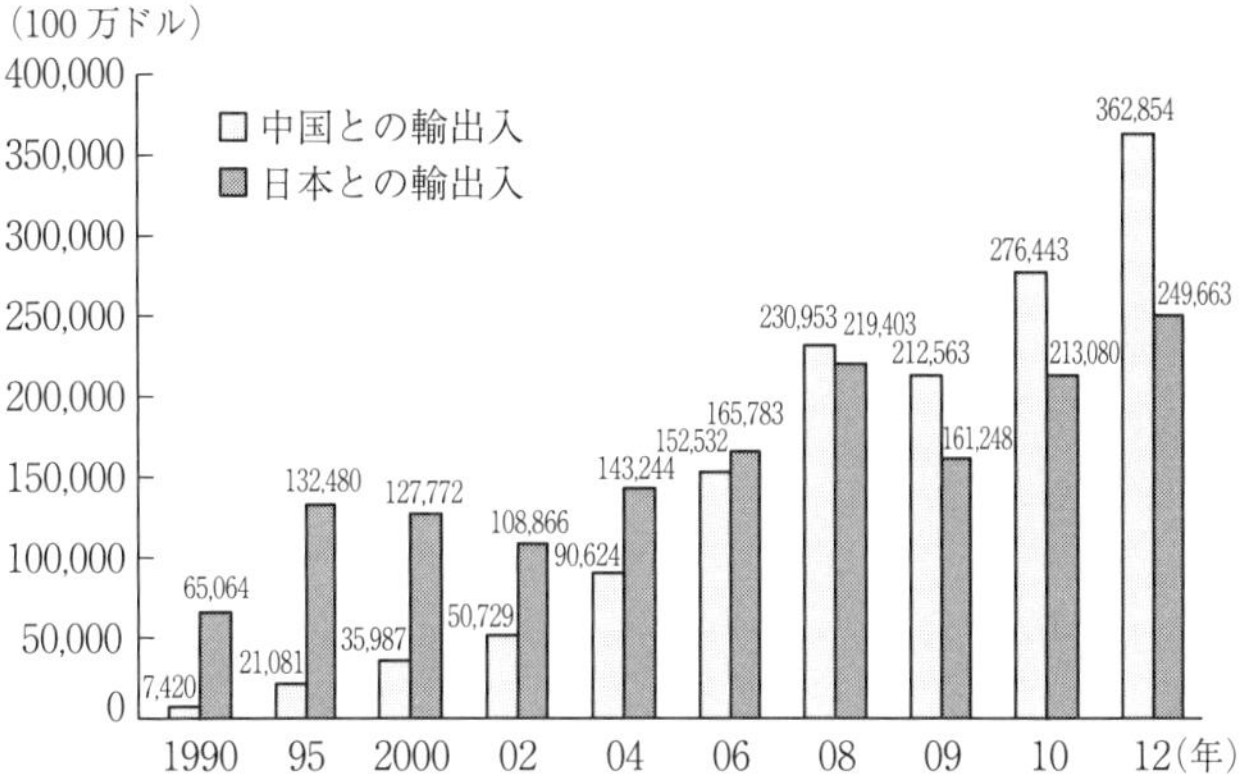

(出所)中国ASEAN貿易はGlobal Trade Atlasより宮島良明集計，日本ASEAN貿易は財務省統計より筆者集計.

図3-3　ASEAN諸国と日本，中国の貿易の推移，1990-2012年(100万ドル)

業内の水平貿易(企業内貿易)の増大、②一次産品と工業品の垂直貿易の増大、③中国ASEAN自由貿易協定の締結の三つが考えられる。

　最初に、中国とASEAN諸国の間でどのような商品がやりとりされているのかを、**表3-5**で確認しておこう。表は国際標準商品分類四桁のコードを基準に、ASEAN5から中国に輸出される上位一〇品目を金額の多い順に整理したものである。なお、薄い網かけは資源・一次産品(農水産物など)を、濃い網かけはコンピュータ製品・同部品などのIT製品を示している(詳しい分析は末廣ほか(二〇一四:第五章)を参照)。

　一九九五年当時、ASEAN5から中国に輸出される上位一〇品目のうち七つは、石油精製品、パームオイル、天然ゴム、砂糖、コメなど資源・一次産品で占められていた。一方、表として掲げていないが、ASEAN5が中国から輸入する上位一〇品目のうち一位はタバコ、四位が石油精製

表 3-5　ASEAN5 から中国への輸出：上位 10 品目，1995-2012 年　(100 万ドル)

順位	1995 年	金額	2008 年	金額	2012 年	金額
第 1 位	石油精製品	1,106	集積回路	31,820	集積回路	41,079
第 2 位	原油	825	コンピュータ関連製品	12,315	コンピュータ関連製品	15,781
第 3 位	パームオイル	785	石油精製品	6,256	石油精製品	8,244
第 4 位	合板	697	パームオイル	5,206	パームオイル	6,467
第 5 位	天然ゴム	388	天然ゴム	4,018	石炭	6,272
第 6 位	砂糖	345	コンピュータ関連部品	3,044	天然ゴム	5,997
第 7 位	造船用資材	338	半導体デバイス	2,901	ニッケル鉱	4,624
第 8 位	コメ	322	原油	2,523	コンピュータ関連部品	4,549
第 9 位	コンピュータ関連製品	177	有線電信機器	2,258	半導体デバイス	4,309
第 10 位	通信関連部品	162	エチレン重合体	1,559	配合ゴム	3,979
	上位 10 品目小計	5,145		71,900		101,301
	輸出合計	9,407		111,478		176,069

(注)ASEAN5 は，フィリピン，タイ，マレーシア，シンガポール，インドネシアの 5 カ国を指す．
(出所)Global Trade Atlas のデータベースにもとづき宮島良明作成．商品は 4 桁分類による．

品、七位が原油と、こちらも資源・一次産品が多かった。そのほかは三位と五位が鉄鋼半製品と鉄鋼フラットロール、六位が造船用資材であった(末廣ほか二〇一四：第五章)。

二〇〇八年になると、ASEAN5から中国への輸出構造は大きく変わる。まず輸出金額が一〇倍以上に膨れ上がり、一位と二位を集積回路、コンピュータ関連製品が占めたからである。IT製品は上位一〇品目のうち五つを占め、その合計金額は上位一〇品目の七〇%を超えた。残り五品目のうち四つは資源・一次産品である。一方、ASEAN5が中国から輸入する上位一〇品目を見てもIT製品が七つを占め、その比率は輸出と同様に七〇%を超えた。

二〇一二年は、ASEAN5から中国への輸出上位一〇品目のうち、資源・一次産品は四つから六つへと再び増加した。その合計金額は上位一〇品目の三五%と、二〇〇八年より一〇ポイントほど上昇している。残り六五%はすべてIT製品が占めた。中国からの輸入に目を転じると、引き続きIT製品が上位を占めているものの、一般船舶、石油精製品、皮革製品、家具部品、女性スーツ、鞄と、輸入工業品の多様化が進んだ点が特徴であった。

中国ASEANのWIN-WIN関係

以上の点を整理すると次のようになる。

第一に、中国とASEAN間の貿易の急速な拡大をもたらしているのは、中国とASEAN諸国に進出した日本企業や欧米・韓国などの企業の間の企業内貿易、もしくは同一産業内の水平貿易の増大であること。これは本章第2節の冒頭で紹介した生産の分散立地やグローバル・サプライチェーンが、いまや中国や東南アジア地域に広がったことを意味する。

第二に、中国の産業発展と生活水準の向上に伴って、ASEAN諸国から資源・一次産品の輸出が急増し、逆に中国から多様な工業品がASEAN諸国に流入していること(靴や鞄などは中国企業がもっぱら製造する)。つまり、企業内水平貿易の急増とは別に、国と国の間の要素賦存量(資源、労働など)の違いによる伝統的な垂直貿易も伸びているのである。中国の躍進は、日本市場や欧米市場のASEAN製品を駆逐するという「中国脅威論」がある時期、声高に言われたことがある。しかし、**表3-5**はそうではなく、中国がASEAN諸国に対して巨大な市場を提供していることを明示している。貿易関係について言えば、中国はＡＳＥＡＮ諸国にとって競合相手ではなく共存共栄（ＷＩＮ＝ＷＩＮ）のパートナーであった（安全保障や領土問題は別である）。

最後に、中国とＡＳＥＡＮの包括的自由貿易協定の役割も重視すべきであろう。中国経済の国際化が本格化するのは二〇〇一年のことである。この年（国際化元年と呼ぶ）、中国は三月に「第一〇次五カ年計画綱要」を発表し、積極的な対外経済方針を打ち出すと同時に、一二月には世界貿易機関（ＷＴＯ）に正式に加盟した。ブルネイで開催されたＡＳＥＡＮ中国首脳会議で、向こう一〇年間以内に両者の間で包括的自由貿易協定を締結すると宣言したのも、同じ年の一一月である。

この宣言を受けて、二〇〇二年一一月には、「中国ＡＳＥＡＮ自由貿易地域」の創設を含む包括的経済協力に関する枠組みに、中国とＡＳＥＡＮ加盟諸国は署名した。続いて、二〇〇五年七月には物品分野、〇七年七月にはサービス分野の自由化協定が相次いで発効し、〇九年八月には投資分野の自由化についても合意した。そして、二〇一〇年一月には、ノーマルリストに掲載されている全製品の輸入関税がゼロになり、当初の宣言どおり自由貿易のための包括的枠組みが完成した。

以上のような自由貿易協定は、当然ながら中国ＡＳＥＡＮ貿易の増大を促進する制度的枠組みとして働いた。たとえば、タイの中国向け輸出で見ると、自由貿易協定がカバーする品目は、二〇〇八年一七億ドル（輸出金額の三四％）から一〇年には七四億ドル（同六四％）へと急増している（Akusonsri 2011: 71–77）。日本もＡＳＥＡＮ諸国とは包括的経済連携協定（二〇〇八年）を締結しているが、中国より取り組みが遅かっただけでなく、貿易への拡大効果も中国に比べて小さかった。なお、二〇〇〇年代に急速に進んだ中国とＡＳＥＡＮの経済関係については、木村・石川編著（二〇〇七）、石川・清水・助川編著(二〇一三)、末廣ほか(二〇一一)、末廣ほか(二〇一四)などを参照していただきたい。

4 太平洋経済圏と大西洋経済圏

東アジア経済のカップリング・アンカップリング論争

東アジア域内貿易が深化する中で、二〇〇〇年代半ば頃から、いわゆる「カップリング・アンカップリング(デカップリング)論争」が生じた。すなわち、東アジア地域は「グローバルな需要の動向から相対的に独立しており、国内需要の自律的な変動にもっぱら左右される景気変動のもとにある」と主張する「アンカップリング(非接続)派」もしくは「デカップリング(切断)派」と、そうではなく、東アジア経済は依然として域外の需要、とりわけG3(米国、日本、EU)の市場に依存しており、外部のショックに対して脆弱であると主張する「カップリング(接続)派」の間の論争がそれである(ADB 2007)。なお、渡辺利夫の「アジア化するアジア」論は、アジア通貨危機を念頭に置きつつ、最も早い時期に東アジア経済の自律性を主張した「アンカップリング派」の議論とみなすことも可能である。

興味深いのは、二〇〇八年に世界金融危機が発生したとき、後者の「カップリング派」は、アメリカの金融危機がヨーロッパだけでなく、東アジア地域も直撃した事実を重視したのに対し、前者の「アンカップリング派」は、日本を除く新興アジア諸国が、他のどの地域よりも早く経済回復を達成した事実に注目し、経済的自律の側面を強調した点であろう。

それでは、どちらがより実態を反映しているのだろうか。**表3-6**は、『通商白書二〇一二』の図を

表 3-6 東アジア域内，NAFTA，EU の貿易フロー （億ドル，倍）

国・地域の輸出	1990	2000	2010	2010/1990	2010/2000
(1)東アジア域内の貿易と輸出					
日本→中国	235	671	2,084	8.9	3.1
日本→ASEAN	368	694	1,049	2.9	1.5
中国→日本	140	561	1,435	10.3	2.6
中国→ASEAN	80	271	1,130	14.1	4.2
ASEAN→日本	293	580	941	3.2	1.6
ASEAN→中国	98	442	2,085	21.3	4.7
ASEAN 内の輸出	258	863	1,937	7.5	2.2
東アジア域内輸出計	2,909	8,007	19,715	6.8	2.5
(2)東アジアから NAFTA, EU 向け輸出					
日本→NAFTA	1,015	1,639	1,405	1.4	0.9
日本→EU	674	900	939	1.4	1.0
中国→NAFTA	283	1,294	4,320	15.3	3.3
中国→EU	244	824	3,847	15.8	4.7
ASEAN→NAFTA	296	968	1,195	4.0	1.2
ASEAN→EU	234	667	1,159	5.0	1.7
東アジアから NFTA, EU 計	2,746	6,292	12,865	4.7	2.0
(3)NAFTA, EU から東アジア向け輸出					
NAFTA→日本	624	821	805	1.3	1.0
NAFTA→中国	179	426	1,453	8.1	3.4
NAFTA→ASEAN	244	530	842	3.5	1.6
EU→日本	381	470	650	1.7	1.4
EU→中国	207	503	1,972	9.5	3.9
EU→ASEAN	249	399	808	3.2	2.0
NAFTA, EU から東アジア計	1,884	3,149	6,530	3.5	2.1
(4)NAFTA, EU 間と同域内貿易					
EU と NAFTA 間の貿易	2,442	4,740	6,593	2.7	1.4
NAFTA 域内輸出	2,106	6,358	8,391	4.0	1.3
EU 内輸出	9,923	13,913	27,917	2.8	2.0
NAFTA と EU 間の貿易計	14,471	25,011	42,901	3.0	1.7

(注)(1)の東アジア域内輸出計には NIES と日本，中国，ASEAN 間の貿易を含む．(2)の東アジアには NIES を含まない．
(出所)『通商白書 2012』，178 頁より筆者作成．原データは経済産業研究所．

もとに、東アジア、北米(NAFTA)、EUの三つの地域間の貿易を、一九九〇年、二〇〇〇年、二〇一〇年の三時点で比較したものである。

まず貿易の規模をみると、二〇一〇年の東アジア域内貿易(日本、中国、NIES、ASEAN間の貿易)の総額は約二兆ドルであった。また、一九九〇年と二〇一〇年の輸出の倍率を見ると、「ASEANから中国」が二一倍と最も高く、「中国からASEAN」の一四倍、「中国から日本」の一〇倍がこれに続く。一方、東アジア(NIESを除く)から域外の北米とEUへの輸出総額は一兆三〇〇〇億ドルであった。これは北米とEUから東アジアへの輸出である六五〇〇億ドルの二倍の規模である。ただし、輸出と輸入を合計すると約二兆ドルであり、東アジア域内の貿易にほぼ匹敵する。

表3-6で注目すべきは、中国と北米・EUの間の貿易金額の巨額さであろう。とくに「中国からNAFTA」「中国からEU」はそれぞれ四〇〇〇億ドル前後に達しており、これは他のどの国・地域との貿易金額と比べても格段に大きい。この数字は「カップリング派」が主張する東アジア経済における域外市場の重要性、とりわけ部品や半製品といった中間財ではなく、完成品(最終財)の消費地としての欧米市場の重要性を示していると言えよう。先述したように、IT製品の完成品の輸出先は六割が域外市場であったから、実態に即して言えば、アジア開発銀行と同様に、「カップリング派」の主張に軍配を上げるべきであろう。

大西洋をはさんだ北米・EU経済圏

しかしながら、**表3-6**で最も注目すべき点は、北米とEU間の貿易、並びに北米とEUの域内貿易の合計が、二〇一〇年に四・三兆ドルにも達している事実である。一九九〇年からの倍率は三倍と、東アジア域内貿易の七倍弱よりはるかに低いものの、金額面では東アジア域内貿易の二倍以上にも達している。加えて、二〇一三年七月からは、「環太平洋パートナーシップ協定」（TPP）に対抗する形で、「環大西洋貿易投資パートナシップ」（TTIP）の交渉も開始された（末廣ほか 二〇一四：第六章）。

前節までは、貿易の「太平洋トライアングル構造」、あるいは「東アジア・トライアングル構造」にもっぱら注目してきたが、じつは大西洋をはさんで巨大な経済圏が存在する事実を看過すべきではない。

前出**表3-4**では、東アジア（日本を除く）の輸出相手先の五〇％が、日本を含む東アジアであったことを確認した。しかし、東アジア全体の貿易はその後も急速に伸びているとはいうものの、域内貿易比率は五〇％の水準で推移している。これは東アジア貿易の拡大が、基本的に域外に開かれた貿易に支えられてきた結果であった。

その点を踏まえると、東アジア経済圏にとって今後ターゲットとなる市場は、①二〇一五年に発足するASEAN経済共同体（AEC、二〇一〇年のASEAN域内輸出は二〇〇〇億ドル）だけでなく、②非アジア新興経済諸国（ロシア、中東、ラ米諸国）、③巨大な域内市場をもつEUの二つが重要となる。二〇一〇年のEUの域内市場は二・八兆ドルであり、これは東アジア域内市場を大きく超える規模だからである。

もうひとつ指摘しておきたい点は、大西洋経済圏に比べて東アジア経済圏の場合には、商品貿易への依存度がきわめて高く、サービス貿易や直接投資収益の取引額がいまだ低い水準にとどまっている点である。少し数字が古くなるが、二〇〇七年の直接投資収益の動きを見ると、日本の中国からの受取はわずかに三〇億ドル、アメリカからの受取は一二〇億ドルだった。これに対し、アメリカのEUからの受取は一五〇〇億ドルである。同様にサービス貿易面でも、日本の中国からの受取が八〇億ドル、アメリカからの受取が三五〇億ドルに対して、アメリカのEUからの受取は一八〇〇億ドルにも達した(末廣 二〇一〇：二七。杉本朋之による集計)。

こうした数字は、東アジア経済圏が、経済取引の多様化(サービス貿易)や直接投資の果実(投資収益や特許等使用料収入など)を指標にとると、まだ低い水準にあることを如実に示している。東アジア経済圏がさらなる発展を遂げ、地域としての自律性を高めるためには、商品貿易と直接投資の域内取引の拡大だけではなく、「東アジア・ビジネス経済圏」として成熟していくことが求められているのである。

第四章　キャッチアップ再考
——技術のパラダイム変化と後発企業の戦略

1　キャッチアップ型工業化論への批判

キャッチアップ型工業化とは何か?

前著『キャッチアップ型工業化論』(末廣 二〇〇〇、Suehiro 2008)で、私はアジア地域の工業発展パターンを理解する分析枠組みとして、キャッチアップという概念を提唱した(池間編著(二〇〇九)、Lin (2011)も参照)。

キャッチアップというのは、後発工業国が主として技術面で、「後発性の利益」(the advantages of backwardness)をうまく利用しながら、先進国の所得水準との格差を縮めていくプロセスを指す。なお、「後発性の利益」というのは、ガーシェンクロンが提唱した概念で、遅れて工業化を開始した国は、先進国が開発した技術を導入することで、技術開発に必要な時間とコストを節約するだけでなく、先進国よりも早いスピードで工業化を実現できる優位性を指す(ガーシェンクロン 二〇〇五)。

ただし「後発性の利益」は、すべての後発工業国にとって開かれた機会であるが、あくまで機会でしかない。この機会(チャンス)を実際の経済発展に結びつけるためには、当該国に「工業化の社会的能力」が備わっていることが必要不可欠の条件となる。この工業化の社会的能力を、私は工業化の担い手と工業化を支える制度・組織の二つに分けて、タイや東南アジア諸国を事例に検証した。

私の本に対しては、幸い多くの人々から好意的な書評やコメントを頂戴した。同時に、さまざまな批判も寄せられた(佐藤幸人編(二〇一二)ほか)。

たとえば、この本がタイを含む東南アジア諸国の経験を論拠にしていたため、私の議論はフルセット型工業化を進めてきた人口大国(中国やインド)にはあてはまらないという批判。韓国・台湾の工業発展は、技術革新が急速に進むＩＴ産業を中心にしており、テレビ、繊維・衣類、アグロインダストリーなどを産業基盤とする雁行形態的なキャッチアップ論(a flying-geese pattern development)はあてはまらないという批判。韓国・台湾や中国の新興企業の中には、技術面で「追いつく」段階から「追い抜いた」状態の企業も登場しているという批判(馬跳びの発展、a leapfrogging-type development)、などである。

二段階キャッチアップとキャッチダウン

中国の電子産業を研究した湯進(二〇〇九)は、私の本を評価しつつも、次のように批判した。つまり、後発工業国は技術のキャッチアップを続けていくと、いずれ「持続的成長の壁」にぶつかる。この壁をどう突破すればよいのか、その点の視座が私の議論には欠落しているというのである。なお、後発国の「持続的成長の壁」は、台湾のＩＴ産業を研究した佐藤幸人の「キャッチアップの天井」と同義である（佐藤幸人編〔二〇〇八〕、同編〔二〇一二〕。赤羽〔二〇一四〕も参照）。

この問題を分析するため、湯進はキャッチアップの過程をコア技術を習得することが主たる課題の第一段階と、学習を通じた追跡が限界に直面し、この限界を突破するためにイノベーション能力の構築が主たる課題となる第二段階に分ける。彼はこれを「二段階キャッチアップ工業化」と名付けた。

次いで、彼はアメリカ型大量生産方式、日本型フレキシブル生産方式と対比させる形で、新たに中国型生産方式を設定し、その特徴を次の点に見出した。①少品種大量生産体制、②リバース・エンジニアリング（後述）によるコア技術の取得、③徹底した価格志向と製品機能の簡素化、④企業組織に見られる経営者の感覚の重要性などがそれである（同上書：二七）。

もっとも、これらの特徴は、第一段階のキャッチアップを実現するために、中国企業が追求してきたものである。第二段階に進むためには、イノベーションを推進するための国家の後押しや企業内部の能力構築が問われる。とりわけ技術形成について言えば、コア技術の導入と学習を通じた「集成型イノベーション」の段階から、自社の企業能力と外部資源を結合した「ミックス型イノベーション」への発展が不可欠となる。これが湯進の主張であった（同上書：第二章）。

湯進の本は、中国電子産業の発展を理解する上で示唆的である。ただし、企業のキャッチアップを「学習段階」と「革新段階」に分ける視点は彼独自のものではない。サムスン電子を研究した曺・尹〔二〇〇五〕や吉岡〔二〇〇六、二〇一〇〕（本章第3節を参照）、台湾パソコン産業を調査した川上〔二〇〇五〕、佐藤幸人〔二〇〇七〕が、湯進の本の刊行以前から主張してきた論点だったからである。

むしろ、ここで問題にしたいのは、私の前著でも湯進の本でも、技術面でのキャッチアップの最終目標をコア技術の自主開発に暗黙のうちに置いている点にある。しかし、次節で見るように、IT産業を中心とする新しい技術体系の登場(部品のモジュール化など)は、従来とはまったく異なるキャッチアップ戦略の選択を、後発国の企業に可能にした。

その点を明らかにしたのが、アーキテクチャ論を用いた「キャッチアップの前倒し」仮説(新宅・天野編 二〇〇九)であり、グローバル価値連鎖(GVC)論に依拠した「付加価値の取り合い」仮説(川上 二〇一二)である。どちらも私の前著では視野の中に入っていない議論であった。

したがって、本章で課題となるのは、まず技術体系にどのような変化が生じたのかを改めて整理し、次いで、技術のパラダイム変化が企業の行動にどのようなインパクトを与えたのかを検証することにある。

もうひとつここで注目しておきたいのは、丸川知雄が近年提唱している「キャッチダウン戦略」というユニークな概念である(丸川 二〇一三a、同 二〇一三b:第五章)。「キャッチダウン戦略」は、既存技術の輸入・改良から自社技術の開発に至る「キャッチアップ戦略」でもなければ、グローバル価値連鎖の中で自分の地位の上昇を目指す「アップグレイド戦略」でもない(Kimura 2007, 紹介と批判は末廣(二〇〇七))。

中国企業の「キャッチダウン戦略」の決め手は技術ではなく市場である。それも一三億人という巨大な市場が相手である。その市場を掌握するためには、オープン市場で容易に購入できるモジュール化された部品を利用し、機能を簡素化して徹底的に価格を抑えるか、消費者のニーズに合わせた創意工夫に企業努力を向けることが重要な手段となる。技術水準の引き上げではなく、購買層の拡大によって利潤最大化を実現する。これが「キャッチダウン戦略」であった。技術戦略ではなく市場戦略が企業の成長を左右するという事例は、中国の携帯電話(藤本・新宅編著二〇〇五、新宅・天野編 二〇〇九:第五章)、自転車・電気自転車(駒形 二〇一一)、雑貨商品(伊藤亜聖 二〇一〇)などに、容易に見出すことができた。

ところで、IT産業の場合、新製品の開発から大量生産までの期間は年々短くなっている。それだけでなく、製品を規定する国際標準の普及と価格の急速な低下が結び付いて、市場は一〇〇万単位の世界から、国境を越えてあっという間に億単位の世界へと膨れ上がる(前出**表3-1**を参照)。こうした市場の新たな特性を考慮しない限り、新興アジア諸国の工業化を的確に描くことは難しいだろう。

ペレスの「機会の窓」

前著で、私はアメリカと日本を対比させて、生産体制に大きな変化が生じたことを説明した(末廣二〇〇〇:二四四)。ほぼ同じ観点から、一九七〇年代以降の情報技術革命(マイクロエレクトロニクス革命)の進展を契機に、世界の技術体系にパラダイム変化が生じていると指摘したのが、チリ出身の経済学者で、国連ラテンアメリカ・カリブ経済委員会(ECLAC)でも活躍するカルロタ・ペレスであった。

ペレス(Pérez 2001)は、一九一〇年頃にアメリカの自動車産業や石油精製産業に導入され、その後定着していく「大量生産型」と、七〇年代以降に登場した日本やNIESの電機電子産業などに見られる「フレキシブル・ネットワーク型」を、**表4-1**のように対比させる。

表 4-1　技術のパラダイム変化：ペレスの概念(2001 年)

項　目	大量生産型	フレキシブル・ネットワーク型
主要産業	石油，自動車産業	情報技術関連産業
投入財と価値	製品，生産プロセス，輸送におけるエネルギーと原材料の集中的な利用 有形の製品	情報と知識の集中的利用．逆にエネルギーと原材料の節約 無形のサービスと価値
製品とマーケット	標準化された製品 大量消費のマーケット	嗜好に合わせて多様化された製品 大量生産製品から少量生産ニッチ製品に至る仕切られた市場
運営形態	最良の道の追求(One best way) 最適な日々の仕事の繰り返しこそが目標である	継続的な改良・改善 日々の仕事の繰り返しの中心は変化の追求である
組　織	中央集権的な組織 ヒエラルキー的なピラミッド構造 機能別に分化した事業部制 単一方向の融通のきかないコミュニケーション	分権的な組織 戦略的なセンターの配置 準自律した多機能の事業単位制 双方向的なコミュニケーション(垂直的にも水平的にも)
人事戦略	人的資源論(Human resources) 労働はコストである 訓練は将来期待できる外部効果とみなす	人的資本論(Human capital) 労働は資産である 訓練は投資とみなす

(出所)Pérez(2001: 118)より筆者作成.

彼女の貢献は、情報技術の進展が、単に日本やNIESの新しい産業への参入を容易にしただけでなく、第一世代の大量生産型産業への参入も可能にしたという点にある。たとえば、造船産業のように、生産技術が成熟している分野であっても、情報技術を導入することで後発国にも新たなチャンスが生まれたと見なすのである。このチャンスを彼女は、「機会の窓」(the windows of the opportunity)と呼んだ。

「機会の窓」を開くのは、当該国の政府の役割と、新技術を導入するために必要な社会的能力(social capabilities)の蓄積の二つである。ラ米NICsがアジアNICsに大きく後れをとったのは、一九七〇年代以降、せっかくチャンスが訪れたにもかかわらず、チャンスを取り込む適切な政策や産業インフラの整備、企業の受入れ能力の構築がなかったからだと説明する。

しかし、彼女の仮説では、今日の新興アジア諸国の経済発展を捉えることはもはやできない。一九九〇年代以降、IT産業において進んだ部品のモジュール化や製品知識のオープン化などが、彼女の議論では完全に視野の外に置かれていたからである。

2 アーキテクチャ論と国際標準化

IT産業で何が起きているのか?

最初に主要IT製品で生じている日本企業の後退ぶりを紹介する。

前出**図1-3**(本書の一六頁)では、液晶テレビを例に、日本企業のシェアが二〇〇二年の七七%から〇四年には四四%へ、さらに一二年には一五%へと急速に低下し、二〇〇四年からは韓国企業、次いで台湾企業、そして一〇年以降は中国企業のシェアが急速に伸びている事実を確認した。事態は他のIT製品を見ても同じである。

日本企業が直面している問題は、単に後発企業(韓国・台湾)や後々発企業(中国)に生産量で追い抜か

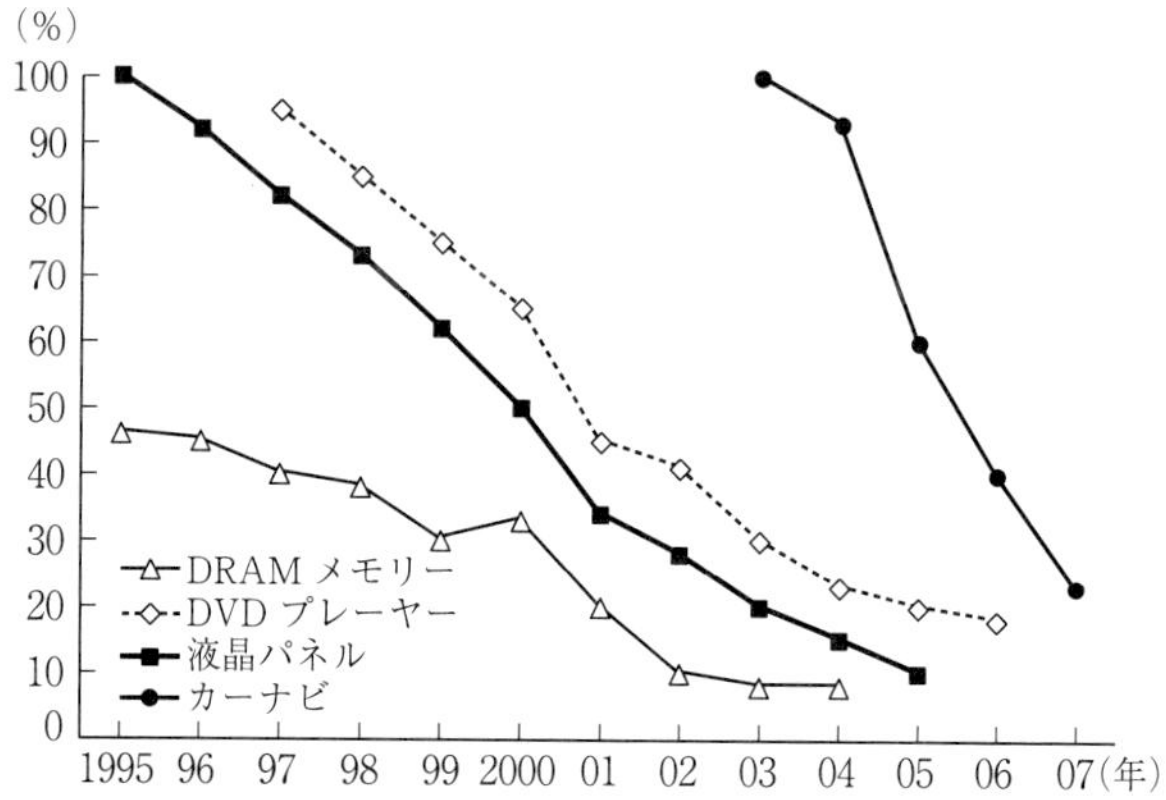

(出所)小川(2009: 5)より筆者作成.

図4-1 主要IT新製品における日本企業のシェア, 1995-2007年 (%)

れているという点だけではない。日本企業が新技術を開発した製品分野でさえも、先導企業(a leading firm)としての優位性を維持することができず、短期間のうちに追いつかれ、追い抜かれていること、そして、新しい製品分野であればあるほど、この期間が短くなっているという現実である。

日本の情報産業戦略研究の第一人者である小川紘一は、『国際標準化と事業戦略』の冒頭に**図4-1**を掲げ、日本のIT企業が直面する深刻な事態に警告を発した(小川 二〇〇九：五)。

DRAMメモリー(半導体)の分野では、日本企業はアメリカ企業から一九七〇年代後半に世界一の座を奪い取った(柳田 一九八一)。その後、トップの座を韓国企業に明け渡したものの、日本企業のシェアの低下は、一九九〇年後半はまだ緩やかであった。それが二〇〇〇年を境にシェアはわずか二年で三〇%から一〇%以下に低下した。話はこれで終わらない。

日本が開発した液晶パネルやDVDプレーヤーでは、シェア低下の速度がいっそう速くなり、カーナビに至っては、二〇〇三年の一〇〇％から四年後の〇七年には二〇％へと、つるべ落としの低下ぶりを示したからである。

通常、新製品や新技術を開発した先導企業（ウォークマンのソニーなど）は、一〇年から二〇年は「先行者の利益」を享受することができる。しかしいまや、「後発性の利益」の方が優先し、必ずしも高い技術力を持たない新興企業であっても、短期間のうちに先導企業に追いつく現象が出現した。

こうした現象はペレスの「機会の窓」仮説ではもはや説明できない。新しい現象を理解するためには、新しい分析ツールが必要となるからだ。最も有力な分析ツールは、**図4-1**を掲げた小川も依拠する、「アーキテクチャ」（原語はコンピュータ・システムの設計思想）の考え方である。

モジュラー型とインテグラル型

製品アーキテクチャ（product architecture）の概念を最初に提唱したのは、カール・ウルリッヒである（Ulrich 1995）。ウルリッヒは、ペンシルヴァニア大学ビジネススクールの教授であるが、MITで機械工学の学位を取得した生粋のエンジニアであった。機械工学と企業の経営戦略を結びつけたところに、彼の議論の特徴がある。

ウルリッヒは、製品を構成する部品と機能の関係に着目し、一つの部品が一つの機能のみと結合している製品をモジュラー型、一つの部品が複数の機能、もしくは一つの機能が複数の部品と相互に連携している製品をインテグラル型と分類した。

たとえば、情報処理＝マイクロプロセッサー、データ入力＝キーボード、データ保存＝ハードディスクというように、特定の機能が特定の部品と完全に対応しているパソコンは、モジュラー型製品の典型である。他方、安全性、燃費、乗り心地といった機能が、ボディフレーム、エンジン、サスペンションのすべての部品と相互に密接な関係をもつ自動車は、インテグラル型製品の代表と言えよう(小川 二〇〇九：九)。

モジュラー型は、部品と部品の間の相互のつながり(インターフェイス)が規格化されると、自在に組み合わせができるだけでなく、部品の大量生産が可能になり、コストが劇的に下がっていく。他方、インテグラル型は部品相互間の細かな調整(tuning)が必要となり、設計と製造は相互に切り離すことができない。

その結果、要求される企業組織にも違いが現れる。モジュラー型にはエンジニアリングとプラニングのスキルに長けた組織体制が要求され、インテグラル型には全体の調整と統合のスキルに長けた組織体制が要求されるのである(Ulrich 1995: 435)。

ウルリッヒの製品アーキテクチャ論に製造工程を加えて「製品・工程アーキテクチャ論」として体系化したのが、東京大学の藤本隆宏をリーダーとする「ものづくり経営研究センター」のグループであった(藤本・武石・青島編 二〇〇一、藤本 二〇〇三、新宅・天野編 二〇〇九)。以下では、**図4-2**を用いて彼らの議論を紹介する。

図4-2では、横軸に産業の特性としてモジュラー型とインテグラル型の二つをとり、縦軸には業界規格の標準化の進展度合いを基準に、オープンタイプ(だれでも利用可能)とクローズタイプ(企業の中への囲い込み)の二つをとる。

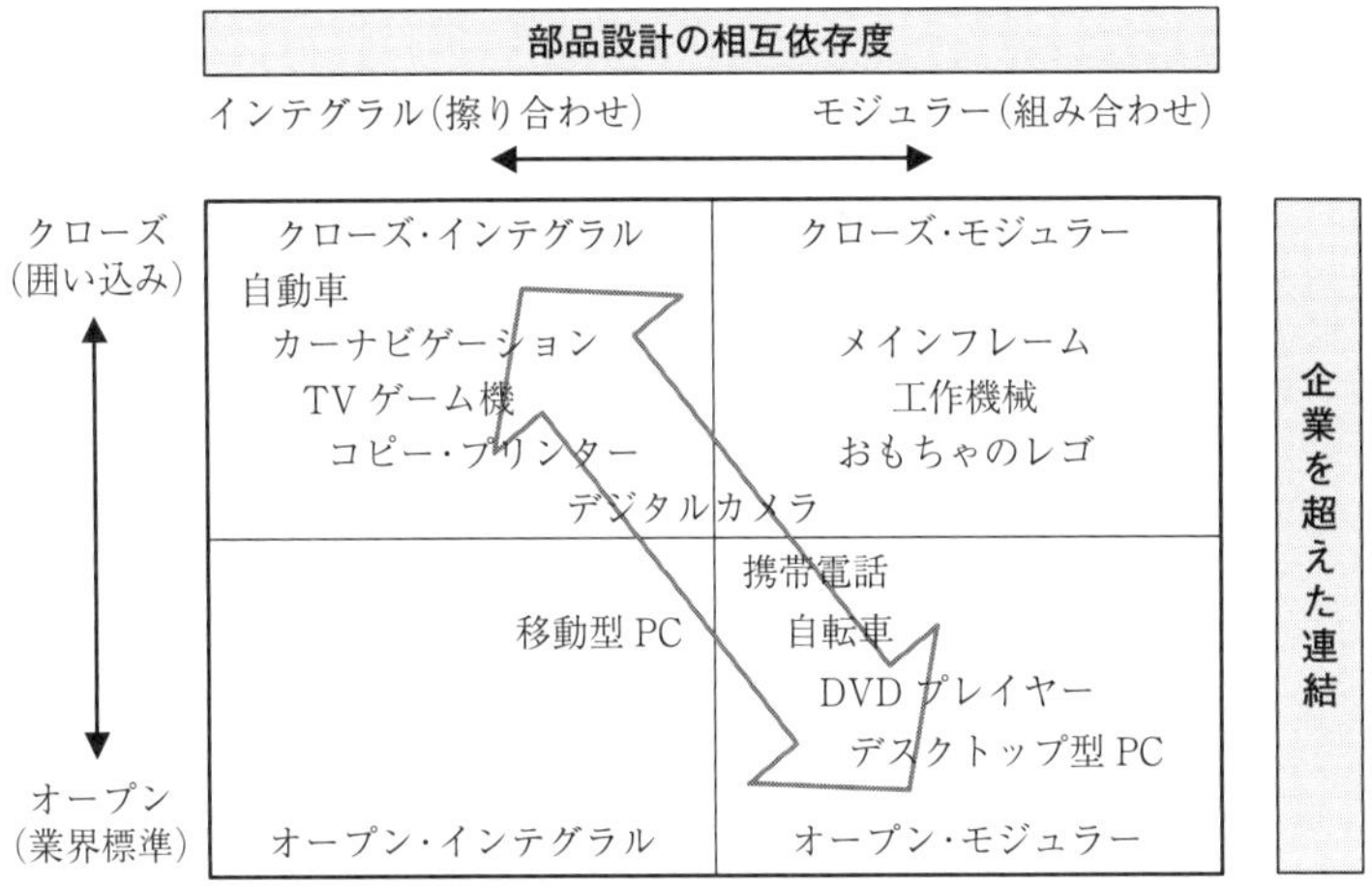

(出所)藤本(2003: 90), Park et al. (2009: 4)をもとに筆者作成.

図4-2 アーキテクチャの特性による製品類型

たとえば、デスクトップ型PCは、部品のモジュール化が極限まで進み、マザーボード、ディスプレイ、ハードディスクドライブ(HDD)などは業界標準が進んでいるため、組み合わせは自由自在である。したがって、右下の「オープン・モジュラー」の領域に位置する。対照的に、自動車は組立メーカーごとに、部品相互の細心の擦り合わせと調整がなされており、技術知識も製造ノウハウも特定の企業の外に出ることはない。その結果、左上の「クローズ・インテグラル」の代表的な製品となる。

右上の「クローズ・モジュラー」について、子ども向け知育玩具の世界的メーカーであるデンマークのレゴ社の製品の例を用いて、もう少し説明しておこう。レゴ社の製品には宇宙船シリーズ、鉄道シリーズ、街シリーズなど、さまざまなメニューが用意されており、それぞれのレシピ(説明書)に従ってパーツを組み立てていく。パーツは片面にある凹凸や縦横の寸法(インターフェイス)が規格化されているので、シリーズに飽きれば、本人がいろいろなパーツを自在に組み合わせて、新しい作品を作って遊ぶことも可能である。

一方、同じ知育玩具であるカワダのダイヤブロックや学研ステイフルのニューブロックに、レゴ社のパーツを組み込むことはできない。パーツの凹凸や寸法が違うからである。したがって、レゴ社の製品はパーツのモジュール化が進んではいるものの、規格(インターフェイス)が同社の製品に限定されているという意味で、右上の「クローズ・モジュラー」の領域に位置する。典型的な製品はＩＢＭ社のメインフレームや工作機械である。

ＩＴを活用した製品の特性は、**図4-2**の左上から右下に示した斜めのラインにそって、インテグラル型からモジュラー型へ、クローズ型からオープン型へと移行する傾向にある。日本企業がこれまで競争力を発揮してきた分野は、設計と製造が企業内で統合され、組立メーカーと部品サプライヤーが緊密に協力しながら、技術を共同で開発する「クローズ・インテグラル」の世界であった。逆に、「オープン・モジュラー」の世界では、例外なくＮＩＥＳの後発企業や中国の後々発企業に日本企業はグローバル市場で敗退し、シェアを失っていったのである。

製品知識・製造技術のカプセル化とオープン化

ＮＩＥＳなどの後発企業の台頭を促した理由は、ＩＴ製品における部品のモジュール化と業界規格の標準化の同時進行であった。しかしこれだけでは、技術力でも製品開発力でも、日本に後れをとっていた彼らの急速なキャッチアップの実態を説明し切れないだろう。この点を説明するためには、もうひとつの新たな動き、すなわちＩＴ製品における「プラットフォーム・リーダー」の登場という要因を加える必要がある(**表4-2**を参照)。

プラットフォーム・リーダーというのは、製品のコア技術を武器に製品全体の機能と仕様を規定する先導企業を指し、他社がその仕様に従って、さまざまな部品やサービスを提供するしかない土台(プラットフォーム)を支配する企業を指す。パソコンではＣＰＵ(中央演算処理)を担当するインテル社(米国)、液晶テレビではＬＳＩ(画像処理回路)を担当するフィリップス社(オランダ)やジェネシス・マイクロチップス社(米国)、携帯電話端末事業では、コア技術であるベースバンドＩＣとソフトウェアであるプロトコル・スタックを搭載したチップセットを製造するテキサス・インスツルメンツ社(米国)やメディアテック社(台湾)がこれに該当する(Gawer and Cusumano 2002[二〇〇五])。

それまでは、製品知識と製造技術のノウハウは、設計と製造を同時に担当する特定のメーカーが独占していた。コンピュータのＩＢＭ社やＨＰ社、液晶テレビのシャープやフィリップス社、携帯電話のノキア社などがそうである。そこに見られる特徴は、アーキテクチャ論がいう「クローズ・インテグラル」の世界であり、企業内に蓄積された独自の擦り合わせ技術が、彼らの競争力の源泉であった。

ところが、まず部品のモジュール化が進んでいく。その一方、プラットフォーム・リーダーたちは、企業独自のコア技術の製品知識と製造ノウハウをチップセットにして(これをカプセル化と呼ぶ)、汎用品として外部に提供すると同時に、このコア技術と関連製品を結びつけるインターフェイスの標準化とその仕組みのオープン化も進めていった。

加えて、プラットフォーム・リーダーたちは、それまで企業内に秘匿していた技術ノウハウを、リ

表 4-2　技術・製品知識のカプセル化とオープン化：パソコン，液晶テレビ，携帯電話端末

分野と企業	パソコン産業	液晶テレビ産業	携帯電話端末産業
擦り合わせ型のものづくり	IBMが中央演算装置(CPU，インテル社)とPCの各種デバイスの間のバスの設計＝周辺機器を制御するプログラム群(BIOS)を独占，もしくは主導する．のち，IBM互換機メーカーがBIOSの主導権を奪取．	ブラウン管時代の映像信号処理技術を中心とする「絵作り」ノウハウを活かした，企業ごとの設計・製造技術の囲い込み．この体制がデジタル制御技術とLSIの進歩，中核部品のモジュール化で崩壊する．	ノキア社がテキサス・インスツルメンツ社(TI，米国)と連携して，コア・チップセット(ベースバンドICと無線IC)を設計し，カスタマイズする．この体制がプラットフォーム・ベンダーの登場で崩壊する．
主要設計・製造メーカー	IBM社，コンパック社，HP社(いずれも米国)	シャープ，松下電器産業，ソニー(日本)，フィリップス社(蘭)	ノキア社(フィンランド)
	↓	↓	↓
技術・製品知識のカプセル化	インテル社がCPU製造だけでなく，CPUとDRAM等の高速デバイスを結ぶノースブリッジ，USB，HDD等の低速デバイスを結ぶサウスブリッジを開発し，チップセットとして提供．	画像処理回路(LSI)の中に，CPUコア，グラフィックRAM，セグメント・ドライバなどの流れをすべてカプセル化し，チップセットとして提供．	コア技術であるベースバンドICとソフトウェアのプロトコル・スタックなどをカプセル化し，チップセットとして提供．音楽，カメラなどの周辺機能の組み込みと接続も簡単となる．
プラットフォーム・リーダー	インテル社(米)	フィリップス社，ジェネシス・マイクロチップス社(米)，Pixelworks(米)	メディアテック社(台湾)，TI社(米)，インフィニオンテクノロジーズ社(独)
技術・製品知識のオープン化	①インテル社の汎用チップセット	①液晶パネルのモジュール化	①汎用ベースバンドICの外販
	② DRAM，HDDユニットのモジュール化	②汎用LSIチップの外販(台湾のファブレス企業)	②汎用プロトコル・スタックのパッケージ化
	③汎用周辺機器の開発	③ TVチューナーのモジュール化	③リファレンス・デザイン
	④リファレンス・デザイン(参考設計用ガイド)	④ ①と②のマッチングに関するパラメーター・リストのオープン化	④推薦部品表(Bill of Materials, BOM)
	①から④を使って組立	①から④を使って組立	①から④を使って組立
主要組立メーカー	クアンタ，コンパル，インベンテック(以上，台湾)，のち中国企業	韓国企業，台湾企業．のち中国企業が参入	中国企業が大量に参入

(出所)小川(2009)，新宅・天野編(2009)，川上(2012)などから筆者作成．

ファレンス・デザイン(パソコン、携帯電話)、パラメーター・リスト(液晶テレビ)の形で、外部の組立メーカーに提供していった。

その結果、それほど高い技術力や製品知識を持っていない企業でも、組立工程に容易に参入できる環境が生まれた。低学年の小学生が、レゴ社の提供する説明書に従ってパーツを組立てていけば、五〇〇〇ピースを超える複雑な作品であっても、一人で完成させることができるのと同じであった。

他方、汎用のチップセットを提供するインテル社の高度の企業情報(CPU)はカプセルの中に隠匿されており、知的財産法で厳格に守られている。かくて、付加価値が詰まったブラック・ボックス型のプラットフォームを、完全オープン市場のパソコン組立メーカーに提供する仕組みが出来上がったのである(小川 二〇〇九:一四八)。

キャッチアップの前倒し

以上の技術革新によって、IT製品の競争環境は根底から変わってしまった。ブラック・ボックス型の技術体系を持つプラットフォーム・リーダーを除くと、従来の設計・製造企業(欧米企業、日本企業)は、利益源泉の領域を大幅に狭められた上、業界規格の標準化によって大挙参入してきた新興アジア諸国の後発企業と、熾烈な競争を迫られたからである。しかも、組立レベルでの激しい競争は価格の急速な下落を引き起こし、巨大なグローバル市場が誕生するという因果関係が生まれた。

後々発の中国企業などは、品質の高さや機能の多様性ではなく、価格の低さと外装の多様性をアピールして、主として低中所得層に訴えた(丸川が提唱するキャッチダウン戦略)。折しも、新興アジア諸

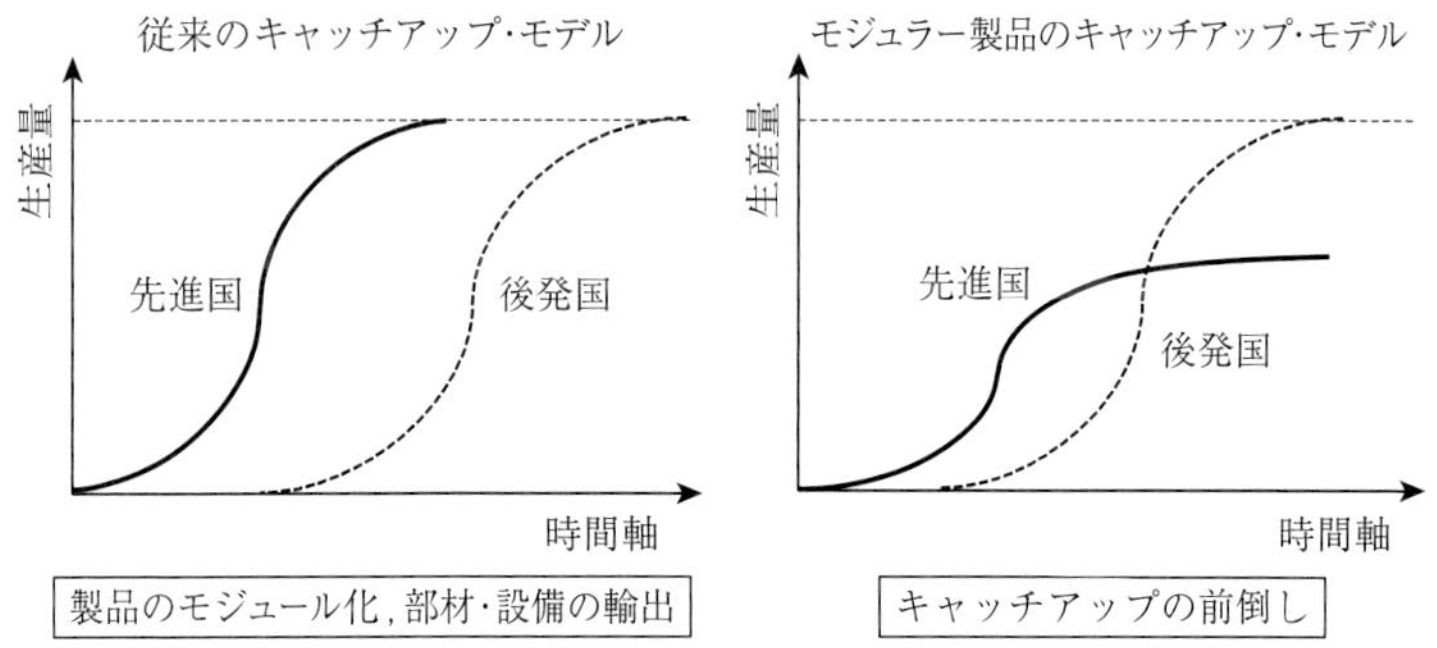

（出所）新宅・天野編（2009: 45）.

図 4-3 キャッチアップ・モデルの前倒し

国では都市化の進展と生活水準の向上によって、大量の都市中間層が誕生していた（本書第二章第3節を参照）。後発国企業は先進国向けの輸出だけではなく、国内にも膨大な市場を見出すことが可能になったのである。

このような過程を、藤本・新宅たちは、「キャッチアップの前倒し」と呼んだ（**図4-3**を参照）。従来のキャッチアップ・モデルは、私の前著にしろ、ヴァーノンのプロダクトサイクル・モデルにしろ、先行する企業の生産量の増加のあと、技術の標準化と外部への伝播という段階をへて後発企業による追跡が始まる。後発企業に求められるのは、新技術・新製品の発明能力（シュンペーターの言う「革新」的能力）ではなく、輸入技術の学習能力であり、改善・改良に代表される積み重ね型イノベーションの方であった（末廣二〇〇〇：六九―七三）。当然ながら、後発企業が先行企業を追い抜くことは想定していない。

ところが、コア技術のカプセル化と製品知識・関連技術のオープン化が同時に進行する「オープン・モジュラー」の世界では、キャッチアップは加速度的に進行し、後発企業が先行企業の生産量を追い抜くだけでなく、技術の面でも追い抜く状況が発生した。次に紹介する韓国のサムスン電子の事例がそうであった。

3　後発国企業の追跡と革新の戦略

韓国サムスン電子の事例

二〇一一年、サムスン電子のDRAM(半導体記憶装置)市場における世界シェアは、ついに四〇%を超えた。二位は韓国のSKグループ傘下のSKハイニックス社(二三%)、三位は日本のエルピーダ社(一三%)であった(米国IHS調べ)。エルピーダ社は、一九九九年末にNECと日立の半導体部門が合体し、のち三菱電機も加わった、いわば日本の半導体産業の起死回生を目指した国策会社である。しかし、そのエルピーダ社は、サムスン電子に追いつくどころか、二〇一二年二月に経営破たんし、その後米国マイクロン・テクノロジー社に企業を売却している。

では、サムスン電子はどのようにして、DRAM製造の分野で世界の覇者となったのか。同社の技術開発を詳細に研究した吉岡英美は、その企業発展のプロセスを、「追跡・学習」と「先行・革新」の二つの段階に分けて論じる(吉岡 二〇一〇、同 二〇一一)。

段階を分けるベンチマークとして吉岡が選んだのは、サムスン電子の世界シェアだけではない。むしろ、彼女が注目したのは、DRAMの国際競争力を規定する三つの指標、①DRAMの高集積化、②処理速度の高速化、③ウェハ当たりチップ個数である。そして、サムスン電子が一九九〇年代後半

表 4-3　サムスン電子の「追跡者・学習者」から「先行者・革新者」への移行

項　目	先発企業の追跡 (80 年代〜90 年代半ば)	先行者への移行 (90 年代後半以降)
企業の位置づけ	追跡者・学習者としての企業	先行者(リーダー)・革新者としての企業. 二番手企業(フォロワー)ではない.
企業の課題	技術の二重ギャップ(技術移転ギャップと技術習熟ギャップ)の縮小・解消	技術革新を遂行する能力の確保と先行者としての地位の維持
メモリー市場のシェア	1990 年　日本 59%, 韓国 8%	2005 年　日本 15%, 韓国 43%
革新者への移行	1996 年　DRAM の高集積化：サムスン電子が国際学会で「1 ギガ世代」の発表 1998 年　処理速度の高速化：サムスン電子が国際学会で DDR 方式を発表 1999 年　ウェハ当たりチップ個数：韓国 590〜720, 米国 440, 日本 390〜620	
外的環境(1)市場	メモリー市場が汎用コンピュータからパソコンへ. 需要の爆発的拡大, 製品サイクルの短縮化, 品質主導から価格主導への移行が起こる.	メモリー市場における製品の微細化(高集積化)と処理速度の高速化が進展. これに伴い, 研究開発費と設備投資の双方が巨額化する.
外的環境(2)技術	日米の製造装置企業が技術・製品知識を製造装置にカプセル化,「レシピ」と共に販売する. 一方, 日本半導体企業の設備投資の後退により, 製造装置企業が販路を韓国企業に求める.	①国際半導体技術ロードマップ(ITRS)による微細加工技術の選択肢のオープン化. ②アメリカ電子工業会下部組織の JEDEC における DRAM アーキテクチャの標準化とオープン化.
製品・市場戦略	半導体メモリーの旧世代(16/64K)に特化. 1993 年 16K の量産開始で日本に追いつく.	インテル社の MPU バージョンアップに合わせた DRAM アーキテクチャの先取り的開発.
技術戦略	設計技術：リバース・エンジニアリング方式	設計技術は左と同じ. 旧世代製品の技術知識の徹底した活用と「学習の繰り返し」.
	加工生産技術：日米の製造装置の購入とノウハウの取得.「技術移転ギャップ」の解消.	研究所＝研究センター＝工場間を横断する人員配置と, 情報の相互交流や共有.
技術要員・研究者	日本技術者, 在米韓国人エンジニアの招聘による「技術習熟ギャップ」の縮小.	韓国人エンジニアと研究者の国内でのリクルート, 企業内での育成.

(出所)吉岡(2010, 2011)の記述にもとづき筆者作成.

に、これら三つの指標でアメリカ企業や日本企業の実績を追い抜いた事実をもって、同社は単なる「追跡者・学習者」から文字通り「先行者・革新者」に転身したと評価した(**表4-3**を参照)。

吉岡は、サムスン電子の「追跡者・学習者」から「先行者・革新者」への移行を、外的環境(①市場条件と②技術体系)の変化への適切な対応と、企業内における能力の構築(③製品・市場、④技術、⑤人的資源)の二つの要因、五つの分野に整理して検討した。

まず、半導体市場はパソコンの爆発的な売れ行きによって、巨大なグローバル市場に発展した。一方、一九九〇年代に入ると、日米の半導体製造装置メーカーは、企業独自の技術を装置の中に埋め込み、汎用品として装置を組立メーカーに販売すると同時に、レシピ(参考資料)をつけて、処理条件に関する企業内情報を公開した。先に述べたカプセル化とオープン化が、半導体産業でも起こったのである。

ただし、以上の条件はすべての後発企業に開かれた経営環境である。サムスン電子はこれとは別に、製品の特化(16Kの量産体制)、技術面での「リバース・エンジニアリング」の採用、日本人や在米韓国人技術者の招聘などを積極的に行って、自分たちの技術の不足を補い、企業内の技術開発能力を高めていった。

なお、リバース・エンジニアリングとは、製品設計から始めるのではなく、市販されている先行企業の新製品を分解して、部品から回路に至るまで徹底的に調査し、そこに集積されている製品知識と製造技術を習得した上で、上流の設計に遡っていく方式を指す(糸久ほか 二〇〇七)。したがって、「追跡者」に適合した技術形成の方法であった。

しかし、こうした方法では「追跡者」の地位から抜け出せない(いわゆる「キャッチアップの天井」)。「先行者」に転じるためには、先に述べた高集積化、高速化、高密度化の課題への挑戦が不可欠だからである。課題克服のためには、生産現場のものづくり技能だけではなく、製品や技術の開発を支える科学知識や技術知識の獲得が必要となる。

そこで、サムスン電子は、社内で科学者や技術者を育成するとともに、彼らを半導体関係の国際会議に派遣して最新の知識を吸収していった。折しも、半導体の微細加工技術知識は、国際共同研究のもとでオープン化が始まっていたため、後発企業であっても、最新知識へのアクセスは可能だったのである。

最後に、サムスン電子は、DRAMの量産で取得した巨額の利潤を研究開発と設備投資につぎこみ、トップの座を維持した。ちなみに、二〇〇六年の研究開発費は、米マイクロン・テクノロジー社の五億ドル、東芝の一四億ドルに対して、サムスン電子は東芝の二倍以上の三四億ドルであった。以上が詳細な分析をもとに吉岡が描いたサムスン電子の発展過程である。

台湾のPCメーカーの事例

台湾のPC(とくにノート型パソコン)企業については、「アメリカや日本のブランド企業の単なる国際的な下請け企業でしかない」、あるいは「独自の技術を持たないOEM企業(Original Equipment Manufacturing. 相手先ブランドを使い製造組立に特化する企業を指す)として発展してきた」といった、ネガティブな評価が長く続いた。

膨大な聞き取り調査をもとに台湾のPC企業のイメージを一新したのが、川上桃子の研究である(川上二〇一二)。①インテル社、②欧米・日本のブランド企業、③台湾の受託生産企業。この三者が織りなす関係のダイナミックな変容の記述は、さながら良質の推理小説を読むようにスリリングである。

川上の議論もその根底にはアーキテクチャ論がある。とくにガワーとクスマノ(Gawer and Cusumano 2002)や小川(二〇〇九)のプラットフォーム・リーダー論が強い影響を与えている。新しい視点は、グローバル価値連鎖における後発国企業(新興企業)のポジショニングに関する議論であった。その背後には、木村誠志(Kimura 2007)が提示した「後発企業のアップグレイド戦略」論が存在する。

もともと、台湾企業は日米のブランド企業の受託生産工場としてPC産業に参入した。PCの国際価値連鎖の中では、最も付加価値の少ない組立工程が彼らの事業基盤だった。そして、最初は受託生産を通じてものづくりの技能を習得し、次いでブランド企業に代わって設計技術を自社内に蓄積していく。

転機が訪れたのは、一九九〇年代後半にインテル社がプラットフォーム・リーダーとしての地位を確立してからである。インテル社は、企業情報をカプセル化したチップセットを大量に台湾企業に売り込むと同時に、台湾企業が蓄積したブランド企業向け設計技術と、エンドユーザーの多様で最新のニーズを把握している彼らの豊富な情報に着目した。

とくに、二〇〇三年にインテル社が新機能を備えた「セントリーノ」を発売してからは、台湾の大手PCメーカーとインテル社の間で、緊密な情報の交換と共有が始まる。そして、二〇〇〇年代半ば

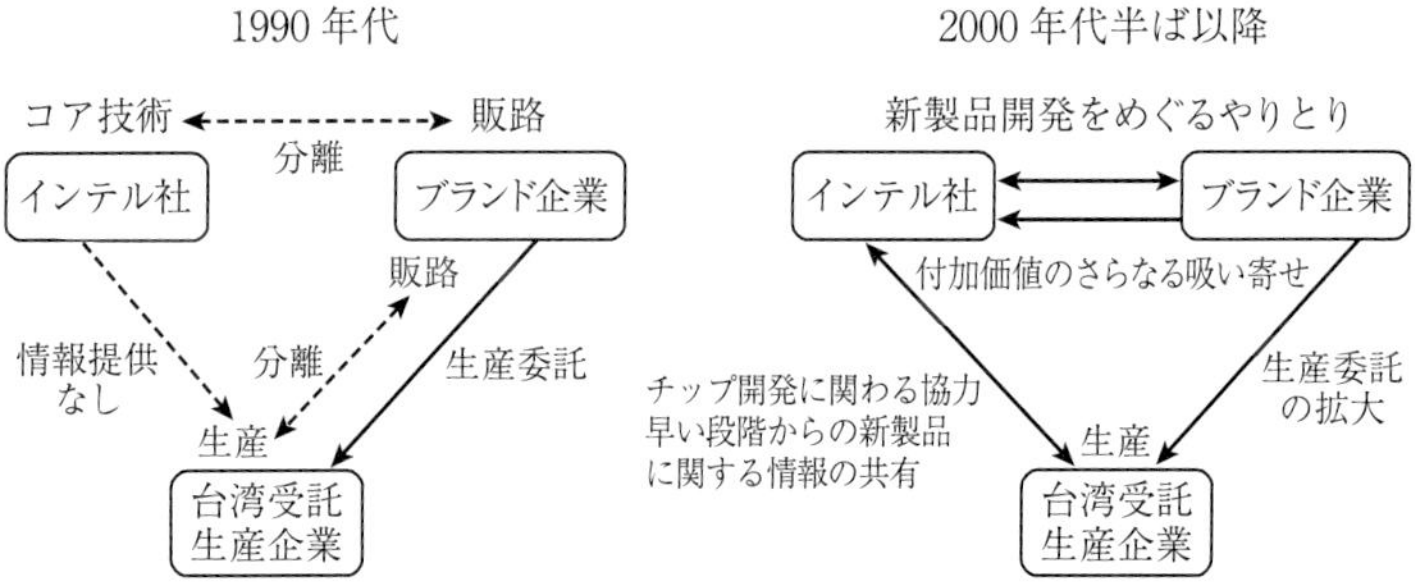

(注)(1)ブランド企業は，アメリカのHP社，デル社，アップル社，日本のNEC，東芝など．
(2)台湾受託生産企業は，クアンタ(廣達電脳)，コンパル(仁寶電脳)，インベンテック(英業達)，エイスース(華碩電脳)など．
(出所)川上(2012: 80, 159)より筆者作成．

図4-4 ノート型PCをめぐるインテル社，ブランド企業，台湾企業の関係

以降になると、台湾企業は単なる「情報の受け手」ではなく、インテル社やブランド企業にとって、「価値のある情報」の提供者に転じた(川上 二〇一二：第五章、第六章)。先に述べた木村の言う「後発企業のアップグレイド」、つまりグローバル価値連鎖内における後発企業の地位の引き上げが起きたのである。**図4-4**は、台湾企業のポジショニングの変化を、川上の説明にしたがって図示したものである。

興味深いのは、吉岡も川上も、追跡の過程ではものづくりの技術・技能の蓄積に注目しながら、後発企業が一歩先に行くためには、科学知識(サムスン電子)や「価値のある情報」(台湾PC企業)が決定的に重要になると捉えている点である。つまり、知的資源(intellectual resources)の獲得と蓄積を、飛躍のための必須条件とみなしているのである。それは、中国企業が生産技術の引き上げより市場戦略の方を重視したのとは、一八〇度方向性の異なる企業戦略だったと言えよう。

なお、韓国の半導体産業、台湾のPC産業と同様に、液

晶パネル産業でも、新興企業による「キャッチアップの前倒し」が見られた。赤羽淳は、液晶パネルを生産する日本、韓国、台湾間の熾烈な企業間競争を詳細に検討し、製造装置メーカーが主導した生産工程のイノベーション、とりわけ二〇〇〇年代に入って導入されたアレイ工程のスリットコート方式と、セル工程の液晶滴下方式が、後発の韓国・台湾企業の急追を促したと分析した（赤羽 二〇一四：第六章）。吉岡や川上の本と併せて読むことをお勧めしたい。

4　もうひとつの選択
――ハーブ革命

タイの輸出構造の変化

韓国・台湾と比較すると、農業従事者が依然として四〇％に達するタイの発展パターンは、まったく異なっていた。輸出全体に占める電機電子製品の比率を求めると、二〇一二年時点で、シンガポール（五二％）、台湾（三六％）、フィリピン（三四％）、マレーシア（三三％）、中国（二四％）、タイ（一六％）の順で、タイの比率は東アジアの中では最も低かったからである。

タイの収入金額で測った上位一〇〇社（金融・サービス業を含む）に含まれるIT企業九社の顔触れを見ると、ウエスタンデジタル社（一二位、米国、HDD）、コールコンプ社（二六位、韓国キンポ社の子会社）、シーゲイト・テクノロジー社（三三位、米国、HDD）、サムスン電子（三六位）など、九社すべてが外国企業であった。対象を収入金額上位一〇〇〇社に広げても、タイ企業は一社も見い出すことがで

表 4-4　タイの輸出構造の変化：主要カテゴリー別，1981-2013 年（100 万バーツ，％）

年次	輸出合計 100 万バーツ	主要輸出品の構成比(％)				
		農水産畜産物	アグロ関連	繊維・衣類	電機電子	自動車・部品
1981	153,001	49.4	9.0	7.4	4.3	0.1
1985	193,366	40.7	12.6	11.0	4.7	0.2
1990	589,813	22.2	12.0	13.3	14.2	0.7
1996	1,378,902	12.5	12.2	10.0	22.4	1.9
2000	2,730,943	7.4	10.8	8.2	26.1	4.6
2005	4,406,673	7.4	10.2	6.1	22.4	8.7
2008	5,831,086	9.3	10.5	4.1	18.1	11.1
2010	6,060,184	9.1	11.3	4.1	17.5	11.7
2013	6,927,604	8.2	12.1	3.3	14.3	13.8

(注)農水産畜産物はコメ，タピオカ，天然ゴム，冷凍エビ，冷凍イカ，ブロイラーを含む．アグロ関連は砂糖，水産物缶詰，果実缶詰など．
(出所)1981-90 年はタイ商務省商業経済局の品目別貿易統計，96 年以降は中央銀行ウェッブサイトより筆者作成．

きない。

一九九〇年代には、ターニン・インダストリアル社など地場企業が、少数ながらも存在していた。しかし、通貨危機を契機に彼らは完全に姿を消してしまった。タイ企業が韓国・台湾の後を追って「キャッチアップの前倒し」を実現する可能性は、IT産業を見る限りゼロに近かった。

それでは「上位中所得国」の仲間入りを果たしたタイの場合、韓国・台湾の新興企業と同じ可能性があるのだろうか。それとも別の可能性が残されているのか。そのヒントは、タイの輸出構造の推移を整理した**表4-4**に隠されている。

最初に、一九八一年から二〇一三年の三二年間に、輸出総額が四五倍にも増加している点に注目しておきたい。この過程で、コメ、タピオカ、天然ゴムに代表される農水産畜産物のシェアは、四九％から八％へと大きく下がった。対照的に、砂糖やツナ缶詰などのアグロ関連製品は、八五年

（一二・六％）以降も一〇％から一二％のシェアを維持している。なお、輸出の絶対金額は双方とも着実に伸びている事実に注目しておきたい。

一方、一九八〇年代には繊維・衣類の輸出が順調に伸びた。主な担い手はタイ企業と外国企業の双方である。しかし、九〇年をピークに繊維・衣類の輸出は頭打ちになり、スポーツシューズと同様、衰退が始まる。代わりに登場したのが、集積回路やハードディスクドライブ（ＨＤＤ）など電子部品の輸出である。ところが、中国の台頭を受けて電子部品の輸出も頭打ちとなり、二〇〇〇年代半ばからは、自動車（とくに商用車）と同部品が輸出の牽引役になっている。

私は前著で、一九七〇年代から八〇年代半ばまでのタイの発展パターンを、ＮＩＣｓ（新興工業諸国）と対比させてＮＡＩＣ（新興農業関連工業国）と特徴づけた（末廣 二〇〇〇：一四〇—一四三）。

農業関連のシェアは一九八一年に比べると低下したものの、それでも農水産畜産物とアグロ関連を合計すると、輸出全体の二割強を占める。電子製品の輸出に大きく依存しているシンガポール・マレーシアや、石油・天然ガスの輸出に依存するインドネシアと比べると、タイの輸出構造は、製品・市場ともにはるかに多様化していた。

東アジアの中で輸出全体に占めるＩＴ製品の比率が最も低いという事実は、タイの弱みではなく、じつは強みである。というのも、タイが保有する資源・一次産品を原料とし、同時に世界市場で競争力を発揮している輸出品が、ＩＴ製品以外にもいろいろと存在することの証しでもあるからだった。

「ＩＴ革命」とは別の可能性、たとえばハーブ革命が存在するのである。

コメの輸出は二〇一二年以前は世界一位であった（現在、インド、ベトナムに抜かれて三位）。天然ゴム

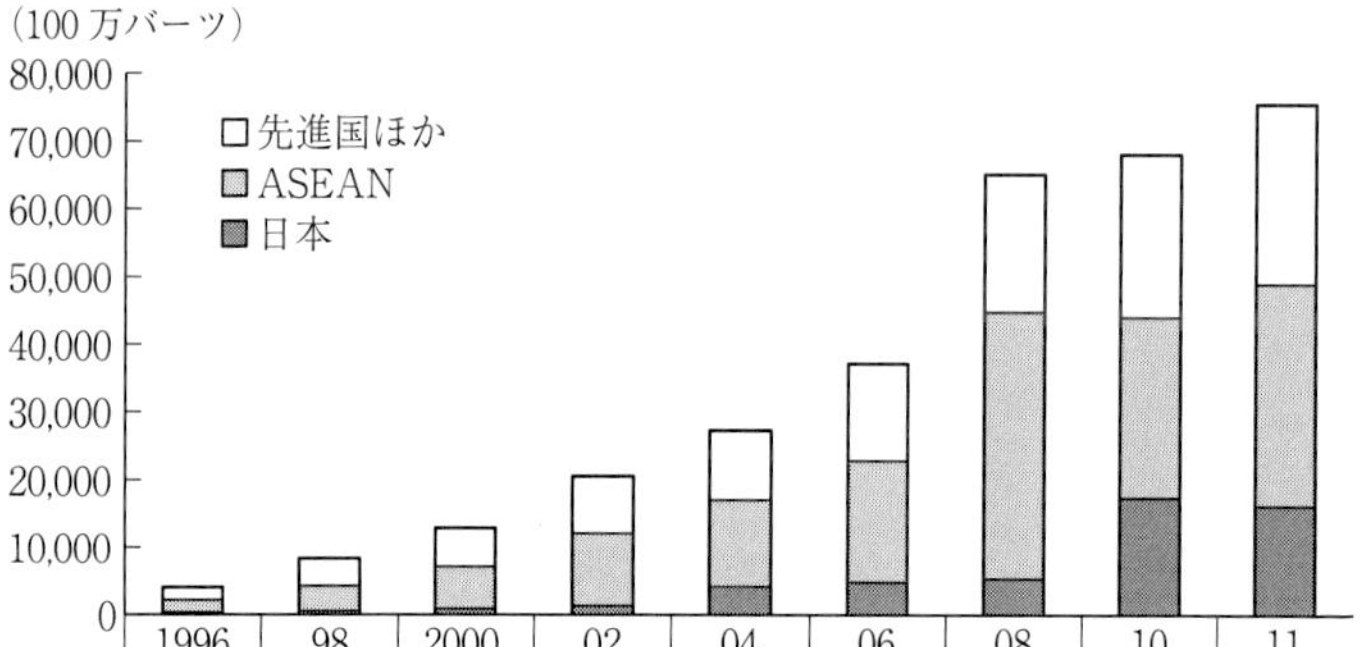

	1996	98	2000	02	04	06	08	10	11
先進国ほか	1,821	4,097	5,722	8,489	10,256	14,304	20,282	24,045	26,495
ASEAN	1,809	3,738	6,320	10,711	12,805	17,948	39,409	26,743	32,825
日本	367	548	834	1,360	4,218	4,891	5,458	17,355	16,186

(出所)タイ商務省外国貿易局の貿易統計オンラインサービスより筆者作成.

図4-5 タイの化粧品輸出の成長，1996-2011年 (100万バーツ)

と砂糖も世界一位である。しかも、コメはジャスミン・ライス(香り米)に代表されるように、絶えず品種改良が進んでいる(宮田 二〇〇八)。天然ゴムと砂糖きびの生産性も世界のトップクラスに位置する。イノベーションはIT産業ではなく、農業とその加工品の分野で進んでいるのである。そうした動きのひとつが、コメやハーブを原料とする化粧品の輸出であった(**図4-5**)。

国の独自性を活かしたイノベーション

タイの化粧品輸出が伸び始めたのは二〇〇〇年代に入ってからである。金額そのものは輸出全体の一%にすぎないものの、当初はASEAN諸国に市場を見出し、次いで北米向け、さらに日本向け輸出が伸びた。品質向上の結果である。ほとんど知られていないが、タイの化粧品は二〇一〇年以降、日本市場ではフランスに次いで第二位の地位を誇る(日本化粧品工業連合会のウェッブサイト)。

化粧品の輸出増加は消費者の嗜好の変化と強く結び付いている。つまり、身体に優しいナチュラル系化粧品(スキンケア、メイクアップなど)への嗜好が強まり、同時に、化粧品を奢侈品ではなく生活品と捉え、品質や身体への影響を重視する見方が定着したからである。さらに、タイ化粧品の原料であるコメ、柑橘類、ハーブの分野で、独自のイノベーションが進んでいる点も重要であった。

化粧品のイノベーションには、国際共同開発と国内共同開発の二つの動きがある。たとえば、タイ・プロダクト・イノベーション社の場合、日本企業と共同で開発し、ジャスミン・ライス(香り米)、シルクパウダー、オレンジ、茶葉などの天然原料を配合して、保湿性の高いパウダーファンデーションを開発した。商品名はその名もずばり「オリゼ」(ラテン語でイネ・コメの意味)であった(*Daily Cosmetic News*: April 12, 2012)。

他方、タイの国営製薬工場(The Government Pharmaceutical Organization)は、一九九九年からハーブを原料とする医薬品を製造していたが、国内化粧品最大手のサハ・グループ、サンミティウェート病院など一二の企業・病院と提携して、タイ・ハーバル・プロダクツ社を立ち上げ、自然系の医薬品と化粧品の共同開発に取り組んでいる(同社のウェッブサイト)。

タイはラオス、中国と並んでハーブの世界的な産地である。農業・協同組合省農業局は、二〇〇五年に「ハーブ製品五カ年研究開発計画」を策定し、トウガラシ、ターメリック、カリヤットなどを原料に、輸出向けハーブの開発に着手した。その後、ハーブを原料とする医薬品や化粧品を製造する地場のメーカーは一〇〇〇社を超え、開発された製品は五〇〇〇種類を超えたとの報告もある(*Bangkok Post*: November 1, 2010)。

国内に有する農水産畜産物を活用したＮＡＩＣ型工業化路線は、ラテンアメリカ諸国の新一次産品輸出戦略にも確認することができる（星野編 二〇〇七）。なお、一九八〇年代の旧一次産品輸出戦略と大きく異なるのは、品種改良やバイオ技術の成果を生産分野に積極的に導入すると同時に、健康や食の安全を重視する先進国市場の変化に機敏に対応した市場戦略を展開している点である。

タイが日本や台湾のように、「電子立国」で成功することは限りなく難しい。しかしながら、豊富な資源を有するタイは、ＩＴ産業で生じた新興アジア諸国の「キャッチアップの前倒し」とは別の選択肢、つまり「タイらしさ」を活かした独自の比較優位を追求しているように見える。この点は、第六章「中所得国の罠」で、改めて論じる。

第五章　「鼎構造」の変容
――政府系企業・多国籍企業・ファミリービジネス

1　アジア工業化の担い手

大企業にみる「鼎構造」

新興アジア諸国の経済発展を牽引してきたのはどのような企業であるのか。これが本章の検討課題である。

本書第三章では、中国の通信・コンピュータ機器産業には多数の外国企業が進出していることを確認した（前出**表3-2**）。一方、第四章では、韓国や台湾のIT産業で活動する新興企業を紹介した。彼らの多くは地場資本が所有する民間大企業である。しかしながら、現在の新興アジア諸国の経済を支えているのは、外国企業と地場の民間大企業の二つだけではない。中国、タイ、マレーシア、インドネシアでは、石油精製、電力、石油化学、通信、金融（商業銀行）などに、今でも多くの国営・公企業が存在する。

そこで、新興アジア諸国の外国企業、地場民間大企業、国営・公企業の三つの異なるタイプの大企業を、本章では前著『キャッチアップ型工業化論』にならって、支配的資本の「鼎構造」(a tripod structure)と呼んでおきたい。「鼎構造」と呼ぶのは、これら大企業が鼎の壺を支える三つの足のように、当該国の国民経済を支え、工業化を牽引しているとみなすからである(末廣 二〇〇〇：第七章)。

さて、一番目の外国企業は、外国資本が五〇%以上出資するか、五〇%に満たない場合でも外国人が経営支配権を保有している企業を指す。アジアに進出している外国企業の多くは、複数の国で生産・サービス事業に従事し、本社を欧米諸国や日本に置く多国籍企業(MNC、Multinational Corporation)で占められる。

二番目の地場民間大企業は、特定の家族が所有と経営を支配する家族経営企業(ファミリービジネス)、筆頭株主が創業者家族と関係のない独立系企業、「究極の所有主」(an ultimate owner)が存在しない分散所有型企業の三つに分かれる。米英と日本によく見られる企業形態は分散所有型企業である。他方、新興アジア諸国で支配的な大企業はファミリービジネス、とりわけ事業を多角化した財閥型のファミリービジネスであった(末廣 二〇〇〇：第九章、同 二〇〇六)。

三番目の国営・公企業は、特別の法律や閣議決定で設立され、国の予算で運営される国営企業(state enterprise)と、会社法にもとづいて設立されるが、政府が一〇〇%出資するか、最大の出資者となっている公企業(public enterprise)の二つからなる。中国では前者は「狭義の国有企業」、後者は国有独資企業(政府が一〇〇%出資)や国有連営企業(政府が最大の出資者)と呼ばれる。

なお、韓国・タイ・インドネシアなどでは、アジア通貨危機のあと、IMFや世界銀行からの融資を受ける条件として、国営・公企業の一部を上場株式会社に改組し、その株式を公開した。こうし

表 5-1　Fortune Global 500 上位 100 社の国籍別分布，1996，2005，2012 年（社数，100 万ドル，％）

国・地域	1996 年			2005 年			2012 年		
	企業数	合計収入額	％	企業数	合計収入額	％	企業数	合計収入額	％
日　本	29	1,889,695	35.2	9	796,821	8.6	10	1,305,267	9.3
韓　国	4	174,007	3.2	3	196,724	2.1	2	284,812	2.0
中　国	0	0	0.0	3	269,324	2.9	12	2,026,300	14.4
他のアジア	0	0	0.0	0	0	0.0	4	401,813	2.9
ラテンアメリカ	2	62,284	1.2	3	225,323	2.4	3	393,757	2.8
ロシア	0	0	0.0	0	0	0.0	3	349,472	2.5
ヨーロッパ	41	1,748,930	32.6	51	4,478,800	48.3	34	4,833,614	34.4
アメリカ	24	1,489,666	27.8	31	3,300,924	35.6	32	4,453,900	31.7
合　計	100	5,364,582	100.0	100	9,267,916	100.0	100	14,048,935	100.0

（注）2012 年の上位 500 社の主な国籍別分布は，アメリカ 132 社，中国 89 社，日本 62 社，フランス 31 社，ドイツ 29 社，イギリス 26 社，スイス 14 社，韓国 14 社，オランダ 11 社，インドとブラジル 8 社の順．
（出所）*Fortune*: August 4, 1997; *Fortune*: July 24, 2006; *Fortune*: July 22, 2013 より筆者と建井順子作成．

た企業は通常、政府関連企業（GLC、Government-Linked Company）と呼ばれる。本章では国営・公企業と政府関連企業を一括して「政府系企業」と定義する。

本章の構成は以下のとおりである。最初に、世界の大企業の中でアジア出身の企業がどのような地位を占めてきたのかを概観し、第2節では、タイ、インドネシア、韓国、中国の順に、大企業や鉱工業企業の「鼎構造」の変容を検証する。そして、第3節と第4節では、アジア通貨危機によって大きな打撃を受けたファミリービジネスが、その後のグローバル化や産業構造の変化のもとで、どのように対応し復活してきたのかを、タイを具体的事例として検討する。

グローバル企業五〇〇社とアジア企業

『フォーチュン誌』（米国）は毎年七月か八月

に、収入額を基準に世界各国の大企業のランキングを実施し、その結果を「グローバル企業五〇〇社」として特集している。その五〇〇社のうち上位一〇〇社に絞って、企業の国籍別分布(本社の所在地)の推移を整理したものが、**表5-1**である。

過去一六年間で最も大きな変化は、中国企業の躍進(ゼロから一二社へ)と、日本企業の後退(二九社から一〇社へ)の二つであろう。また、「他のアジア」(台湾、マレーシア、タイ、インド)から一社ずつ計四社、ロシアから三社がランク入りした。他方、アメリカ企業は同期間に二四社から三二社にその数を増加させ、逆にヨーロッパ企業は四一社から三四社にその数を減らしている。

次に対象を二〇一二年の上位五〇〇社に拡大すると、中国八九社、韓国一四社、インド八社というように、新興アジア諸国の企業の躍進ぶりが目立った(日本は六二社)。ちなみに、二〇〇五年時点での中国企業の数は一六社である。日本から中国への経済的重心のシフトは、「グローバル企業」のレベルでも確認できるのである。

2　アジア通貨危機後に何が起きたのか?

通貨危機とタイの「鼎構造」の変容

一九八〇年代後半から九〇年代半ばまで、韓国、タイ、インドネシアなどは未曽有の経済ブームを享受した。そして、国民経済の規模の拡大と産業構造の高度化・多様化(重化学工業、金融・保険、情報通信の発展など)が進む中で、事業の多角化を積極的に進め、経営規模を一気に拡大したのが、チェボ

表 5-2　タイにおける売上高上位 100 社とファミリービジネス，1989-2010 年（社数，100 万バーツ，%）

所有形態別分類	1989	1997	2000	2004	2010
(1)企業数の分布					
企業数合計(社数)	100	100	100	100	100
①政府系企業(上場)	5.0	9.0	13.0	14.0	14.0
②王室財産管理局	7.0	5.0	5.0	7.0	8.0
③ファミリービジネス(財閥型)	50.0	51.0	32.0	19.0	24.0
④分散所有・独立系企業	5.0	5.0	3.0	5.0	3.0
⑤外国企業	33.0	30.0	47.0	55.0	51.0
うち日本企業	17.0	18.0	20.0	28.0	24.0
(2)売上高合計の分布					
売上高合計(100 万バーツ)	719,145	2,439,113	2,847,566	4,979,761	11,650,651
①政府系企業(上場)	14.9	15.7	19.3	32.7	31.6
②王室財産管理局	7.5	4.7	4.7	4.8	6.4
③ファミリービジネス(財閥型)	42.6	48.3	27.9	11.6	18.3
④分散所有・独立系企業	3.0	2.1	1.2	2.8	2.0
⑤外国企業	32.0	29.2	46.9	48.1	41.8
うち日本企業	14.8	18.4	16.4	24.1	19.8

(注)(1)上位 100 社の検出と「究極の所有主」の判断は筆者の調査にもとづく．
(2)王室財産管理局は，Siam Commercial Bank と Siam Cement 社，その子会社．
(出所)1989-2004 年：末廣(2006: 61, 287)．2010 年：末廣「タイ企業 2010 年売上高 1000 社の総括表」より筆者作成．

ルと呼ばれる韓国の財閥集団、グルム・トゥラギットと呼ばれるタイの財閥型ファミリービジネス、コングロムラット(英語のコングロマリット)と呼ばれるインドネシアの企業グループである。以下、タイを事例に検討してみよう。

表5-2が示すように、タイでは財閥型ファミリービジネスが一九九〇年代には最大の勢力を誇った。一九九七年には上位一〇〇社のうち五一社をファミリービジネスが占め、彼らの合計売上高は

全体の四八％に達したほどである。しかし、九三年頃を境に経済ブームはバブルに転化し、九七年には通貨危機がタイで発生する。

通貨危機は、最初にタイ・バーツ貨の大幅な減価を引き起こした(一ドル二五バーツから五〇バーツへ半減)。これは事業拡大をもっぱら外貨建て(ドル建て)の海外借入に依存していたファミリービジネスを直撃した。バーツ建てに換算した債務が実質的に倍になったからである。次いで、金融の引き締め政策が、大量の不良債権に直面した銀行の貸し渋りを引き起こし、これが金融危機に発展した。そして、政府による財政支出の抑制と国内消費の減退が、最終的にタイを深刻な経済危機へと導くのである。

この過程で、多数のファミリービジネスは債務再構築のために、保有株式を競争相手である外国企業に売却するか、合弁パートナーである外国企業に売却することを迫られた。商業銀行の場合には、政府の管理下に入るか外国銀行への売却が進み、通貨危機以前と同じタイ人所有の銀行は、一六行から五行にまで一気に減少した(末廣 二〇〇六：第七章)。銀行・金融機関の国有化や大規模な再編は、韓国・インドネシアでも等しく生じている。

結局、タイでは通貨危機後に、二〇以上の大手ファミリービジネスが経営破たんに追い込まれ、上位一〇〇社に含まれるファミリービジネスの企業数は、一九九七年の五一社から二〇〇四年には一九社に減少し、売上高合計に占める比率も四八％から一二％に低下した。私が「ファミリービジネスが後発工業化の主役としての役割を果たす時代は(タイでは)終わりつつある」と書いたのは、二〇〇六年のことである(同上書：三〇一)。

ファミリービジネスはタイで本当に衰退したのか？

ファミリービジネスの後退とは対照的に、通貨危機後に企業数と売上高のシェアを伸ばしたのが、上場した旧公企業（政府系企業）と外国企業の二つである。**表5－2**の売上高シェアで見ると、一九九七年から二〇〇四年の間に、前者は一六％から二三％へ、後者は二九％から四八％へと、そのシェアを急速に高めていったことが分かる。

政府系企業の増加は、通貨危機後、優良企業であるタイ石油公団（PTT）、タイ発電公団（EGAT）、タイ電話電信公団（TOT）などが、相次いで株式市場に上場したことによる。一方、外国企業の参入の場合には二つのルートがあった。

一つ目は、通貨危機前に合弁事業を組んでいた欧米・日本の外国企業が、債務危機に直面したタイ側パートナーから保有株式を引き受けるか、資産価値の下落したタイ企業を買収した事例である（金融・保険、セメント、化合繊の分野）。二つ目は、外国企業が新規に進出した場合で、電子、自動車部品、資源・エネルギー関係などの分野で生じた動きである。

いずれにせよ、タイでは「鼎構造」に大きな変化が生じた。ただし、通貨危機後に、世界銀行などが期待したような、少数株主や機関投資家が株式の過半を保有し、専門経営者が運営する分散所有型企業はほとんど誕生しなかった。むしろ、前出**表5－2**が示すように、二〇一〇年になるとファミリービジネスの復活が始まるのである。

同時に、二〇一〇年時点で規模の大きいファミリービジネス（傘下企業の売上高合計で測る）を調べると、その多くは危機を乗り越えて事業を存続させたグループであり、新規に参入したグループは意外と少ないことが判明した。つまり、ファミリービジネスに限定して所有主家族別にランキングを行うと、上位二〇グループのうち一四グループが、通貨危機以前にも上位五〇グループ以内に入る「存続・拡大組」だった。五〇位以下からの「地位上昇組」はわずかに二、「新規参入組」も四を数えるにすぎない。

それでは、こうしたファミリービジネスの存続と復活は、通貨危機に襲われた他の国にも同様に見られるのだろうか。

インドネシア・韓国の「鼎構造」

表5-3は、インドネシアと韓国の大企業の「鼎構造」の変容を、通貨危機前の一九九六年、途中の二〇〇四年、直近の二〇一〇年（韓国は二〇一一年）の基準年で見たものである。なお、インドネシアは上場企業を、韓国は売上高上位一〇〇社を、それぞれデータとして使用した。この違いはもっぱら資料の制約による。

インドネシアでもタイと同様、通貨危機によって企業の債務返済危機と銀行破たんが生じ、これらを克服するために、金融制度改革や企業ガバナンスの強化が実施された（佐藤百合編 二〇〇四）。タイとの大きな違いは、三〇年間以上にわたって続いたスハルト体制が一九九八年に崩壊した点にある。ただし、大企業の「鼎構造」の変容については、タイの動向とかなり類似している。

インドネシアの「企業グループ」（タイの財閥型ファミリービジネスに該当する）の売上高シェアは、一

表5-3　インドネシアの上場企業と韓国の大企業の鼎構造，1996-2010年(2012年)

国名／所有形態別分類	インドネシア			韓国		
	1996	2004	2010	1996	2004	2012
(1)企業数の分布	上場企業数(社数，%)			上位100社(社数，%)		
企業数合計	261	330	428	100	100	100
①公社および政府系企業	1.9	4.8	6.1	4.0	8.0	4.0
②財閥系(企業グループ)	38.3	21.5	19.4	82.0	69.0	75.0
③非財閥系(非企業グループ)	49.8	58.2	50.5	13.0	14.0	16.0
④外資系企業	10.0	15.5	24.1	1.0	9.0	5.0
(2)売上高合計の分布	売上高(兆ルピア，%)			売上高(10億ウォン，%)		
売上高合計	125	540	1,563	364,132	634,778	1,075,878
①公社および政府系企業	9.8	21.6	20.9	5.5	8.4	9.4
②財閥系(企業グループ)	63.9	35.7	32.4	82.1	69.5	73.6
③非財閥系(非企業グループ)	21.0	17.6	11.6	10.8	17.6	15.0
④外資系企業	5.3	25.1	35.1	1.5	4.5	2.0

(注)(1)「所有形態」の判別は当時の株主や経営介入にもとづく．インドネシアは佐藤百合，韓国は安倍誠(1996年)，金炫成(2004年，2012年)が実施．(2)民営化した韓国の旧政府系企業や銀行は，非財閥系に区分した．(3)外資系企業は地場企業との合弁を含む．(4)韓国の1996年「非財閥系」には不明企業2社を含む．(5)財閥系は韓国，企業グループはインドネシア．

(出所)(1)インドネシアはECFIN, *Indonesian Capital Market Directory* 各年版にもとづき佐藤百合集計．(2)韓国の1996年は韓国毎日経済新聞社「毎経1000大企業」にもとづき安倍誠作成．(3)韓国の2004年は大韓商工会議所KOCHAMBIZのデータ，2012年は韓国毎日経済新聞社MK企業情報にもとづき金炫成作成．

九九六年の六四%から二〇〇四年には三六%へと大きく縮小し、二〇一〇年時点には三二%となった。政府系企業は同期間に、一〇%から二二%、二一%、外国企業も五%から二五%、三五%へと、それぞれシェアを大きく伸ばしている。

もっとも、**表5-3**の作成に協力した佐藤百合は、以上の数字から「企業グループは衰退した」という見方には懐疑的な立場をとっている。というのも、上場企業に占める企業数と売上高シェアにおける地位は後退したものの、企業グループの傘下企業の売上高(二〇一二年)を集計して比較すると、彼らのしたたかな側面が見えてくるからである。

佐藤は、一九九六年と二〇一二年の上位一〇〇大グループを比較し、一六年間に上位一〇〇位以内に留まったグループが四六も存在すること(退出・廃業は二七、新規参入は一五)、さらに、二〇一二年に上位二〇位以内にランクされたトップ・グループに絞ると、そのうち一六が通貨危機以前にも上位一〇〇位以内にいた事実を確認した。この傾向はタイの事例とほぼ同じである。

それでは、なぜトップ・グループは存続できたのか。その理由を、佐藤は彼らのコア事業の転換や新規開拓に求める。新たな分野は、①農園、石炭、石油ガス、アグロといった輸出指向型産業と、②サービス業(通信、メディア、病院、教育)や消費財製造といった内需向け産業の二つである。これらの分野は、通貨危機後にインドネシアで急成長を遂げた産業と例外なく重なっている(佐藤百合 二〇一一)。以上の検討の結果、企業グループは決して衰退する企業形態ではなく、危機を乗り越え、新たな事業機会を捉えて復活していると、佐藤は結論づけた。

タイやインドネシアとまったく異なる動きを示したのが、韓国の事例である。韓国は金大中大統領のイニシアチブもあって、タイやインドネシア以上に、銀行の再編・統合、既存財閥への厳しい監視、異なる財閥が保有する同一業種の企業の強制的な統合(交換分合と呼ぶ)が実施された国である。また、サムスン電子、LG電子といった優良上場企業には、多数の外国機関投資家が競って出資を行った(高 二〇〇〇)。

にもかかわらず、**表5-3**が示すように、韓国大企業の「鼎構造」にはほとんど見るべき変化がなかった。政府系企業、非財閥系企業が若干シェアを伸ばしたものの、財閥系企業のシェアは、通貨危機前の八二％に対して、二〇〇四年が七〇％、二〇一二年には七四％と、「チェボルの完全復活」を思わせる動きを示している。

チェボル復活の理由のひとつは、韓国大企業の場合、サムスン・LG・現代《ヒュンダイ》・SKの「四大財閥」への経済集中が際立っているという事実と関係している。実際、二〇一一年の上位一〇〇社のうち四二社、売上高合計の五四％が、これら四大財閥に集中していた。四大財閥の存続と復活には、通貨危機を契機に、彼らが積極的に経営組織改革を推進し、グローバル化・自由化・情報社会化の流れに迅速に対応していったことが貢献しているものと思われる（本書第四章第3節、高 二〇〇九、安倍 二〇一一）。

中国鉱工業にみる「鼎構造」

最後に中国についても、鉱工業に限定して「鼎構造」の実態をみておきたい。社会主義体制を維持している中国の場合、国有企業の比重が大きいことが予想される。ただし、第三章でみたように、IT産業や自動車産業では外国企業の比重も極めて高かった。そこで、改めて中国の鉱工業の企業数と生産額の分布を所有形態別に整理したものが、**表5‒4**である。
表5‒4では中国の企業を、①内資系企業と②外資系企業にまず区分し、①はさらに③「狭義の国有企業」、④民営企業、その他（表には示していない）に、②は「香港・マカオ・台湾の企業」と「欧米・日本その他の企業」に、それぞれ分類する。なお、右端に掲げた⑤「広義の国有企業」というのは、狭義の国有企業に国有独資企業・国有連営企業と国有支配企業（混合所有形態の企業で、政府が最大

表 5-4　中国における鉱工業の所有形態別企業数とその生産額，1995-2011 年（1000 社，1000 億元，%）

年	合　計	①内資系企業			②外資系企業			⑤広義の国有企業
		小計（%）	③狭義の国有企業	④民営企業	小計（%）	香港，マカオ，台湾	欧米・日本など外資	
（1）企業数（1000 社，%）								
1995	510.4	91.3	17.2	n.a	8.7	5.2	3.5	n.a.
2000	162.9	82.5	26.0	13.6	17.5	10.1	7.4	32.8
2005	271.8	79.3	6.2	45.5	20.7	10.1	10.6	10.1
2010	452.9	83.6	1.9	60.3	16.4	7.5	8.9	4.5
2011	325.6	82.4	2.1	55.5	17.6	8.0	9.6	5.2
（2）生産額（1000 億元，%）								
1995	54.9	82.5	47.1	n.a	17.5	8.9	8.6	n.a.
2000	85.7	72.6	23.5	6.1	27.4	12.3	15.0	47.3
2005	251.6	68.3	10.9	19.0	31.7	11.3	20.5	33.3
2010	698.6	72.8	8.2	30.5	27.2	9.4	17.8	26.6
2011	844.3	74.1	7.9	29.9	25.9	9.2	16.7	26.2

（注）（1）集計の基準は，1995 年は独立会計鉱工業企業すべて，2000 年と 2005 年はすべての国有企業と年間利益が 500 万元以上の非国有企業，2010 年は年間利益 500 万元以上，2011 年は年間利益 2000 万元以上の企業．
（2）1995 年から 2000 年にかけての企業数の激減は，調査対象企業の定義の変更と集団企業の改組の結果による．
（出所）『中国工業統計年鑑』各年版にもとづき張馨元作成．ただし，1995 年のみ『中国統計年鑑』．

の出資者である企業）を加えたものを指す。中国統計局の定義では、これら四つを「国有企業と国有支配企業」と呼んでいる。本書で中国の「鼎構造」と呼ぶ場合には、②の外資系企業、④の民営企業、⑤の広義の国有企業の三つを指すものとする。

中国鉱工業の所有形態別の生産額の分布を見ると、一九九五年から二〇〇五年の一〇年間に、「狭義の国有企業」のシェアが四七％から一一％に劇的に低下し、逆に外資系企業と民営企業の存在が高まったことが分かる。次に、二〇〇五年から一一年までの動きでは、「狭義の国有企業」と外資系企業のシェアが傾向的に下がり、民営企業の台頭(一九%から三〇%へ)がより明確になった。ただし、「狭義の国有企業」ではなく、「広義の国有企業」を指標にとると、二〇一一年現在、生産額に占めるシェアは二六%となり、外資系企業や民営企業に匹敵する。ちなみに、「広義の国有企業」(国有経済)が、付加価値額で測った国民経済全体に占める比率は、二〇〇九年現在三八%に達し、産業セクター別に見ると、工業で三六%、建設業で三〇%、サービス業で五二%を、それぞれ占めた(加藤・渡邉・大橋 二〇一三:五四)。

こうした国有経済の比重の大きさをどう評価するか。中国研究者の間では近年、中国資本主義の性格をめぐって、異なる二つの見解が浮上している。すなわち、改革・開放は進んだものの、二〇〇〇年以降はむしろ国有企業の支配が強まったとみる「国進民退」派と、民営企業の成長をより重視する「国退民進」派の間の見解の相違がそれである。

前者の代表は、市場主義重視の「ワシントン・コンセンサス」に中国の国家資本主義を対比させ、権威主義モデルを強調するステファン・ハルパーの『北京コンセンサス』(Halper 2010[二〇一一])や、加藤弘之たち(二〇一三)の『二一世紀の中国 経済篇――国家資本主義の光と影』であろう。他方、後者の代表は、中国資本主義の特質を民営企業の躍進に見出す黄亜生の『中国的資本主義――企業家精神と国家』(Huang 2008)や、中国の経済成長の原動力を、農民を含めた民衆の旺盛な企業家精神に求める丸川知雄(二〇一三a)の大衆資本主義論である。ただし、「国進民退」の観点に立つ加藤たちも、中国資本主義の特質のひとつを国有企業と民営企業の「混合体制」に置いているので、彼らを単純な国家資本主義論者とみなすことはできない。

表5‐4を見る限り、鉱工業の分野では、外資系企業、民営企業、広義の国有企業の三つが生産額のシェアを分け合っている。「国進民退」か「国退民進」かの議論とは別に、中国経済を「鼎構造」の観点から改めて分析することも、有意義ではないだろうか。

3　ファミリービジネスの新展開

事業の多角化から選択と集中へ

これまでの検討から、ファミリービジネスを、時代の流れに対応できない企業形態と単純にみなすことはできないことが分かった。では、彼らの比較優位はどこにあるのか。

本節では、タイのファミリービジネスを事例として、①彼らの主たる事業基盤と「選択と集中」戦略の採用、②「アジア化するアジア」を念頭に置いた海外事業の展開、③M＆A(統合・買収)を活用した新たな事業拡大。この三つに絞って検討する。

通貨危機前のタイの場合、ファミリービジネスの多くは、相互に関連のない分野への事業の多角化、つまり財閥型発展を目指した。彼らの戦略は、一方では、アグロ、繊維、情報通信など政府が奨励する業種をコアとしつつ、他方では、グループ全体の発展(家族資産の極大化)を念頭に、成長が見込めるあらゆる分野に進出していった点に特徴がある。当時の株式ブームや海外借入の容易さが、こうした戦略を後押ししたのは言うまでもない(末廣 二〇〇六：第一章と第五章、同 二〇〇九：第二章)。

こうした事業多角化戦略を頓挫させたのが通貨危機であった。たとえば、一九八〇年代以降、常にトップ一〇に入っていたCP（チャルンポーカパン）グループは、通貨危機以前は、種子・飼料、アグロ、エビ養殖、貿易、近代小売業、石油化学、不動産、自動車・機械、情報通信の九事業分野と、石油・発電と包装加工食品の二準事業分野からなる「一一事業部制」を採っていた。当時傘下にあった企業数は国内が一七六社、海外が二五七社に上る（末廣二〇〇六：第三章）。

しかし、野心的な事業拡大が崩壊したあと、CPグループはコア事業を、①アグロインダストリー（中心となる上場企業はCPF）、②情報通信（同CP True）、③近代小売業（同CP All, CPセブン・イレブン社の経営）の三分野に絞り込んだ。バブル経済時代の「無秩序の多角化」路線から、通貨危機後は「選択と集中」路線に、その方針を一八〇度変えたのである。その結果、企業の所有形態別に事業基盤の棲み分けが生じる。

「棲み分け」を規定する要因

二〇一〇年時点で、上位一〇〇大ファミリービジネスの事業基盤を検討すると、主なものは飼料・ブロイラー（CP、ベタグロ）、ツナ缶詰・エビ養殖（TUF）、砂糖（ミットポン、KSL）、天然ゴム（ウォンバンディット、タイフアラバー）、果実缶詰（TIPCO）等である。これらはいずれも輸出産業であった。

これとは別に、酒・ビール・ソフトドリンク（TCC、ブンロード）、百貨店・ショッピングセンター（セントラル、ザモール）、日用消費財（CP、サハ）、外食産業（ネスカフェのマハーギットシリ、ピザハットのマイナー）、不動産・住宅開発（L&Hほか）、建設請負（イタルタイほか）、医療・ヘルスケア（BGHグループ＝バンコク・ドゥシット・メディカル・サービス）等が主たる業種である。こちらは内需向け産業であり、「消費するアジア」と共に成長した産業である。

一方、外国企業が圧倒的なシェアを占めているのは、自動車産業と電子産業の二つである。前者はトヨタ、日産、ホンダ、デンソーなどの日本企業だけでなく、GM、フォルクスワーゲンなど欧米企業も軒並み進出している。電子産業は、米国のウエスタンデジタル社、シーゲイト・テクノロジー社（HDD）をはじめ、日本の日立製作所、パナソニック、東芝、韓国のサムスン、LG、そして香港・台湾企業が、ほぼ市場を独占していた。

三番目に、地場企業と外国企業が混合している業種は、石油精製・石油化学（PTTと米国のエクソンモービル社）、発電事業（EGATと日本のJ-POWER）、鉄鋼（サハウィリヤーと日本の新日鐵住金）、情報通信、金融・保険などである。

次に、業種別の「棲み分け」を示すために作成したのが、**図5-1**である。**図5-1**の縦軸は、①国内資源の利用や国内市場のノウハウに依拠する業種と、②外国先進技術と外国資本を必要とする業種に区分し、横軸は、③自由化が進んだ業種と、④政府の規制や政治的コネクションが依然として重要な業種に区分する。

図から明らかなように、地場企業（ファミリービジネス）が比較優位を持つのは、①と③の組み合わせ（第2象限のアグロインダストリー、医療サービスなど）か、①と④の組み合わせ（第1象限の建設請負・工業団地、不動産・住宅開発）の二つであった。先に見たインドネシアの企業グループの新規開拓分野と重なっている点に注目しておきたい。

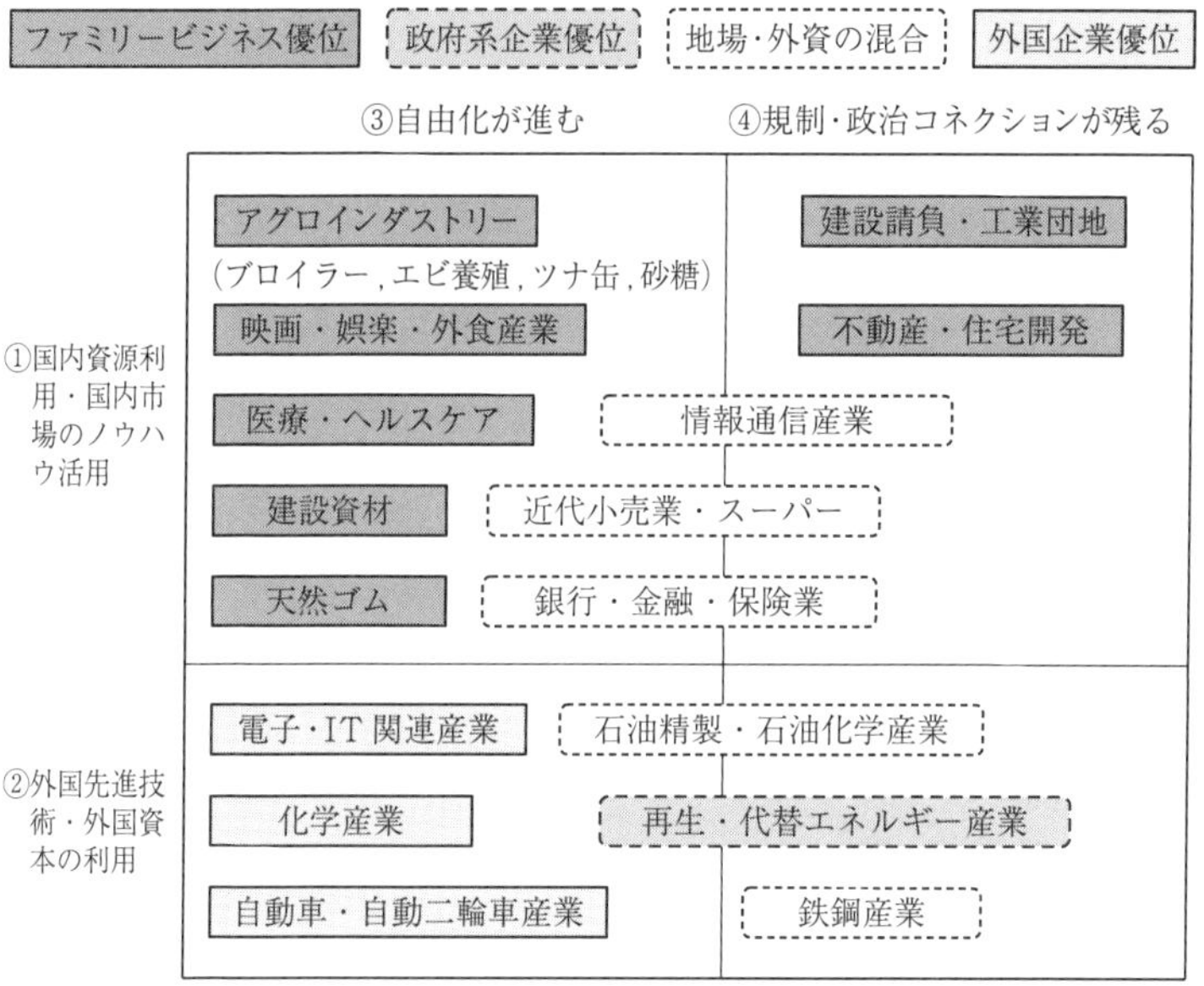

(出所)筆者作成.

図5-1 タイにおける業種別支配的資本と規制の有無,市場・技術の関係

外国企業(多国籍企業)が優勢なのは、②と③の組み合わせである(第3象限の自動車・自動二輪車、電子・IT関連産業)。金融・保険や情報通信は、通貨危機前は地場企業が優勢を誇ったが、危機後に外国企業が買収した事例が多い。それでもファミリービジネスが存続しているのは、政府の許認可権や政治的コネクションが、引き続き重要な要因になっているからである。

CLMV、AECと海外事業展開

タイのファミリービジネスは、一九九〇年代前半に、CLMV(カンボジア、ラオス、ミャンマー、ベトナム)や中国に進出したことがある。インドシナ大陸を「戦場から市場

表 5-5 タイ主要企業のアジア進出，2013 年現在

◎重点製造販売拠点，○製造販売拠点，■駐在員事務所，△進出計画あり

主要企業 ＼ 進出先	Siam Cement	CP/CPF	Betagro	Mitr-Phol	TCC/BJC	Italian-Thai Development
	建設資材	アグロ	アグロ	製糖・バイオマス	ガラス容器・消費財	建設請負
中　国	○2 社	◎6 社，58 飼料・養鶏工場	◎	撤退	△	
香　港		○9 社			○3 社	
台　湾		○5 社				○2 社
ベトナム	◎13 社	○1 社	○	△	◎3 社	○1 社
ミャンマー	○3 社	△	○	△	■1 社	◎ダウェイ
カンボジア	○5 社	○1 社	◎	○	■1 社	■1 社
ラオス	○3 社	○1 社	○	○	△	○1 社
マレーシア	○2 社	◎6 社			◎2 社	○2 社
シンガポール	◎10 社					
インドネシア	◎16 社					○1 社
フィリピン	◎8 社	○2 社				○2 社
インド		○1 社				◎4 社

(注)CP/CPF: Charoen Pokphand Foods PLC; TCC/BJC: Berli-Jucker PLC.
(出所)各企業の『年次報告』及び聞き取り調査より筆者作成.

へ」というチャートチャーイ政権(一九八八―九一年)のキャンペーンなどに呼応した行動であった。しかし、通貨危機前後までに、CPグループとサイアムセメント・グループを除いて、ほぼすべてのグループは撤退するか、事業を縮小していった。

ところが、二〇〇〇年代後半から、再びファミリービジネスの海外進出が活発になる。そのことは、主なグループごとに進出先を整理した**表5-5**からも読み取ることができるだろう。

興味深いのは、海外進出を積極化させているアグロのCPとベタグロ、砂糖のミットポン、ビール・飲料用ガラス容器を製造する

ベルリージュッカー（ＢＪＣ。ＴＣＣの傘下）が、例外なくミャンマーを含むＣＬＭＶの四カ国に進出している点である。

低コスト戦略に依拠する彼らは、タイ国内の賃金や土地価格の上昇に直面した結果、製造拠点の拡大や砂糖きび農園の新規開拓を、タイ国内ではなく近隣諸国に求めた。それとは別に彼らがＣＬＭＶに向かっている理由として、次の二つを指摘することができる。

第一は、ベトナムだけでなくカンボジア、ラオス、ミャンマーも、今後の経済成長が本格化するという見通しである。もちろん、市場規模の面でも成長率の面でも、有望な相手国は中国であろう。しかし、中国への投資は、仮にタイの華人系企業であっても、中国企業との競争が熾烈な上、政治面でのリスクも高い。それより、地場企業の成長がまだ遅れているＣＬＭＶの方が進出しやすいという判断があった。

第二は、二〇一五年に発足するＡＳＥＡＮ経済共同体（ＡＥＣ）を見越した進出である。すでに域内で関税撤廃を実施しているＡＳＥＡＮ先発組六カ国の域内貿易は、ＡＥＣの発足によって事態が大きく変わるわけではない。しかし、後発組のＣＬＭＶでは輸入関税がさらに下がるので、域内の経済自由化が一段と進む。そのため、外国企業やシンガポール企業などが近い将来、ＣＬＭＶに対する投資を積極化させる可能性は十分にあった（石川・清水・助川編著 二〇一三）。そうした見通しのもと、ＣＬＭＶをターゲットに、他国に先んじて投資を進めようというのが、もうひとつの理由である。

M&Aを活用した事業拡大

最後に、二〇一〇年代に入って一気に増大したM&Aの動きを見ておきたい。タイで発生したM&Aの波は三回ある。

第一の波は一九九〇年代前半のバブル経済期で、タイ人所有の金融会社や不動産会社が、株価のつり上げや転売目的で企業を買収した。次いで第二の波は、通貨危機直後から二〇〇四年頃までで、当初は外国企業、その後はタイ企業による同業他社の買収が続く。ただし、買収金額が一〇億ドルを超える大型案件は一件もなかった。第三の波は、二〇一〇年に始まり現在まで続く「M&Aブーム」である(**表5-6**)。

二〇一〇年代の「M&Aブーム」の特徴は次のとおりである。

まず、買収金額が飛躍的に膨れ上がった。たとえば、二〇一二年末、CPグループが中国第二位の生命保険会社である平安保険(Ping An Insurance Co., Ltd.)の株式一五%を米国企業から買収したが、その購入金額は九四億ドル(八一三〇億円)にも達した。なお、平安保険は収入額でみると中国最大の民営企業でもある。

ちなみに、CPグループは中国向け投資残高(主に飼料・ブロイラー産業)ではタイ最大の実績を有する。そのCPグループが平安保険の株式を取得した目的は、生命保険事業だけではなく、平安保険が誇る全国レベルの販売・情報網を、CPグループの将来の新規事業(高齢者向けサービスなど)に結びつけることにあると思われる。

「タイのウィスキー王」の異名を持つTCCグループも、二〇一二年七月に、シンガポール最大手

表 5-6　主要タイ財閥(ファミリービジネス)による M&A の一覧，2010–2013 年(3 億ドル以上)

年月	グループ名	区分	被買収企業(備考)	業種	買収・出資金額	
					億バーツ	100 万ドル
2010 年 7 月	Banpu	買収	Centennial Coal(豪州ニューサウスウェールズの最大鉱山会社)	石炭	600	1,905
2010 年 7 月	TUF	買収	MWBrands SAS(仏，ツナ缶詰最大手．リーマン・ブラザーズから)	ツナ缶詰	285	884
2010 年 8 月	Sahaviriya	買収	Corus Group PLC(英)の高炉部門	鉄鋼・高炉	148	469
2010 年 12 月	BGH	買収	Health Network PLC(Payatai, Memorial 計 7 病院)	病院経営	100	317
2011 年 9 月	Central	買収	La Rinascente SpA(イタリア・ミラノの老舗ホテル)	ホテルチェーン	120	372
2011 年 9 月	TCC Group	買収	Serm Suk PLC(タイ最大のソフトドリンク会社)	ペプシコーラ	100	314
2012 年 2 月	Indorama	買収	Old World Industries, LLC(米)の化学部門	エチレン	244	795
2012 年 7 月	TCC Group	買収	Fraser & Neave Ltd.(シンガポールの飲料最大手，李顕龍首相の実弟が会長)	飲料・食品	700	2,210
2012 年 12 月	CP Group	出資	Ping An Insurance(平安保険，中国第 2 位)15%	保険	2,880	9,386
2013 年 4 月	CP Group	買収	Siam Makro(SHV Holdings)．同時にアジア地域ライセンスを取得	近代小売	1,215	3,980

(注)BGH: Bangkok Dusit Medical Services PLC.
(出所)UNCTAD, *World Investment Report*, Appendix Thailand，グループの上場企業『年次報告』，『週刊タイ経済』の「連載　ファミリービジネス紹介」各種記事等より筆者作成.

飲料グループであるフレイザー&ニーブ社(F&N)を、二二億ドルで買収している。この会社は、リー・シェンロン(李顕龍)首相の実弟であるリー・シェンヤン(李顕楊)が会長を務める名門企業であった。一〇億ドル(一〇〇〇億円)を超える買収は、二〇一〇年から一二年の三年間だけで、**表5-6**の四件も含めて九件にも達していた。

次に、タイ企業の買収先が国内の同業他社だけではなく(典型は前掲のBGHグループによる二〇カ所以上の病院の買収)、アジア諸国、さらには先進国の有力企業にも向かっている点が重要である。

二〇一〇年七月には、タイ最大の石炭採掘会社バンプー社が、オーストラリアの大手石炭会社を一九億ドルで買収した。百貨店事業と共に、ホテル事業を展開するセントラル・グループも、イタリアの老舗ホテル・チェーンであるラリナシェンテ・ホテルを買収し、欧州進出への足掛かりを確保している。

タイ・ユニオン・フローズン・プロダクツ社(TUF)は、フランス最大手のツナ缶詰製造企業であるMWブランド社を九億ドルで買収した。その結果、TUF社は年生産能力五〇万トン(うちMWブランド社が一五万トン)を有する、世界最大のツナ缶詰メーカーに躍進を遂げた(『週刊タイ経済』二〇一〇年八月二〇日号)。

最後に、タイのファミリービジネスが、巨額化する買収資金を新株や社債の発行ではなく、土地資産を担保とする銀行借入で賄っている点に注目しておきたい。CPグループにしろ、TCCグループにしろ、通貨危機が発生したあと、債務再構築を実施している他のタイ企業から莫大な土地を買い集めていた。

通貨危機後、土地の資産価値はバブル崩壊の影響もあって暴落した。いわば「眠れる資産」だった。ところが、二〇〇〇年代後半以降、資産価値が再び上昇し、これが銀行からの借入を容易にすると同時に、土地の「含み資産」が評価され、グループ傘下の上場企業の株価を引き上げるという正の効果をもたらした。タイにおけるM&Aの近年の巨額化は、この点を抜きにして理解することは到底できない。

4　家族経営の維持とハイブリッド型経営

セントラル・グループの家族経営会議

ファミリービジネスを特徴づけるのは、特定家族による所有と経営の排他的支配である。創業者一族が株式の大半を保有し、経営陣のトップを独占していれば、それは文字通りの家族経営ということができる。そのような伝統的スタイルを守り続けているのが、百貨店・ホテル・不動産業を展開するタイのセントラル・グループであった。

セントラル・グループの事業の出発点となったのは、中国の海南島から移住してきたティエン・チラーティワット(鄭汝常)が、一九五一年にオリエンタル・ホテルの近くに開いた輸入雑貨を扱う店である。その後、近代百貨店の先駆けとなったセントラル・デパート(中央洋行、五六年)、郊外立地型商業コンプレックスの幕開けとなったラートプラオ店の開店(八〇年)が続いた(末廣・南原 一九九一：第五章)。

ティエンは三名の夫人（いずれも正妻）との間に一四男一二女をもうけ、チラーティワット一族は孫世代を含めると一三〇名を超えた。セントラル・グループが経営陣をもっぱら家族内部に求める理由のひとつは、有能な人材確保（大半が海外留学組）に苦労しないからである。

セントラル・グループは、ファミリービジネスに固有のいくつかの特徴を備えている。

最初に、彼らはコアとなる三つの上場企業の取締役会議とは別に、独自の「家族経営会議」を持ち、これがグループ全体の経営を実質的に統轄する。この会議には、ティエンの八男スティタム（鄭有意、会長）、一一男スティラック（鄭有捷、組織体制の責任者）の二名のほか、特定の事業分野（財務、小売・百貨店、不動産、貿易、レストラン）を担当する第三世代の六名が参加していた。事業部制ではなく、「家族内完全分業体制」を採っているのである。

次に、グループ内の主要企業の取締役会長は、第二世代（ティエンの息子）が依然分担していたものの、外国人が支配人を務めるホテル業以外は、すべての社長職を第三世代が担っていた。それも特定の人物に役職と権限を集中させるのではなく、主要会社の社長職（ＣＥＯ）を、第三世代の孫たちが適性と能力に応じて分担している点が特徴である。

ファミリービジネスの存続・発展にとって最重要の課題は、創業者が死去したあとの家族内対立の回避である。そして、対立を回避しつつ、「財産の相続」（the inheritance of property）と「事業の継承」（the succession of office）を区別して、後者の観点から家族資産を保全することが不可欠となる（末廣 二〇〇六：第二章）。セントラル・グループは、家族経営のこの難問を解決しつつ事業を拡大してきた典型的な事例と言えよう。

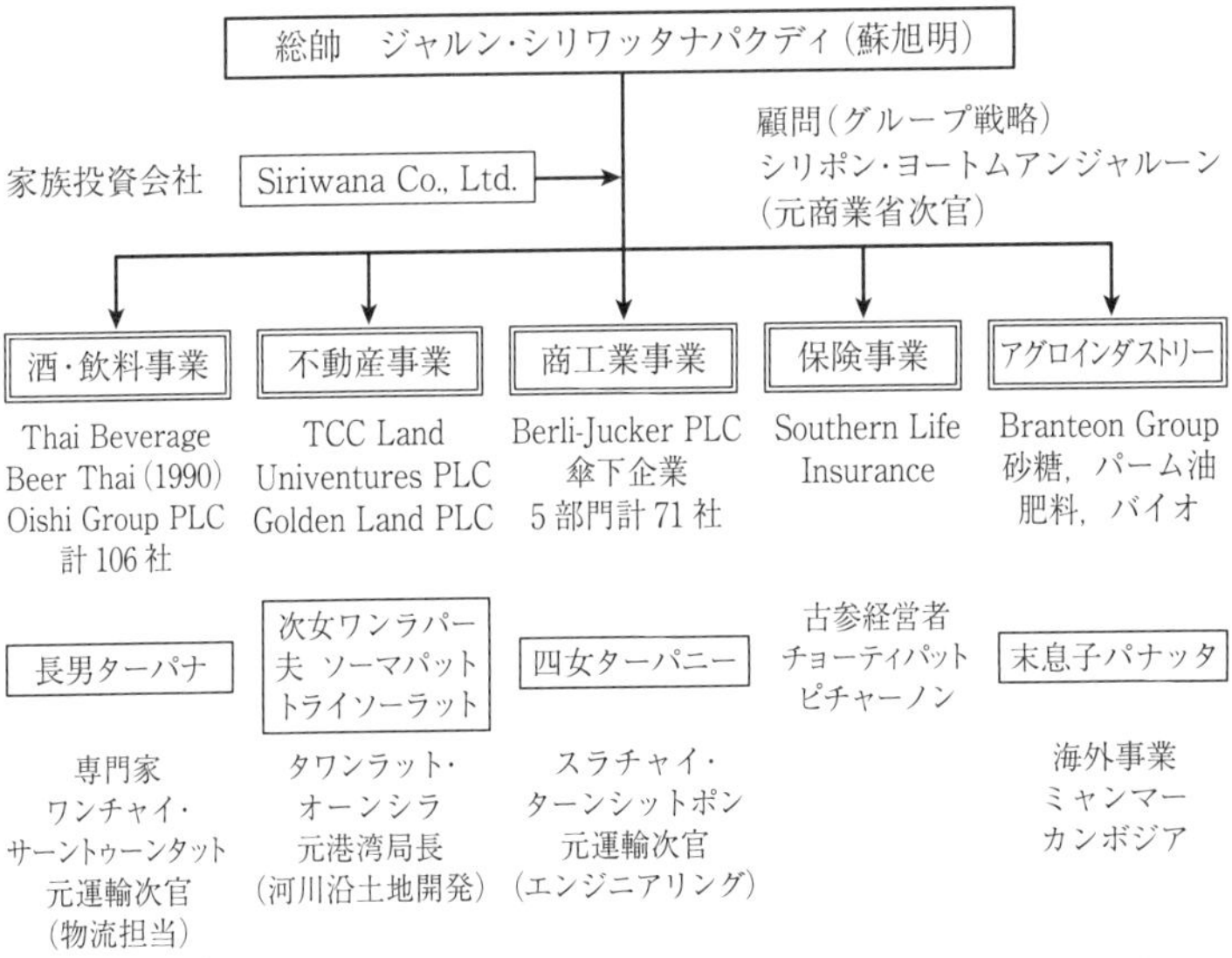

(出所)上場企業の『年次報告』，「TCC グループ」『週刊タイ経済』2013年2月25日号などより筆者作成.

図5-2　TCC／シリワッタナパクディ家の家族経営　(2013年現在)

TCCの家族内分業体制と顧問体制

世代交替の推進と家族内分業体制の構築という点では、「ビア・チャーン」(象印のビール)を製造・販売するTCCも負けていない(**図5-2**)。

TCCの場合、主力の酒・飲料部門は、創業者であるジャルン(蘇旭明)の長男ターパナが、不動産部門は次女ワンラパーとその夫が、商工業部門は四女ターパニーが、二〇〇〇年代末に新たに進出したアグロインダストリー部門(砂糖・エタノールなど)は末の息子パナッタが、それぞれ分担しているからだ。これらの第二世代は小学校卒の父親と違って、いずれもアメリカかイギリスへの海外留学組であった。

セントラルとの大きな違いは、ジャ

ルンがグループ全体を統轄し、すべての意思決定を彼のもとに集中している点と、退職した高級官僚をグループ全体もしくは事業部門の顧問に配置している点に、求めることができる。たとえば、元商業省次官のシリポンはグループの戦略策定を担当し、酒・飲料の物流の開発は元運輸次官のワンチャイが担当している。退職した高級官僚が重用されるのは、**図5-1**で確認したように、タイでの事業展開には、依然として政治的コネクションが重要な意味を持つからである。

創業者一族・内部昇進者・外部専門家の結合

創業者一族による所有と経営の排他的支配は、通貨危機後に存続したグループだけでなく、二〇〇〇年代に躍進を遂げた新興グループにも確認することができる。

ただし、会長職を創業者が、社長職・CEOをその息子が独占し、一見すると閉鎖的な所有と経営の支配を実施しているように見えるファミリービジネスの場合でも、経営組織改革は着実に進行していた。アグロインダストリー・近代小売業・情報通信のCPグループ(チアラワノン家)、砂糖のミットポン・グループ(ウォングソンキット家)、日用消費財のサハ・グループ(チョークワッタナ家)などがそれであった(末廣 二〇〇六：第六章)。

たとえば、ミットポン・グループの場合、一九五六年の創業以来、創始者汪才祥(ツァイチアン・ウォングソンキット)の長男グソン、三男スントン(汪東發)、四男ウィトゥーン(汪東财)、五男イッサラ(汪東茂)と、創業者一族が社長の座を占め続けてきた。その方針を改め、二〇〇八年には抜本的な機構改革を断行し、専門経営者であるクリサダー・モンティエンウィチアンチャイを外部から招聘して社長に任命している（筆者の調査）。

現在のファミリービジネスに支配的な経営パターンは、①創業者一族、②内部の生え抜き組（タイ語でルーク・モーと呼ぶ。同じ釜の中で育った闘魚の意味）、③外部からリクルートした専門家の三者による結合である。全体の経営戦略なり財務は創業者一族が、コアとなる事業の管理とマーケティングは生え抜き組が、専門的な技術や経理は外部リクルート者が、それぞれ分担するという「三者結合体制」が定着した（同上書：第四章、Natenapha and Suehiro 2010）。

こうした三者結合体制は、激変する国際経済環境に対応する経営能力をファミリービジネスに与え、通貨危機後の彼らの存続と発展を可能にした、と私は考える。この見方はインドネシアや韓国の場合にもほぼ当てはまるだろう。

第六章　中所得国の罠
――労働生産性とイノベーション

1　要素投入型成長路線の限界

「中所得国の罠」とは何か?

二〇〇〇年代末頃から、新興アジア諸国に関する議論の中でしばしば目にする言葉がある。国際機関のエコノミストたちが好んで使う「中所得国の罠」(the middle-income trap)がそれであった。たとえば、アジア全般については、アジア開発銀行が『アジア二〇五〇』(ADB 2012b)の中で、楽観的シナリオ(アジアの世紀)と悲観的シナリオ(中所得国の罠に陥った場合)の二つに分けて長期予測を行ったことは、本書第二章で紹介したとおりである。大野(二〇一三)は、「開発のわな」と産業政策という観点からこの問題に切り込んだ。

中国については、二〇一二年にアジア開発銀行が、『低コスト優位に頼らない成長――中国はどうすれば中所得国の罠を回避できるか?』(ADB 2012c)で、この問題を正面から取り上げた。同じ年に世界銀行も、『中国二〇三〇――現代的で調和のとれた創造的な高所得国の建設に向けて』(World Bank et al. 2012)と題する報告書で、同じ問題を扱っている。

マレーシアについては、世界銀行のエコノミストであるユスフと鍋島(Yusuf and Nabeshima 2009)の研究が、ベトナムについては、大野健一(Ohno 2009)やトラン・ヴァン・トウ(トラン 二〇一〇)の研究が、それぞれ代表的な文献であろう。タイでは二〇一一年頃から、中央銀行や国家経済社会開発庁(NESDB)がこの問題にしばしば触れ、国際競争力の低下に警告を発している。

「中所得国の罠」に最初に言及したのは、世界銀行のギルとカラスが著した『東アジアルネッサンス』(Gill and Kharas 2007)である。彼らは、新興アジア諸国(中所得国)が今後も成長を続けるためには三つの転換が必要だと論じた。①多様化した生産・雇用体制から(規模の経済に依拠しつつ)特化した生産・雇用体制への転換、②投資重視からイノベーション重視への転換、③新技術に適応するスキルを持った労働者から新しい製品・工程を創り出す労働者への転換がそれである。

そして、以上の三つの転換が順調に進まない場合には、当該国の経済成長が鈍化し、新興アジア諸国も、中東やラテンアメリカの多くの中所得国の現状と同様に、「中所得国の罠」に陥ると警告を発した(Ibid.: 17–18)。

「中所得国の罠」とは、一言で言えば、安価な労働と低コストの資本の追加的な投入によって経済成長を実現しようとする路線、つまり、低コスト優位(low-cost advantage)の路線が行き詰まった状態を指す。その引き金になるのは、生産性の上昇を上回る賃金の上昇と、投資効率(一単位の資本の追加投入が生み出す生産量の増加分)の傾向的低下であった。

したがって、労働の質の向上(熟練・技術知識の上昇)や技術革新によって労働生産性が伸びない限り、その国の成長率は鈍化していく。いわゆる要素投入型成長(input-driven growth)がぶつかる壁である。国際機関が主張する「中所得国の罠」は、この壁とほぼ同義とみてよかった。

「中所得国の罠」論への疑問

まず、「中所得国の罠」にかかった典型国とみなされているマレーシアを例にとってみよう(**表6-1**)。

マレーシアは一九七九年に世界銀行が定義する「上位中所得国」に移行した。その後、一時的に下位中所得国に転落したあと、九一年に再び上位中所得国へ返り咲いたものの、現在に至るまで「高所得国」の仲間入りは果たしていない。七三年から一五年間で上位中所得国から高所得国へ移行した台湾や、七八年から一六年間で高所得国へ移行した韓国と比較すると、マレーシアの足踏み状態は一目瞭然である。

その意味でマレーシアは中所得国の罠に陥っている。より正確に言えば、「高所得国への移行の壁」にぶつかっているのである(本書の**図1-1**も参照)。

これに対して、タイと中国は二〇一〇年に足並みを揃えて「上位中所得国」への仲間入りを果たした。上位中所得国になったばかりの国に、マレーシアと同様、「中所得国の罠」論を適用するのは酷である。むしろ、両国にとって真の課題は、そして上位中所得国入りを目指しているインドネシアの課題も、「将来、高所得国へ移行するための政策課題は何か」をはっきりさせることだろう。

最後に、インドは二〇〇七年に、ベトナムは二〇〇八年に、それぞれようやく「低所得国」のグル

表 6-1 アジア諸国の中進国化と移行の時期(並び順は 2011 年 1 人当たり名目 GNI，ドル)

国・地域＼項目	所得階層別分類	1人当たり GNI 名目 (2011年)	1人当たり GNI 名目 (1995年)	仲間入りした年		
				高所得国	上位中所得国	下位中所得国
(1)アジア諸国・地域						
日 本	高所得国	45,180	41,350	1967 年	1962 年以前	…
シンガポール	高所得国	42,930	22,420	1981 年	1962 年以前	…
香 港	高所得国	35,160	22,619	1978 年	1962 年以前	…
韓 国	高所得国	20,870	10,770	1994 年	1978 年	1962 年以前
台 湾	高所得国	19,178	12,648	1988 年	1973 年	1962 年以前
マレーシア	上位中所得国	8,420	4,010	—	1979–86 年，1991 年	1962 年以前，1987–90 年
中 国	上位中所得国	4,940	530	—	2010 年	1998 年
タ イ	上位中所得国	4,420	2,720	—	2010 年	1966 年
インドネシア	下位中所得国	2,940	980	—	—	1979 年
フィリピン	下位中所得国	2,210	1,030	—	—	1962 年以前
ベトナム	下位中所得国	1,411	288	—	—	2008 年
インド	下位中所得国	1,410	370	—	—	2007 年
ラオス	下位中所得国	1,130	360	—	—	2010 年
(2)ラテンアメリカ諸国(参考)						
ブラジル	上位中所得国	10,720	3,730	—	1972–83 年，89 年以降，現在	1962 年以前–71 年，1984–88 年
アルゼンチン	上位中所得国	9,740	7,360	1962 年以前から 67 年	1968 年以降，現在	—
メキシコ	上位中所得国	9,240	3,760	—	1962 年以前–86 年，90 年以降，現在	1987–89 年

(注)当該国・地域がいつ高所得国や上位中所得国に仲間入りしたかは，1978 年以降は世界銀行『世界開発報告』各年版の指標を使用．1962 年から 77 年までは，世界銀行の *World Development Indicators Online* の「低所得国」「中・低所得国」「上位中所得国」の平均値の推移を参考に，所得階層グループの基準値を筆者が独自に推計して，仲間入りの年を確定した．
(出所)World Bank, *World Development Indicators 2013 Online*(1962 年以降の数字); *World Development Report* 各年版の付録統計ほかより筆者作成．

ープから抜け出した国であり、タイや中国と同列に論じることはできない。インドやベトナムが抱えている課題は、「将来、上位中所得国へ移行するための政策課題は何か」であるからだ。

表6-1で興味深いのは、一九六八年以降、ラテンアメリカ諸国の動きである。アルゼンチンは一度「高所得国」に昇格したあと、「上位中所得国」に再び転落した。ブラジルとメキシコは同じ中所得国に位置すると言っても、上位と下位の間を行ったり来たりしている。このような事例は、アジア諸国の場合にはマレーシアを除けば見い出せない。

いずれにせよ、一人当たり所得水準が異なる新興アジア諸国を一括して「中所得国」と呼び、そこに共通する罠が潜んでいると主張する国際機関の議論には明らかに無理がある。むしろ、検討すべきはこれらの国に共通する成長パターンに潜む問題の方であろう。つまり、低コスト優位に依拠した成長の限界という問題である。本書ではこの問題を「中所得国の罠」ではなく、「要素投入型成長路線の限界」と呼ぶことにする。

「アジアの奇跡という幻想」と「イノベイティブ東アジア」

「中所得国の罠」論に近い議論は、じつは世界銀行の『東アジアの奇跡』(一九九三年)を批判する目的で、クルーグマンが発表した論文「アジアの奇跡という幻想」(Krugman 1994［二〇〇〇］)に見ることができた。彼は、東アジアの過去の高成長は資本と労働の追加的な投入によるもので、技術革新を伴う成長ではないと断言した。したがって、賃金が上昇し投資効率が低下していけば、早晩アジア諸国の成長は鈍化し、「奇跡の時代」も終焉すると予測したのである。

クルーグマンの予測は、三年後のアジア通貨危機の勃発で証明され、彼の論文は一躍有名になった。もっとも、通貨危機発生の原因は、国際短期資金の投機的かつ大量の移動という国際的要因と、脆弱な金融制度や貧弱な企業ガバナンスという国内的要因が結合した結果であった(末廣 二〇〇〇:第四章、Suehiro 2008: chapter 4)。決してクルーグマンが前提とした、賃金の上昇や投資効率の低下がもたらした帰結ではなかった。

にもかかわらず、世界銀行のエコノミストたちは通貨危機を境にして、以後いっせいに東アジアの経済発展を「要素投入型成長」と捉え直し、その負の側面を強調するようになる。たとえば、ユスフとエベネットは『東アジアは競争できるか?』の中で、次のように主張した(Yusuf and Evenett 2002)。「低所得国を除けば、東アジアの大半の国にとって、いまやイノベーションこそが成長のエンジンであり、工業化の初期段階である資源集約型成長(the initial resource-intensive phase of industrialization. 筆者注:要素投入型成長のこと)の時代は終わりつつある。製品やサービス、企業組織を含む広義のイノベーションが、(今後の東アジアにとって)生産性の向上と輸出競争力の強化を支える主要な源泉となるからだ」と(Ibid.: 3–4)。

さらに、彼らはこの文章に続けて、①イノベーションの基礎となる官民双方のR&D(研究開発)を推進するための環境づくり、②製造業と金融・サービス業との結合、③情報通信技術(ICT)の活用の三つを、今後取り組むべき重点課題として掲げた。また、①については、政府主導型ではなくオープンで競争的な政策環境のもとで、ネットワークでつながった企業群《クラスター》の創出が重要であるとも述べている。

これらの報告書が提示する論点は、二〇〇〇年代末から盛んになる「中所得国の罠」論とほぼ重なっていた。というよりも、一〇年以上も前から指摘されていたのである。それではなぜ、「要素投入型成長路線の限界」がこの時期に入って関心を集めるようになったのだろうか。次節ではこの点を賃金と労働生産性の二つの側面から検討する。

2　賃金の上昇と労働生産性の格差

低コスト優位時代の終焉

アジア開発銀行などが、中国を「中所得国の罠」という観点から論じる最大のきっかけとなったのは、二〇〇〇年代半ばから顕著となる名目賃金の上昇である(**図6-1**)。

東アジアの経済発展を特徴づけるのは、労働集約型で輸出指向型産業を軸とする工業化である。そのため、質の高い労働力を相対的に低い賃金水準で継続的に確保できることが、持続的な工業化にとって必須の条件となる。

この点、中国は一三億の人口と膨大な労働予備軍を農村に有し、二〇〇〇年代初め頃は労働力の供給に制限はないとまで言われた。事実、農村から都市に移動する農民工(二〇一一年現在、一・八億人)が、労働集約型産業の発展を支えた。

しかし、二〇〇〇年代後半になると、沿岸都市部の工業地帯では労働力不足が顕在化し、名目賃金だけでなく実質賃金も上昇が始まる。二〇〇〇年代半ばに中国経済に対する関心が、「中国はすでに

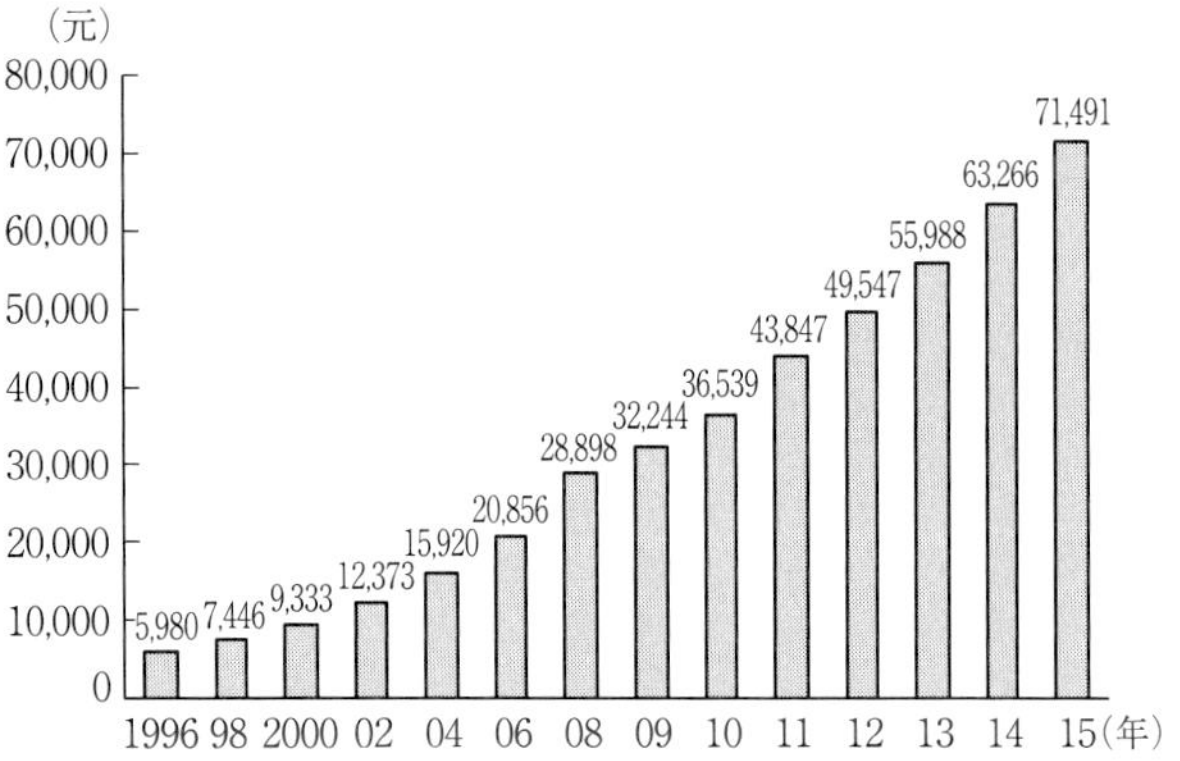

（出所）『中国統計年鑑 2012 年版』より筆者作成。2012–2015 年は，習近平国家主席が約束した年率 13% の賃金上昇を前提に作成．

図 6–1　中国の都市部就業者の名目賃金の上昇，1996–2015 年（元／年）

ルイスの転換点を迎えたのか」という議論に向かったのは、そうした現象の反映でもあった（南・馬二〇〇九）。ちなみに、「ルイスの転換点」というのは、農村部（非近代セクター）の余剰労働力が都市部の近代セクターに吸収されつくして、実質賃金の上昇が始まる分水嶺を指す。

図6–1が示すように、中国の二〇〇〇年代の賃金上昇率は年一〇%を超えた。しかも、二〇一二年に習近平副首席（翌一三年に国家主席に就任）が、国民生活の向上と内需の拡大の観点から、向こう四年間、年一三%程度の賃金上昇を容認する方針を示唆したことにより、中国の賃金上昇に歯止めがかからなくなった。

程度の差はあれ、賃金の急速な上昇はタイでもベトナムでも起こっている。

たとえば、タイでは二〇一三年一月に、それまで日給一六二バーツ（地方県）から二一五バーツ（バンコクと近隣五県）の範囲にあった最低賃金を、全国一律に三〇〇バーツに引き上げる方針をとった（首都圏での実施は二〇一二年四月から）。この方針は、すでに三〇〇バーツ以上に達していた首都圏の賃金水準を追認する意図もあったが、低賃金労働力を目的とする外国企業の進出を牽制し、技術・知識集約型産業に産業構造をシフトさせたい、タイ政府の意向を反映したものでもあった。

さらに、タイは二〇〇〇年以降、慢性的な労働力の不足にも直面していた。そのため、政府は合法的に入国し就労許可証を持っているカンボジア、ラオス、ミャンマー(CLM)の移民労働者だけでなく、CLMの不法入国者に対しても、送り出し国との協定によって一時的な就労許可証を与えた。

彼らが従事する職種は、漁業、コメの集荷、天然ゴムやオイルパームの収穫、建設労働、各種製造業の単純労働、家事労働など多岐にわたっている。二〇一一年現在の公式数字(労働省外国人労働事務所)によると、合法就労者が五八万人、不法入国・一時就労許可者が一二五万人の計一八三万人に達し、このうち八割以上がミャンマー人であったという(竹口美久の調査)。タイの民間企業の従業員数が約九〇〇万人であったことを勘案すれば、外国人労働者の存在がいかに大きいかを理解していただけるであろう。

ベトナムの賃金上昇も近年著しい。世界銀行の『ベトナム開発報告二〇〇八』によると、二〇〇四年当時、最低賃金は月二九万ドン、ハノイ市、ホーチミン市を含む「地域1」の外国企業の場合には、月四八万七〇〇〇ドンであった(World Bank 2007: 43)。その後、「地域1」の最低賃金は、二〇〇六年一〇月の四五万ドン(外国企業八一万ドン)から一一年一月の一三五万ドン(同一五五万ドン)まで、毎年のように引き上げられた。そして、二〇一一年一〇月に、ベトナム企業と外国企業の最低賃金は統一され、二〇〇万ドン(一〇〇ドル)に引き上げられた。その後も最低賃金の引き上げは続き、二〇一三年は二三五万ドン(一一二ドル)、一四年は二七五万ドン(一三一ドル)に上昇している(日本貿易振興機構ハノイ事務所の情報）。

ベトナムの急速な賃金引き上げ政策は、中国やタイのように労働力の全般的な不足が理由ではない。近代的工場に適した労働力の不足という発展途上国に固有の問題と、生活費の近年の上昇の二つが引き起こした結果と見るべきであろう。

労働生産性の二つの指標

賃金が上昇する中で経済成長を維持するためには、労働生産性の向上が必要不可欠となる。労働生産性の向上という場合には二つの指標がある。

ひとつは労働生産性の成長指標で、一人当たり生産額（付加価値生産額）の年成長率で測定する。もうひとつは労働生産性の格差指標であり、先進国のリーダー（アメリカ）の一人当たり付加価値生産額を一〇〇として、当該国の同じ数字がアメリカとの格差をどこまで縮めているかで測定する。

労働生産性の年成長率は、じつはアジアの場合、先進国を含めた世界のどの地域よりも高かった点に注意する必要がある。国際労働機関（ＩＬＯ）の調査結果（McMillan and Rodrik 2011）によると、一九九〇年から二〇〇五年の間の年成長率は、アジア全体の平均が三・八七％、中国を除いた場合が三・三三％であった。これに対して、ラテンアメリカは一・三五％とはるかに低い。また、アメリカ一・八〇％、日本一・四一％と比べても、二倍以上の高さを誇った。

問題はある期間の労働生産性の年成長率の数字ではなく、年成長率の時系列変化の方である。工業化が進み資本ストックが増加すると、労働生産性の伸びは傾向的に低下していくからだ。そこで、アジア生産性機構（APO）の『年次報告書』を使って、三つの時期にわけて国別に整理したものが、**図6-2**である。

図から分かるように、インドを除くすべての国で、労働生産性の年成長率の低下が確認できた。もっとも、中国は一九九〇年代前半の一〇・六％から低下したとはいえ、二〇〇〇年から一〇年を通じて、年九・四％の伸びという高い水準を示した。一方、マレーシアやタイは大きく低下した。低下傾向は高所得国に所属する韓国やシンガポールでも確認できる。

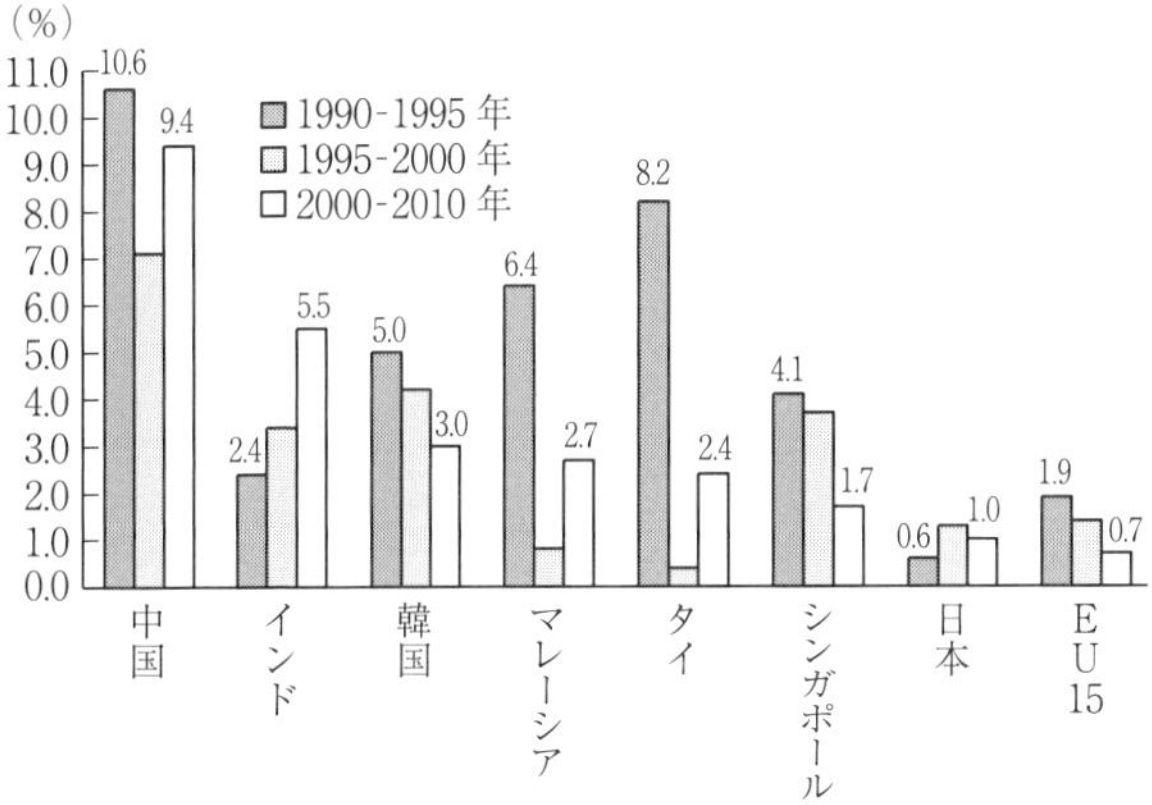

（出所）APO（2012: 63）.

図 6-2　アジア，日本，EU15 の労働生産性の伸び，1990–2010 年（年率，%）

それでは、中国は労働生産性に問題がないかと言えば、決してそうではない。アメリカを一〇〇として、一人当たり労働者の付加価値生産額を比較すると、中国はじつに一三でしかなかったからである（**図6-3**）。

アメリカに最もキャッチアップしているのはシンガポールの九六であり、日本ですらサービス業の低生産性を反映して六八と低かった。さらにマレーシアは三八、タイも一六と水準が低いだけで

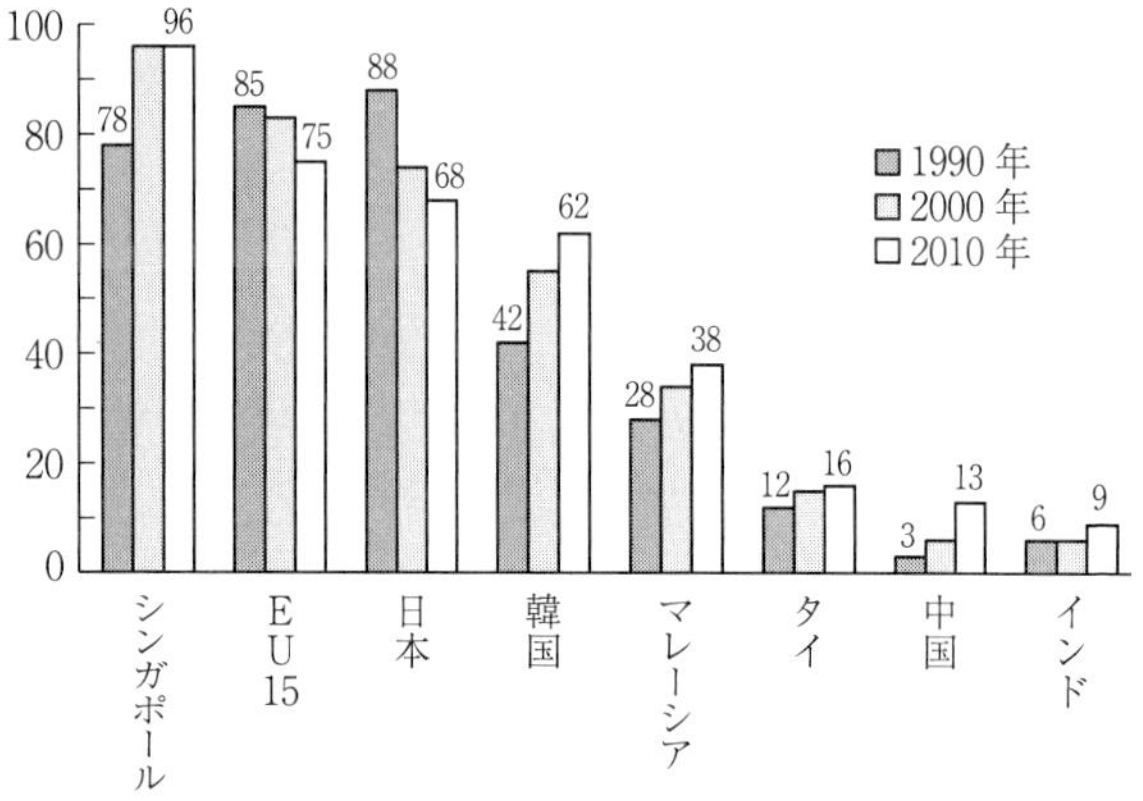

（出所）APO(2012: 66).

図6-3　アジア，日本，EU15の労働者1人当たり付加価値生産額：アメリカ＝100

なく、過去二〇年間のキャッチアップのスピードが極めて緩慢であった事実に注目すべきであろう。

ＯＥＣＤの新興工業諸国（ＮＩＣｓ）論や、私の前著『キャッチアップ型工業化論』では、先進国と後発工業国の一人当たり所得水準の格差がどれだけ縮小していったのかを、キャッチアップの指標としている。一方、一九九〇年以前に、国際機関や経済学者がキャッチアップの指標として用いたのは、アメリカを一〇〇とする生産性格差の方であった。この問題に関する代表的な研究は、アブラモビッツの古典的論文「キャッチアップ、追い抜き、脱落の三つの道」である（Abramovitz 1986）。

仮に生産性格差を採用した場合、新興アジア諸国はもとより、韓国のような高所得国でさえ、依然としてアメリカとの間に大きな開きがあることに注意を促しておきたい。本書の第四章では、「キャッチアップ型工業化論」への批判を紹介した。しかし、後発国企業のグローバル市場でのシェアではなく、国を単位とする生産性格差を指標にとった場合、キャッチアップはＮＩＥＳにとっても、中国をはじめとする新興アジア諸国にとっても、依然として

「国の課題」であり続けている事実に留意すべきであろう。

先進国との生産性格差を縮める方法は、低付加価値業種から高付加価値業種への製造業の転換や、製造業からサービス業への移行による産業構造の高度化である。そして、もう一つの方法が、要素投入型からイノベーション主導型への成長路線の切り替えであった。

3　イノベーションと研究開発の国際比較

ナショナル・イノベーション・システム

イノベーションの議論には、企業レベルと国家レベルの二つが存在する。企業レベルについては、本書の第四章で検討したので、ここでは国家レベルのイノベーションに関する議論を取り上げる。

代表的な文献は、ネルソン編『ザ・ナショナル・イノベーション・システム――国際比較』(Nelson ed. 1993)であろう。ネルソンとローゼンバーグは、この本の第一章で、イノベーションを推進する要因は国家が整備する制度・組織であり、とくに高等教育の拡充と目的合理的な産業政策の実施が不可欠であると主張した。同様に、日本の技術発展に関する研究を進めてきたフリーマンも、「国のイノベーション・システムの歴史的位置付け」と題する論文(Freeman 1995)で、示唆に富む議論を展開している。

フリーマンは、ある国のイノベーションがうまく進むかどうかは、政府の政策だけでなく、企業組織や産業組織を含む「制度・組織的要因」に強く規定されると主張した。そのため、彼が注目したのは、過去のドイツにおける実践的な産業教育制度の導入であり(イギリスとの比較)、日本の製造業に見られる生産現場を重視する方針であった(アメリカとの比較)。

さらに彼は、一九七〇年代の日本とソ連の二カ国、次いで東アジアとラテンアメリカを比較したあと、韓国とブラジルを取り上げて、「国のイノベーション・システム」の違いが経済パフォーマンスにどのように影響しているのかを明らかにしようとした。

フリーマンの議論の特徴は、東アジアとラテンアメリカの地域比較に最もよく表れている。というのも、彼は独自の指標を使って、アジアNICsがラ米NICsに比べて、なぜ経済的に成功したのかを説明しようとしているからである(Ibid.: 13)。

独自の指標とは、①高等教育の普及と大学生に占める理工系学生の比率、②輸入技術が国内の技術変化やR&Dに結びついているかどうかの違い、③R&D支出のうち産業向けR&Dが占める比率、④科学技術の発展のためのインフラ構築の度合い、⑤外国直接投資の比重と日本モデルの導入の度合い、⑥情報通信インフラへの投資の大きさ、⑦電子産業が産業全体に占める比率、以上の七つである。アジアNICsは、これら七つの項目においてラ米NICsの実績を上回っていた。

指標の意図的な選択から明らかなように、フリーマンの議論は製造業と生産現場の重視、情報通信や電子産業の重視が顕著であった。こうした議論は、一九八〇年代後半に顕在化したアメリカ製造業の衰退と日本製造業の躍進、つまり日本型生産システム(トヨタ生産方式など)への強い関心と直接結び付いていた。

ところが、日本経済がバブル崩壊をへて長期不況に突入するや、日本型生産システムへの関心は急速に後退し、日本の成功を念頭に置いた「国のイノベーション・システム」の議論も姿を消す。代わりに登場したのが、ハーバード・ビジネス・スクールのマイケル・ポーターが提唱した、特定地域における製造企業・サービス企業・大学・研究機関などの集積と相互のつながりを重視する「クラスター論」(Porter 1998)であり、世界銀行の「イノベイティブ東アジア経済論」(Yusuf ed. 2003［二〇〇五］)であった。

そこでは、政府の主導的役割、製造企業における生産技術の改善、生産現場での教育訓練を重視する従来の議論は退けられ、政府と民間との協力体制、製造業と非製造業(金融・サービス業)の連携、大学や会計事務所を含むフレキシブルな企業ネットワークの構築を強調する視点が、前面に押し出されるのである。

R&D支出と研究開発要員の国際比較

話をイノベーションに戻そう。

ある国がイノベーションに積極的であるかどうかは、名目GDPに対するR&D(研究開発)支出の比率、国民一人当たりのR&D支出金額、R&D要員の人口密度、特許申請と採択の件数、国際査読雑誌に掲載された科学論文の数などで判断する。

そこで、スイスに拠点を置く国際経営開発学院(IMD)が毎年刊行している『世界競争力年鑑』(IMD 2001, IMD 2013)のデータを使って、上記指標のうち最初の三つについて整理したものが、**表6–2**である。

表 6-2 アジアと主要諸国の R&D 支出，1 人当たり R&D 支出，R&D 要員，1999 年と 2010 年

国・地域	名目 GDP に対する R&D 支出(%)		1 人当たり R&D 支出(ドル)		R&D の民間要員(100 万人当たり)	
	1999	2010	1999	2010	1999	2010
日　本	3.15	3.36	1,120	1,326	4,851	4,840
韓　国	2.47	3.74	214	768	1,677	4,660
台　湾	2.05	2.90	267	539	3,146	6,390
シンガポール	1.87	2.09	397	937	2,447	3,780
中　国	0.83	1.77	7	78	277	1,400
マレーシア	0.40	0.79	13	66	160	190
タ　イ	0.12	0.24	2	9	40	130
フィリピン	0.08	0.10	1	2	23	70
インドネシア	0.09	0.03	1	1	n.a.	n.a.
ブラジル	0.76	1.16	37	131	44	290
チ　リ	0.63	0.37	28	41	30	310
メキシコ	0.41	0.37	21	36	49	320
スウェーデン	3.67	3.40	992	1,675	4,958	5,840
アメリカ	2.62	2.88	892	1,307	n.a.	n.a.
ドイツ	2.38	2.82	620	1,132	3,512	4,160
フランス	2.19	2.26	538	920	2,799	3,620
イギリス	1.83	1.76	435	642	2,528	2,290

(注)1 人当たり R&D 支出は民間と公共の双方を含む．
(出所)1999 年：IMD(2001: 494, 496, 497)，2010 年：IMD(2013: 445, 446, 449)より筆者作成．

表から分かる点は、日本とＮＩＥＳがＧＤＰに対するＲ＆Ｄ支出の比率をとっても、Ｒ＆Ｄの民間要員の人口密度をとっても、欧米諸国（スウェーデンを除く）よりも高いという事実であった。ただし、国民一人当たりＲ＆Ｄ支出金額を指標にとると欧米諸国の方がやや高い。

しかし、何より印象的な事実は、ＮＩＥＳとＡＳＥＡＮ諸国の間の極端な開きであろう。ある国が科学・技術志

向国家かどうかを判断する一つの目安は、GDPに占めるR&D支出の比率が二%を超えるかどうかである。ところが、マレーシアは〇・七九%、タイは〇・二四%、インドネシアに至っては〇・一%を下回っていた。これでは「高所得国への移行」も遠のくばかりである。ラテンアメリカ諸国もASEAN諸国よりは若干高いものの、NIESの実績と比べるとはるかに低い。

ASEAN諸国に共通するもうひとつの特徴は、一九九九年と二〇一〇年の間で実績に改善が見られない点である。この一一年間を通じて、マレーシアでもタイでも、科学技術教育のアップグレイドと研究開発への取り組みは重要な国家目標だったはずである。にもかかわらず、見るべき成果は挙がっていない。この点は「科学技術立国」を目指している中国の実績と比較すると対照的であった。

中国の技術振興政策は、二〇〇六年に発表された「長期科学技術発展要綱二〇〇六―二〇二〇」に示されている。この要綱のキーワードは「自主創新、重点飛躍、発展支援、未来を導く」である。「創新」とはイノベーションの中国語訳であり、「自主創新」とは、借物技術ではなく国産技術を開発する「国のイノベーション能力」を意味する（加藤・渡邉・大橋 二〇一三：六七―六八）。したがって、中国政府は従来型の「国のイノベーション・システム」を重視する立場をとっていた。

一方、要綱が掲げる「未来を導く」は、長期的な観点から基礎研究を政府が支援し、新産業の創出を導くことを指す。政府が新産業に指定したのは、情報技術、バイオ、先端製造技術、新素材などの八分野であった。主たる担い手は国有企業である。世界銀行が主張する「政府の役割はイノベーション推進のための環境整備」といった間接的な役割でなく、より直接的な関与を意図しているのである。

以上のような技術振興政策の後押しを受けて、中国のGDPに占めるR&D支出比率は、二〇一二年には国家目標の二%にほぼ到達した。したがって、中国とタイは同じ二〇一〇年に上位中所得国へ移行したとはいえ、「高所得国へ移行するための政策課題」への取り組みという点では、中国の方が一歩も二歩も進んでいた。

しかし、その中国であっても抜本的な構造改革に着手しない限り、近い将来「中所得国の罠」に陥る可能性が高い。これが国際機関や北京大学の判断であった。

4　三つの国の対応
――中国・マレーシア・タイ

中国――低コスト優位を超えた成長戦略

本章の冒頭で紹介したアジア開発銀行(協力者は北京大学国家発展研究院)の『低コスト優位に頼らない成長――中国はどうすれば中所得国の罠を回避できるか?』は、次のように述べる(ADB 2012c: 3)。「世界の過去の事例が示すように、多くの国は中所得国の地位に達した後、その成長が鈍化していった。今日「中所得国の罠」として知られる隘路に陥ったからだ。彼らは、一方では、賃金の上昇ゆえに低所得国と競争することができない。他方では、イノベーションと産業構造の高度化にもとづく高付加価値製品の生産にシフトしていないために、高所得国とも競争することができない」と。

それでは、中国が「高所得国へ移行するための課題」は何であろうか。この点について、アジア開発銀行の報告書をもとに整理したのが、**表6-3**である。

表 6-3　中国の「中所得国の罠」を回避する政策オプション(アジア開発銀行, 2012 年)

分野と課題	リスクと経済諸問題	中長期の新たな方向性(経済的課題)
生産性の向上	先進国との間の技術と生産性における大きなギャップの存在.	今後の成長にはイノベーションと産業構造の高度化を通じた生産性のさらなる向上が必要.
労働市場, 賃金対策	急速な賃金の上昇.「ルイスの転換点」の到達をめぐる議論.	
成長の源泉	成長が投資(公共投資)と輸出にあまりに依存している.	過大な投資と輸出依存の成長から, 国内消費やサービス産業に依存する成長へ.
所得格差	拡大する国内格差. ジニ指数は 1980 年代の 30 から 2008 年には 43.4 に悪化.	所得格差を是正し, 成長をより包摂的なものに転換. 各分野のガバナンスの強化.
自然資源の保存	急速な成長路線が自然資源や環境に過重の負荷を与えている(大気汚染, 水汚染など).	「グリーン成長」を推進し, 資源の保全と環境の保護を推進する.
国際経済環境	世界で 2 番目の経済力を誇るがゆえに増大する国外からのインパクト.	国際的経済協力, そして地域レベルの経済協力を強化する.
全　般	長期的な成長を支えるガバナンスと制度・組織の弱さ.	構造改革のさらなる推進：企業改革, 労働市場, 土地市場, 金融制度, 財政制度の改革.

(出所)ADB(2012c)にもとづき筆者作成.

アジア開発銀行が指摘するリスクと経済諸問題は、①先進国との間の生産性ギャップ、②労働市場の変容と賃金の急速な上昇、③公共投資と輸出に過度に依存した成長パターン、④拡大する国内格差、⑤自然資源の濫開発と環境の悪化、⑥急速なプレゼンスの上昇に伴う国際社会からの反発、⑦長期的な成長を支える制度・組織の弱さの七つである。これらの点は、世界銀行の『中国二〇三〇』(World

Bank et al. 2012)の指摘ともほぼ重なっていた。

これに対する対策として報告書が最も重視しているのは、イノベーションと産業構造の高度化を通じた生産性の向上である。また、報告書が提唱している方向性は、(i)国内格差の是正を目的とする「包摂的な成長」、(ii)投資と工業製品輸出へ過度に依存した成長路線から、内需の拡大とサービス産業の発展に依拠した成長路線への転換、(iii)資源の保全や環境の保護と両立する「環境に優しい成長」(green growth)の三つであった。

ただし、ここに示した経済諸課題はあまりに広範なうえ総花的でもある。最重要の課題は恐らく七番目に掲げた構造改革であろう。しかし、構造改革は社会主義体制の根幹に関わる問題である。「改革・開放」路線の導入は、企業にも国民にも経済成長という共通の夢とインセンティブを与えたが、痛みを伴う構造改革は関係者の間に利害対立を生みだす。その困難さを考えると、中国の「高所得国への移行の道」は決して平坦ではない。

マレーシア――「新経済政策」から「新経済モデル」へ

マレーシア経済の現状は深刻である。マハティール政権時代の経済状況は、電機電子産業を中心に工業製品の生産と輸出を伸ばし、マレー人優遇政策(ブミプトラ政策)によって、国内の民族別格差の是正にも一定の成果をあげた(鳥居編 二〇〇六)。しかし、二〇〇〇年代に入って経済の減速がだれの目にも明らかになった。

通貨危機が発生した一九九七年をはさんで、八七年から九六年の一〇年間と、二〇〇〇年から〇九年の一〇年間の年平均成長率を比較してみよう。通貨危機前の一〇年間、マレーシアの製造業の年成長率は一三・九％と、中国(一二・六％)、タイ(一一・八％)、ベトナム(六・六％)のいずれの国よりも高かった。ところが、二〇〇〇年以降一〇年間の年成長率は三・七％に大きく低下し、中国(一〇・八％)、ベトナム(一〇・五％)、タイ(五・六％)と比べて最低の数字を記録した。この点は輸出の年伸び率を見ても同じである。二〇〇〇年から〇九年のマレーシアの輸出成長率は一一％。好調だった中国(二三％)やベトナム(二一％)はもちろんのこと、タイ(一四％)の実績も下回っている。

このような経済的停滞の原因を、ユスフと鍋島は、輸出品が電機電子製品などに偏っており、しかも他のアジア諸国の輸出品構成と類似していること(中国との競争の激化)、輸出品の高付加価値化や多様化が進んでいないこと、新技術・新製品の開発を担う人材が育っていないことに求めた(Yusuf and Nabeshima 2009: chapters 2 and 3)。

マレーシア経済を牽引した電機電子産業は、一九九〇年代末には工業製品輸出の七割以上、輸出全体でみても五割を超える一大産業に成長した。しかし、二〇〇〇年のシーゲイト社(HDDの製造・輸出)の工場閉鎖を皮切りに、翌〇一年には、インテル、モトローラ、デルの各社が、相次いで事業を縮小するか工場を閉鎖して、生産拠点を中国にシフトさせた(Yusuf ed. 2003: 294)。マレーシアから輸出されるパソコンが、アメリカ市場で首位の座を中国に譲ったのは二〇〇二年のことである。

マレーシアにとって何より深刻な問題は、製造業に占める外国人労働者(大半がインドネシア人)の比率の高さであろう。一九九〇年当時、二％に過ぎなかった外国人労働者は、九五年に一〇％、二〇〇四年に二一％に跳ね上がり、〇七年には遂に二八％を超えた(筆者の調査)。その結果、政府は二〇〇

表 6-4　マレーシアの開発計画の比較：NDP と NEM

開発計画	国民開発計画(NDP)	新経済モデル(NEM)
実施期間	1991-2010 年	2010-2020 年
担当政権	マハティール，アブドゥラ政権	ナジブ政権
成長路線	資本蓄積を通じた経済成長の実現	生産性の向上を通じた経済成長の実現
政府と民間	国家の主導的役割	民間セクターの主導的役割
政策の運営	中央集権的で戦略的な計画の実施	意思決定の地方への委譲
地域開発政策	地域間の均衡のとれた成長路線	クラスター，経済回廊の促進
産業政策	特定の産業・企業の優遇	技術面で能力のある産業・企業の優遇
輸出市場戦略	G3 の輸出市場(アメリカ，ヨーロッパ，日本)をターゲット	ASEAN を含むアジア市場と中東市場をターゲット
人材活用	外国人熟練労働者の原則的な雇用規制，逆に外国人非熟練労働者の増加	外国人専門家の受け入れ，マレーシア人の外国在住者(overseas brains)の帰国奨励

(出所)National Economic Advisory Council(NEAC), Malaysia(2010)より筆者作成.

九年に、外国人労働者の新規雇用を凍結し、当時二三〇万人だった人数を、二〇一五年に一五〇万人のレベルまで引き下げる方針を打ち出した。とはいえ、非熟練分野の外国人労働者の比率は二〇％以上の状態が続いている。

このような事態を打開するため、ナジブ政権は、従来の民族間の経済格差の是正を目指した「新経済政策」(NEP)を引き継ぐ「国民開発計画」(NDP、一九九一―二〇一〇年)の期間満了を受けて、二〇一〇年三月に「新経済モデル」(NEM)を公表した。同時に、「中所得国の罠」からの脱却を目指す「経済変革プログラム」(ETP、Economic Transformation Programme)にも着手した(糠谷 二〇一二)。

表6-4はこのNEMを、マハティー

ル政権とアブドゥラ政権が遂行した国民開発計画と対比させたものである。

NEMは七つの戦略からなる。①投資主導型の成長路線から生産性重視の成長路線へ、②国家主導から民間セクター主導へ、③中央集権型から地方分散型へ、④地域間の均衡重視から戦略的なクラスターの創設へ、⑤特定産業・企業(鉄鋼、セメント、自動車など)の優遇から潜在的技術能力のある産業・企業の優遇へ、⑥欧州・米国・日本の3G市場重視からアジア域内市場重視へ、⑦外国人労働者依存から選別的な外国人専門家の登用と海外在住の有能な人材の呼び戻しへの、抜本的な転換がそれである。

以上の方針のうち、①の生産性重視の成長路線は、国際機関の中国に対する政策提言と同じである。つまり、要素投入型成長路線の見直しが目的であった。一方、②から⑤までの項目は、ブミプトラ政策(NEPとNDP)のもとで資源配分に歪みが生じた経済体制を、グローバル化時代に適した経済体制へ是正することを目的とする。しかし、ブミプトラ政策の見直しに対する反発は与党の中でも強く、マレーシアが「高所得国へ移行する道」は中国以上に険しいと言えよう(鈴木 二〇一四)。

タイ——新時代の産業と「タイらしさ」の追求

最後にタイの事例を見ておこう。国家経済社会開発庁(NESDB)のアーコム長官は、二〇一一年一〇月から始まる「第一一次国家経済社会開発五カ年計画」を念頭に置きながら、タイ経済の方向性を次のように述べた(Arkhom 2011)。

「比較優位(comparative advantage)が問われた一九六〇年代から八〇年代までは、要素・資源投入型の成長戦略が主流であり、かつ有効でもあった。次いで、競争優位(competitive advantage)の時代になると、方針は効率・生産性主導の成長戦略へと変わった。その方針を二〇一〇年代以降は、イノベーション・創造性主導の成長戦略に変える必要がある」と。

ここまでは、すでに紹介した国際機関の主張とあまり違いはない。ユニークなのは、そのために推進すべき「創造的経済」(セータギット・サーンサン)の中身である。

アーコム長官が創造的経済の事例として掲げたのは、①文化遺産と自然資源を利用した産業(観光、タイ料理、スパなど)、②芸能、③メディア(映画、音楽、アニメ)、④機能創造型産業(広告、ファッション、都市計画など)の四つであった。つまり、「低コスト優位」に基づく製造業から、「タイらしさ」(Thai-ness)を活かしたサービス産業に、ターゲットを移しているのである。事実、第一一次開発計画では、知識基盤の産業(サービス業)の育成が謳われていた(Porametee 2011)。

タイの競争優位を「タイらしさ」に求めるアプローチは、二〇一三年一月に発表された投資委員会の「新投資戦略二〇一三―一七年」にも確認できる(Udom 2013)。

この新投資戦略が画期的であったのは、奨励する産業から労働集約型産業(繊維・衣類、スポーツシューズなど)を、投資委員会が初めて外した点にある。それ以外にも、地方県への投資を優先する「ゾーン別奨励策」の見直しや、税制面での優遇措置(法人税・輸入税の七年間を上限とする免除)から、非金銭的な支援政策(土地保有や外国人専門家の招聘に対する規制緩和など)への移行も目論んでいた。そのため、対象から外された産業の業界団体や地方の商業会議所から猛烈な反発を浴びることになる。

新投資戦略の内容は**表6-5**に要約したとおりである。私がこの新投資戦略に注目するのは、四つ

表 6–5　タイ投資委員会が決めた 10 大奨励分野(2013 年 1 月公表)

10 大奨励分野	主たる業種・製品
(A)基盤産業	
1. 基本インフラと物流	①工業団地，②天然ガスによる発電，③上水道と産業目的の水源，④大量輸送，⑤貨物航空，⑥物流センターなど
2. 基礎工業	①鉄鋼，②石油化学，③パルプ・紙，④機械工業など
3. 医療機器と科学機器	①医療機器，②医薬品，③医療向け食品，④科学機器など
4. 代替エネルギーと環境サービス	①再生可能エネルギーによる発電，②リサイクル事業，③工場廃水処理・産廃処理，④省エネサービス企業(ESCO)など
5. 産業分野支援サービス	①研究開発，②人材開発，③エンジニアリング・デザイン，④ソフトウェア開発，⑤計測，⑥地域統括事務所(ROH)，⑦貿易・投資支援オフィスなど
(B)産業構造の高度化に利する先端コア技術を有する産業	
6. 先端コア技術	①バイオテクノロジー，②ナノテクノロジー，③先端素材の技術開発など
(C)国内資源や「タイらしさ」(Thai-ness)にもとづく産業	
7. 食品・農産物加工	①加工食品，②食品添加物，③ハーブ抽出，④農産物の品種改良，⑤天然ゴム製品，⑥エタノール・バイオディーゼルなどのバイオ燃料
8. ホスピタリティとウェルネス	①観光・スポーツ支援活動，②タイ国産映画製作・同関連サービス，③健康リハビリセンター，④退職者住居・高齢者介護施設
(D)グローバル・サプライチェーンの中でタイが競争力を有する産業	
9. 自動車と他の輸送機器	①自動車，②自動二輪車，③機関車，④電車，⑤航空機，⑥造船・同修理
10. 電機電子と家電製品	①エレクトロニクス設計，②オーガニクス&プリンティッド・エレクトロニクス，③ HDD/SDD と同部品，④太陽電池，⑤白物家電製品など

(出所)Udom(2013)にもとづき筆者作成.

の基本戦略の策定と一〇の奨励分野の選定がいかにもタイらしいからであった。投資奨励の対象業種が多岐にわたっている点は、官庁文書の宿命でもあるので、ここではとくに問題にしない。

まず一〇の奨励分野のうち、2の基礎工業、6の先端コア技術、9の自動車と他の輸送機器、10の電機電子と家電製品の四つは、本書の第五章で見たように外国企業が圧倒的シェアを誇る分野で、タイ企業の参入はほとんど期待できない。

その一方、1の基本インフラと物流の一部、4の代替エネルギーと環境サービス、7の食品・農産物加工、8のホスピタリティとウェルネスの四つの分野は、タイ企業が競争優位を発揮できる分野である。とりわけ、7の中の加工食品、ハーブ抽出(化粧品)、天然ゴム製品、バイオ燃料は、国内資源を有効に利用できる製品であり、8の中の観光・スポーツ、医療サービス、外国人向けロングステイ・高齢者介護施設などは、タイの国民性(ホスピタリティ)を活かすことを念頭に置いた選定である。

世界銀行は、二〇二〇年代半ばには中国が高所得国に移行すると予測した(World Bank et al. 2012)。中国に比べると、タイの高所得国への移行はもっと遅れる可能性が高い。その一方、タイが目指すべき方向性と競争優位分野の選択は、マレーシアに比べるとはるかに明確である。仮に「上位中所得国」の所得水準(一万二〇〇〇ドル程度)に留まったとしても、アジア地域の中で自分の居場所を見出し、それと引き換えに社会の安定を獲得できれば、それはタイ国民にとって決して間違った選択ではないと私は思う。「高所得国への移行」だけが唯一の道ではないと考えるからだ(終章も参照)。

第七章　社会大変動の時代
――人口ボーナス・少子高齢化・家族の変容

1　人口転換と社会変動の関係

多産多死から少産少死の時代へ

『老いてゆくアジア』(大泉 二〇〇七)。この本のタイトルを見てびっくりする人は多いだろう。だれしも、新興アジア諸国は活力に満ちた若い人々で溢れていると思うからである。しかし、少子化と高齢化の波は確実に新興アジア諸国を襲っている。

アジア、とりわけ東アジア諸国・地域で生じた人口構造の抜本的変化は、「東アジアの奇跡」を説明する有力な要因である。また、第六章で述べた「要素投入型成長路線の限界」の背景をなす。さらに、少子高齢化の急速な進行は、第八章で述べる新興アジア諸国が直面する社会問題のひとつの側面でもあった。したがって、本章は第六章と第八章の議論をつなぐ重要な役割を果たす。

さて、ある国の人口構造を規定するのは、出生・死亡・移動の三つの要素である。人口変動の先発地域であるヨーロッパ諸国は、多産多死から多産中死をへて少産少死に至る継起的な変化を遂げた。

これを人口学では人口転換(demographic transition)と呼んでいる(河野 二〇〇七:第四章)。

死亡率が出生率に先行して下がっていくのは、医療・衛生技術の飛躍的な進歩と、教育を通じた衛生思想の普及による。とくに幼児死亡率が劇的に低下し、これが死亡率の水準を引き下げた。次いで、一定のタイムラグを置いて出生率が下がっていく。より正確に言えば、合計特殊出生率(TFR、total fertility ratio)が下がっていった。

TFRとは、出産可能年齢に相当する一五歳から四九歳までの女性人口を採って年齢ごとに出生率を計算し、これを平均した数字を指す。分母の女性人口には既婚者だけでなく、未婚者や離別者も含むので、女性の社会進出や晩婚・非婚化が進めば、当然ながらTFRは下がっていく。

アジアを含む発展途上国では、第二次大戦後に多産多死から少産少死へと人口転換が進んだ。ただし、幼児死亡率は急速に下がっていったものの、出生率の方はしばらく高止まりの状態が続いた。その結果、一九五〇年代から六〇年代半ばにかけて人口が爆発的に増加した。開発経済学が「人口爆発」と呼ぶ現象が、発展途上国を等しく襲ったのである(同上書:一〇九)。

ところが、一九七〇年代に入ると、発展途上国とアジア諸国の間にはTFRの動きに明確な違いが現れる。**図7-1**に示したように、発展途上国の平均よりはるかに速いスピードで、アジア諸国のTFRが低下し、九〇年代には、人口置き換え水準である二・一〇の数値を下回る水準にまで下がったからである。

韓国、タイ、中国の三カ国は、経済発展の度合いも家族に対する社会的価値観もかなり異なっている。にもかかわらず、三カ国のTFRが同じカーブを描いて低下している点が大きな特徴であった。

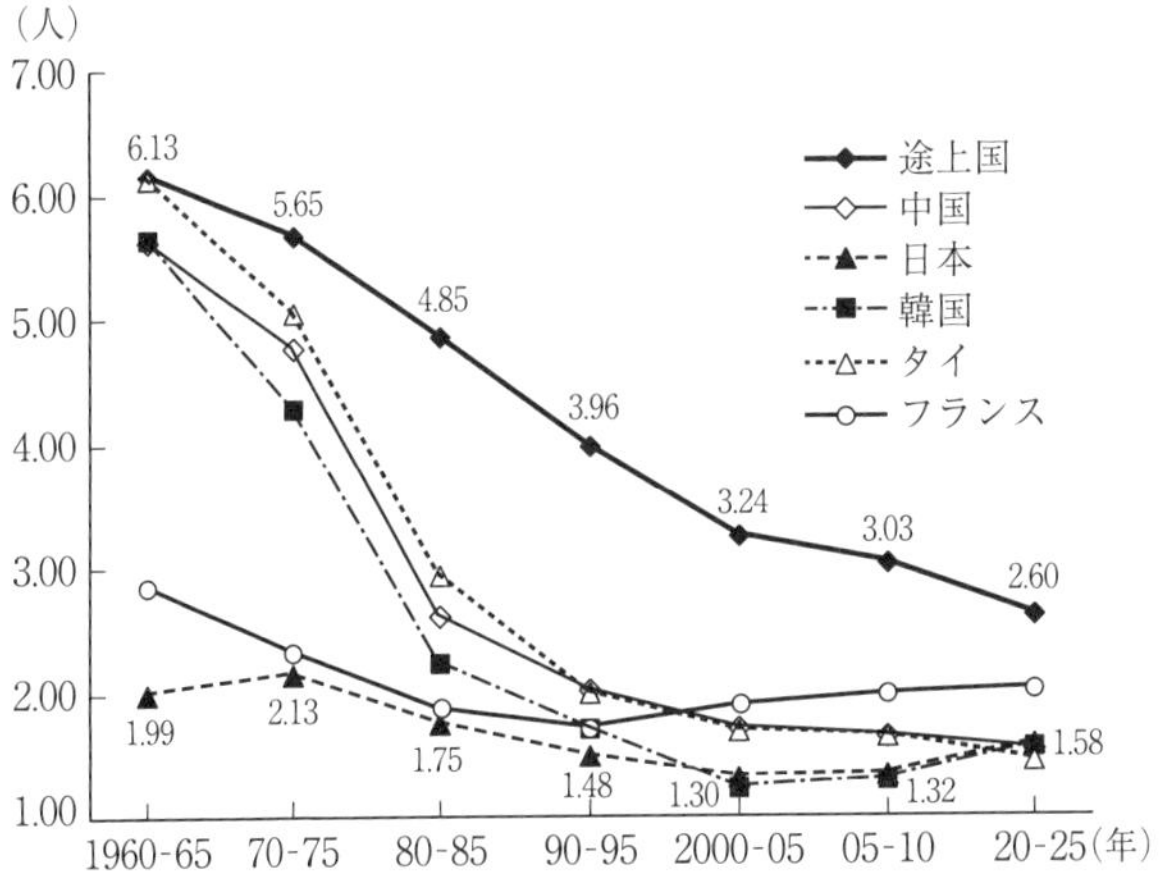

(出所)United Nations, *World Population Prospects: The 2010 Revision* より筆者作成.

図 7-1 アジアの合計特殊出生率, 1960/65-2020/25 年(国連2010 年版) （人）

それではなぜ、このような共通する現象が生じたのか。人口学は経済発展に伴う生活の向上や都市化の影響のほか、各国政府が採用した家族計画（シンガポールやタイでの出産抑制政策）や、中国の一人っ子政策が、同じ効果を及ぼしたとみなす。そうした政策的要因もあって、アジアの多くの国では（フィリピンと南アジアを除く）、急激な少子化が進んでいった。同時に平均寿命のほうも延びていったから、少子化と高齢化が並行して進んでいった(Hateley and Tan 2003)。

このように、先進国の経験よりも早いスピードで、しかも経済発展段階などの違いを超えて、少子化と高齢化が同時に進む状況を、アジアの家族制度比較を試みている落合恵美子は、人口転換における「圧縮された近代化」と呼んだ(落合編 二〇一三：第二章)。このネイミングは新興アジア諸国の「圧縮された工業化」と対をなす。

人口センサスから見たタイ社会の変容

具体的なイメージを得るために、一〇年毎

表 7-1　人口センサスから見たタイ社会の変容：1990 年，2000 年，2010 年

番号	項　目	1990 年	2000 年	2010 年
1	人口成長率(%)	1.96	1.10	0.80
2	合計特殊出生率(人)	2.36	1.88	1.52
3	初婚の年齢(歳)	24.7	25.6	28.4
4	年少人口 0-14 歳(%)	29.2	24.4	19.2
5	生産年齢人口 15-59 歳(%)	63.4	66.1	67.9
6	高齢人口 60 歳以上(%)	7.4	9.5	12.9
7	都市人口比率(%)	29.4	31.1	44.2
8	農業従事者比率(%)	66.8	56.2	43.6
9	国民の平均教育歴(年)	5.7	7.2	8.1
10	世帯当たり家族構成員(人)	4.4	3.8	3.1
11	単独世帯比率(%)	5.1	9.4	18.4
12	女性世帯主比率(%)	19.4	26.2	34.7

(出所)NSO, *Summary of the 2010 Population and Housing Census*, 2013 より筆者作成.

に実施される人口センサスを使って、タイ社会の変容を追ってみよう。

人口センサスは、全国民(在住する外国人を含む)を対象とするので、当該国の人口構造をはじめ、国内の人の移動、海外出稼ぎ労働者や外国人労働者の動向、就業の形態、家族の構成、住居や生活環境(電気・飲料水)の実態を知るためには、最も基本的なデータソースとなる。

表 7-1 から分かるように、タイは一九九〇年から二〇一〇年のわずか二〇年の間に、劇的とも言える社会変動を経験した。人口成長率と合計特殊出生率の急激な低下、初婚年齢の上昇、年少人口比率の減少と高齢人口比率の増加(タイでは国連が規定する六五歳ではなく、六〇歳以上を高齢者と定義する)など、人口構造が大きく変わった。人口ピラミッドで見ると、「釣鐘型」から「つぼ型」への転換が生じている(末廣 二〇〇九：一一七―一一八)。

農村(地方)から都市(首都圏とその近隣県)への人口

の移動が進んだ結果、都市人口比率は、一九九〇年の二九%から二〇一〇年には四四%に急速に上昇している。労働市場に目を転じると、農業従事者の比率は同じ期間に六七%から四三%に低下し、中等・高等教育の普及によって、国民(経済活動人口)の平均教育年数も、五・七年から八・一年へと大きく延びた。

印象的な動きのひとつは家族制度の変容であろう。世帯当たりの家族構成員は四・四人から三・一人に下がった。そして、単独世帯の比率が五%から一八%へと急激な上昇を示している。なお、核家族世帯と拡大家族世帯を比較すると、タイでは緩やかながら拡大家族世帯の比率が上昇した。

しかし、拡大家族世帯の中には、両親が揃ってバンコクに出稼ぎに行き(季節的ではなく数年間滞在)、子供の世話を祖父母に任せる「隔世代世帯」(両親不在のまま祖父母と孫が同居)が急増している点に、注意する必要がある。本章のタイトルに掲げた「社会大変動」が文字通りタイでは生じていた。

2　人口ボーナスと経済成長の関係

人口転換と「東アジアの奇跡」

ここまでは、主として人口学の観点からアジアの人口変化を見てきた。ただし、人口学者たちの関心は、もっぱら合計特殊出生率の急速な低下の解明に向かっていた。人口転換と経済成長の関係を問う関心は希薄だったのである。

そうした状況が一変するのは一九九〇年代後半以降である。とくに、世界銀行の『東アジアの奇跡』(World Bank 1993)の刊行を契機に、東アジアの高成長の要因を、後述する「人口ボーナス」の概念を使って説明する研究書が続々と登場した。

たとえば、ハワイ大学経済学部のメイソンは、一九九七年に「人口と東アジアの経済的奇跡」(Mason 1997)と題する論文を発表する。ハーバード大学公衆衛生スクールのブルームとウィスコンシン大学のウィリアムソンが、その後しばしば引用される共著論文「新興アジアの人口転換と経済的奇跡」(Bloom and Williamson 1997)を発表したのも、同じ九七年のことである。

一九九九年には、ブルームたちが報告書『アジアにおける人口変化と経済成長』(Bloom, Canning and Malaney 1999)を発表して注目を集めた。そして、二〇〇一年には編著『東アジアの人口変化と経済発展』(Mason ed. 2001)を、二〇〇三年には、ブルームのチームが研究対象をアジアから世界に拡充して『人口学的配当』(Bloom, Canning and Sevilla eds. 2003)を、それぞれ出版している。

彼らの主張を要約すると次のとおりである。

「東アジアの奇跡」をめぐる議論は、もっぱら政府の貿易・産業政策の効果、貯蓄率の高さ、公共教育の普及に目を向けており、人口学的要因に深い関心を払った研究は今までなかった。しかしながら、「東アジアの奇跡」を人口変数を用いて分析すると、一九六〇年以降三〇年間の成長率のうち三分の一が人口学的要因で説明できる。そう彼らは主張した(Bloom and Williamson (1997) など)。

一方、一九七〇年から九〇年までのデータセットを使って、東アジアの経済発展を人口経済学的に分析したブルームたち(Bloom, Canning and Malaney 1999)は、東アジアの所得上昇に貢献した要因として、次の三つを指摘した。

つまり、①全セクターにおける生産性の上昇、②低生産性の農業から高生産性の工業・サービス業への労働力の移動、③生産年齢人口比率（労働力率ではない）の上昇、がそれである。その上で、三つのうち最も重要な要因が、③の生産年齢人口比率の上昇であり、この上昇こそが東アジアに奇跡をもたらしたと結論づけた。

経済成長に正の効果をもたらす生産年齢人口比率の上昇を、メイソンは「人口ボーナス」(the demographic bonus)と呼び、ブルームとウィリアムソンは「人口の贈り物」(the demographic gifts)と呼んだ。また、ブルームのチームは「人口学的配当」(the demographic dividend)と呼んでいる。以下では混乱を避けるために「人口ボーナス」の用語に統一する。

ここでいう生産年齢人口(the working-age population)とは、経済活動に従事できる人口、すなわち一五歳から六四歳までの人口の合計を指す。一方、〇歳から一四歳の人口は年少人口（若年人口）、六五歳以上が高齢人口（老年人口）である。年少人口と高齢人口の双方は、年齢的要因や就学のため経済活動に従事しないから、彼らの生活の扶養は生産年齢人口が負担せざるを得ない。そのため、年少人口と高齢人口（両者とも従属人口）の合計を生産年齢人口で割ったものを、「従属人口比率」と呼ぶ。

そこで、世界平均とＮＩＥＳ、韓国、タイの全人口に占める生産年齢人口の比率の推移を示したものが、**図７-２**である。

グラフは生産年齢人口の絶対数ではなく、あくまで全人口に占める比率の推移を示している。仮に生産年齢人口の絶対数が多くても、先に述べた従属人口比率、とりわけ年少従属人口比率が高ければ、それだけ家計や社会の扶養負担が高まり、経済成長も抑制される。

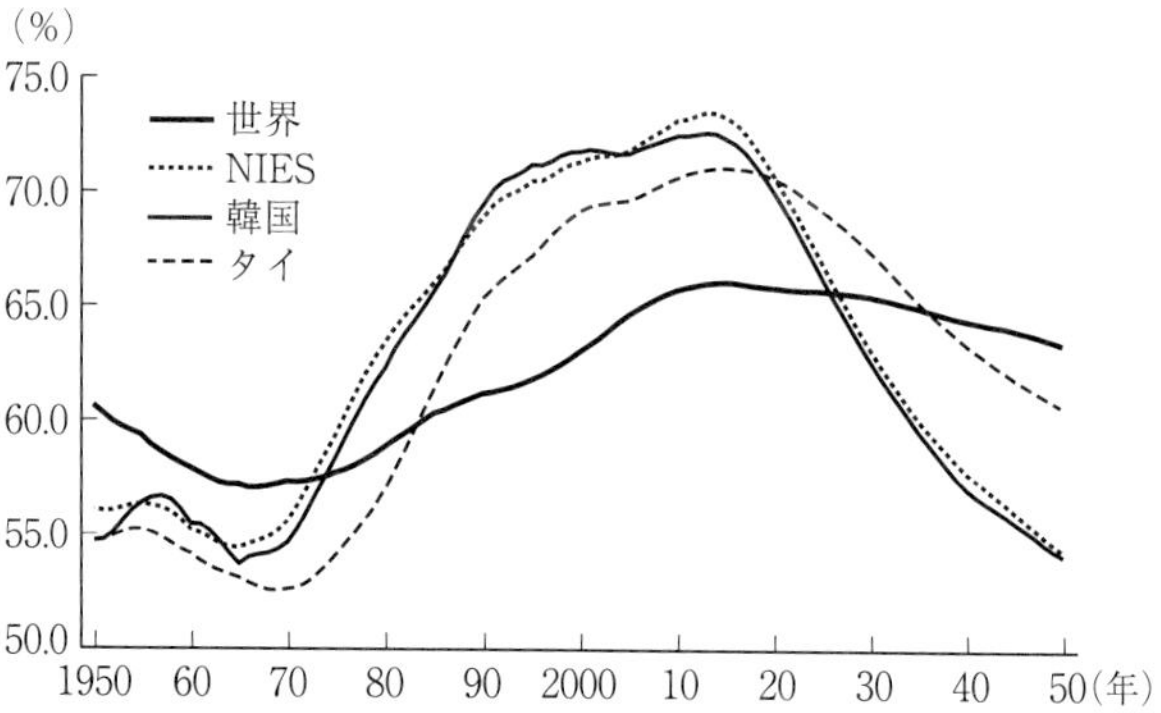

(出所)United Nations, *World Population Prospects: The 2010 Revision* より末廣・大泉作成.

図 7-2 生産年齢人口比率の推移：世界，NIES，韓国，タイ，1950-2050 年 (%)

図7-2から、一九七〇年代前半を境にして、東アジアの生産年齢人口比率が世界平均を上回り、その後両者の開きが広がっていった事実が判明する。NIESが世界平均を超えたのは七三年、韓国はその翌年の七四年であった。タイは一〇年ほど遅れて八四年に世界平均を上回っている。

興味深い事実は、①NIES・韓国とタイが共に同じ曲線を描いていること、②生産年齢人口比率がピークを迎える時期が、NIES・韓国と一〇年遅れのタイが奇しくも同じ二〇一三年であること、③ピークを迎えたあとの比率の低下はNIES・韓国の方がタイよりも急激であること、の三点である。③のNIESとタイの間の違いは、主として合計特殊出生率の水準や平均寿命の長さの違いによる。

それでは、世界平均を大きく上回る生産年齢人口比率の上昇は、どのようなメカニズムを通じて「東アジアの奇跡」に貢献してきたのか。

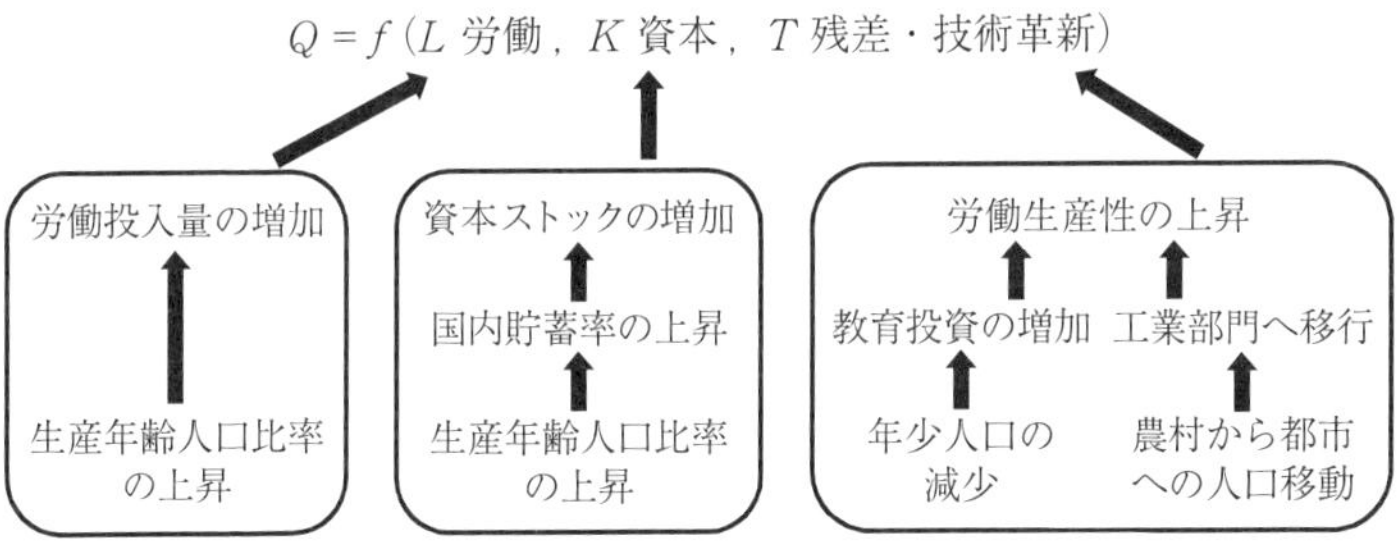

（出所）大泉（2012）をもとに筆者作成.

図 7–3　成長会計と人口ボーナスの関係

成長会計と人口ボーナスの関係

人口動態と経済成長の関係は成長会計の手法を使うと分かりやすい（**図 7–3**）。成長会計はある国の経済の成長力を、資本ストックKと労働投入量L、そして両者で説明できない残差T（技術革新による生産性の向上）の三つの要因に分解して説明する手法である。以下ではブルームたちや大泉の研究を使いながら説明する。

最初に、生産年齢人口比率（正確には生産年齢人口比率の年増加率）の上昇は、成長会計のうち労働投入量Lの増加を引き起こす。同時に、生産年齢人口比率の上昇は、収入が支出を上回る貯蓄可能年齢層の増加につながるため、これが家計の貯蓄率を引き上げ、投資率の上昇（投資の源泉は貯蓄）を通じて資本ストックKの増加をもたらす。

一方、出生率の低下の方も、年少従属人口の減少（家計の扶養負担の軽減）を通じて貯蓄率の上昇に貢献し、平均寿命の伸長も老後の生活への不安（社会保障制度の未整備）から、同じく貯蓄率の上昇に結びつく。

要するに、「東アジアの奇跡」を引き起こした貯蓄率（投資率）の上昇は、政府の貯蓄奨励政策や倹約を尊ぶ儒教精神によるのではなく、①生産年齢人口比率の上昇、②出生率の低下、③平均寿命の伸長という人口学的要因で説明できる。これがブルームたちの議論のエッセンスであった(Bloom and Williamson 1997)。

なお、人口転換のうち少子化は、家計がより多くの教育投資を一人の子供に行うことを可能にするから、労働力の質が向上する。また、低生産性の農業から高生産性の工業に労働力が移動することで、経済全体の生産性も上昇する。このふたつは、労働生産性の上昇となって成長会計の「残差」Tを構成し、経済成長に貢献する(**図7-3**の右端を参照)。

第六章で述べたように、通貨危機を迎える前の東アジアの発展パターンは、資本と労働の追加的投入による「要素投入型成長」であった。これを人口学の観点から説明すると、他のどの地域よりも速いスピードで進んだ人口転換が、東アジアの要素投入型成長の継続を可能にしたのである。

タイにおける若年生産年齢人口(一五歳から三四歳まで)の絶対数、生産年齢人口比率、従属人口比率の推移を一つにまとめた**図7-4**は、以上の議論をビジュアルに捉える上で、格好の教材であろう。図によれば、新規労働力の供給源となる若年生産年齢人口は、一九七〇年の一一六八万人から九〇年には二倍弱の二二〇〇万人に急増し、逆に、従属人口比率の方は、少子化によって年少人口数が急速に減っていったために、同じ期間に九〇%から五三%まで低下した。要素投入型成長を支える条件が整ったのである。

次に、若年生産年齢人口の絶対数は一九九〇年代後半にピークを迎えた。ただし、生産年齢人口比率は二〇一三年まで上昇を続けたので、タイはこの期間、引き続き「人口ボーナス」を享受することができた。問題は二〇一三年以降である。生産年齢人口比率は低下の局面に入り、逆に高齢人口が増えていくために、従属人口比率は二〇一五年の四一%を底に、以後は急カーブを描いて上昇していく。「人口ボーナス」ではなく「人口オーナス(負担)」の時代が始まることが予想されるのである。

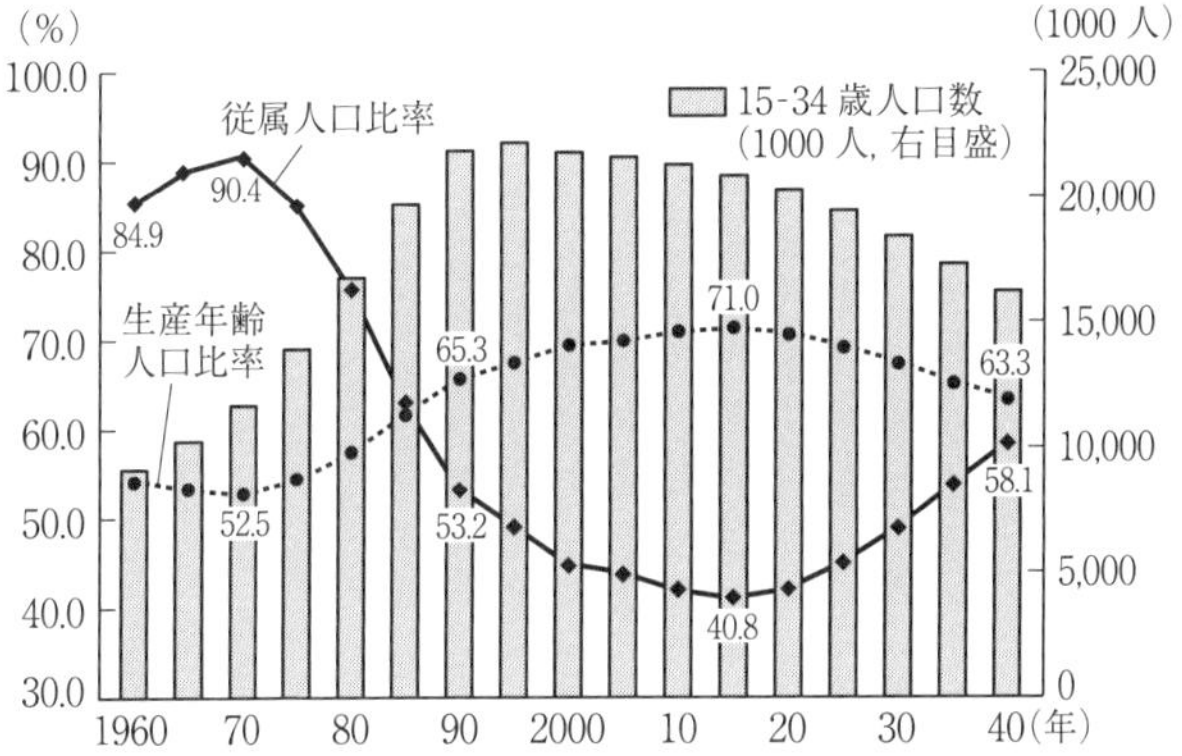

(注)従属人口比率は(15歳未満人口＋65歳以上人口)／生産年齢人口.
(出所)United Nations, *World Population Prospects: The 2010 Revision* より筆者作成.

図7-4　タイの若年生産年齢人口，生産年齢人口比率，従属人口比率の推移，1960-2040年　(%，1000人)

人口動態に親和的な政策と労働力移動

大泉(二〇一二)は、従来の人口ボーナス論が十分議論してこなかった重要な論点を三つほど指摘している。

一番目は、「人口動態に親和的な政策」という概念の提唱である。このネイミングは、世界銀行が『世界開発報告一九九一　開発の課題』の中で、「市場に親和的な開発戦略」(market-friendly strategy)は発展途上国の成長を助けると述べ、政府の市場介入に一定の評価を与えた経緯を踏まえたものである(末廣二〇〇〇：三二)。

たとえば、生産年齢人口比率が上昇局面にあり、若年生産年齢人口が増加しているときに、政府がタイムリーに労働集約型産業を奨励すれば、経済成長に「正の効果」を与える。また、市場規模に制約のない輸出指向型産業を支援すれば、増加する若年労働力をフルに活用できる。逆に、資本集約的で労働節約的な重化学工業を優先すれば、人口転換は経済に正の効果ではなく、失業の増加など「負の効果」をもたらすだろう。

一九七〇年代以降、韓国・台湾では、政府が繊維・衣類や電機・電子を戦略的な輸出産業に指定し、税制や金融面などで支援を行った。本書の第三章では、貿易の「太平洋トライアングル構造」の観点から、労働集約的工業製品のアメリカ市場向け輸出の増大が、ＮＩＥＳの工業化を促したと述べた。このプロセスは人口学の観点に立てば、「人口動態に親和的な政策」の採用がＮＩＥＳの工業化を促した、と言い換えることも可能である。

一方、韓国・台湾より一〇年から一五年遅れて輸出指向型工業化戦略を採用したタイや中国の場合、生産年齢人口比率の上昇期と政府の政策の導入期には時間のずれが生じた。にもかかわらず、タイや中国で労働集約的輸出産業が順調に発展したのは、生産年齢人口の自然増ではなく、労働力の農村から都市への移動、別言すれば都市化が急速に進展したからである。中国における農民工の急増、タイにおける還流型ではなく長期滞在型の出稼ぎ労働者の増加がそれであった。これが大泉の二番目の指摘である。

三番目の指摘は、生産年齢人口を一括りにするのではなく、若年層（一五歳から三四歳）、中年層（三五歳から五四歳）、高年層（五五歳から六四歳）の三つにさらに区分して、東アジアの人口動態を改めて分析することの重要性である。

若年層と高年層を比較すると、労働投入量からみた労働の生産性も労働費用からみた労働の効率性も、前者の方が高いと推測される。したがって、若年層が減少し高年層の比率が高まれば、仮に生産年齢人口全体の比率が引き続き上昇していても、「要素投入型成長路線」は行き詰りを示す。

つまり、賃金の上昇だけではなく、生産年齢人口内の年齢構成の変化も、成長率に影響を与えるのである。それは人口ボーナスの終焉の問題とも密接に関係していた。

人口ボーナスの始まりと終わり

人口ボーナスの始まりと終わりについては定まった見解はない。ここでは、人口ボーナスの始まりを、生産年齢人口比率の対前年比伸び率がマイナスからプラスに転換する年とする。他方、人口ボーナスの終わりは、この伸び率がプラスからマイナスに再度転換する年と捉え、始まりの年から終わりの年までの期間を「人口ボーナス期間」と定義する(大泉 二〇一二：四七―四九)。

そこで、アジア諸国の人口ボーナス期間を、国連の『世界人口推計二〇一〇年版』(中位推計)を使って整理したものが、**表7-2**である。

人口ボーナスの始まりは、インドネシアを除くすべての国・地域で一九六〇年代に生じた。ただし、人口ボーナスが持続する期間の方は、タイ(四六年間)、ベトナム(四七年間)、中国(四八年間)からインドネシア(五三年間)、マレーシア(五七年間)まで、ばらつきが見られる。インドネシアとマレーシアが長いのは、所得水準の違いではなく、イスラーム国家が「神の教え」に背く産児制限や家族計画に対して、消極的な態度を採っているためと思われる。

アジア諸国の大半とまったく異なる特徴を示しているのがインドとフィリピンである。両国とも人

表7-2　アジアの人口ボーナスの期間の比較

国・地域名	人口ボーナスの期間			比率がピークの年
	人口ボーナスの開始年	人口ボーナスの終了年	期間(年数)	若年生産年齢人口(15-34歳)
日　本	1930-35	1992	60	1965
シンガポール	1963	2013	50	1981
韓　国	1965	2013	48	1989
台　湾	1962	2014	52	1984
中　国	1966	2014	48	1987
ベトナム	1967	2014	47	2008
タ　イ	1969	2015	46	1989
マレーシア	1964	2021	57	1992
インドネシア	1971	2024	53	1999
インド	1966	2040	74	2011
フィリピン	1964	2049	85	1985

(注)並び順は人口ボーナスの終了年による.
(出所)United Nations, *World Population Prospects: The 2010 Revision* にもとづき末廣・大泉作成.

口ボーナスの始まりは他の国と比べて差はないが、人口ボーナス期間がそれぞれ七四年、八五年と異常に長い。これは、二〇〇〇年代前半、合計特殊出生率がインド(二・七三人)、フィリピン(三・二七人)と依然として高く、家族の平均成員数も五人以上だったからである(韓国は二・七人、中国は三・二人)。そのため、人口ボーナス期間もその分長引くことになる。

表で注目すべきは、若年生産年齢人口のピーク年の方であろう。人口転換の先発経済圏であるNIESだけでなく、タイや中国は一九八〇年代に、マレーシアやインドネシアも九〇年代に、それぞれピークの年を迎えている。さらに、ベトナム(二〇〇八年)やインド(二〇一一年)でさえ、現在ではピークの年を卒業していた。つまり、新規労働力の追加的投入はいずれの国でも限界に直面しつつあった。

所得水準の違いに関係なく新興アジア諸国が共通して直面する課題、つまり「要素投入型成長路線の限界」(第六章)という問題は、**表7-2**が端的に物語っているのである。

3 高齢化社会の到来

高齢化社会と倍加年数

六五歳を超えた人々を「高齢者」(aged persons, elder persons)と呼ぶ。そう定義したのは、国連の一九五六年報告書『人口高齢化とその経済的社会的含意』(United Nations 1956)であった。これは、当時の先進国の平均寿命が六五歳であったことによるが、高齢者と呼ぶにはいささか基準が高すぎる。一方、現在の時点でみると、六五歳を超えても経済活動に従事している人々は日本でも多数存在する。

「高齢者」の定義は時代によって、あるいは国・地域によって異なってしかるべきであろう。実際、中国(『二〇〇七年高齢者事業白書』)やタイ(一九九七年憲法など)は、「高齢者」を六〇歳以上と独自に定めていた。もっとも、両国にしても人口統計や労働統計は国連が定める基準に従ったデータを発表している。

国際機関の定義では、六五歳以上の高齢人口が全人口の七%を超えたとき、その社会を「高齢化社会」(an aging society)と呼び、倍の一四%を超えると「高齢社会」(an aged society)と定義する。高齢化社会から高齢社会に移行する期間が倍加年数である。また、日本のように高齢人口が二一%を超え

表 7-3　アジアの人口高齢化と倍加年数の予測

国・地域名	人口高齢化の進展(65 歳以上人口比率)			倍加年数	
	7%(高齢化社会)	14%(高齢社会)	21%(超高齢社会)	7%→14%	14%→21%
日　本	1970	1995	2008	25	13
台　湾	1994	2018	2027	24	9
シンガポール	1999	2019	2027	20	8
韓　国	1999	2017	2027	18	10
中　国	2000	2025	2037	25	12
タ　イ	2001	2024	2038	23	14
ベトナム	2018	2033	2047	15	14
インドネシア	2020	2038	2056	18	18
マレーシア	2020	2046	2073	26	27
インド	2024	2052	2076	28	24
フィリピン	2032	2062	2088	30	26

(注)国・地域の並び順は，高齢化社会(an aging society)を迎えた年の順.
(出所)United Nations, *World Population Prospects: The 2010 Revision* の 2100 年までの中位推計にもとづき末廣・大泉作成.

た場合には、「超高齢社会」(an ultra-aged society)と呼ぶこともある。

それでは、アジアの現状と今後の予測はどうだろうか。高齢化社会に突入した年、高齢社会に移行する年、移行に要する倍加年数について、国連の『世界人口推計二〇一〇年版』(二一〇〇年まで推計)を使って整理してみた(**表7-3**)。

日本は一九七〇年に高齢化社会を迎え、二五年後の九五年に高齢社会へ、さらに一三年後の二〇〇八年に超高齢社会へと移行した。ヨーロッパ諸国に比べて、高齢化社会への突入の時期は遅かったものの、倍加年数の二五年間は過去のどの先進国の経験よりもはるかに短く、国内外の政策担当者に大きな衝撃を与えた。

ところが、最近の東アジアの動向をみると、最速と言われた日本の経験を超えるスピードで高齢化が進んでいくことが分かる。

ＮＩＥＳ（韓国、台湾、シンガポール）と中国・タイの場合、二〇〇一年までにすべてが高齢化社会に突入している。しかも、高齢社会に移行する倍加年数をみると、韓国（一八年）を筆頭に、以下シンガポール（二〇年）、タイ（二三年）、台湾（二四年）、中国（二五年）と、軒並み日本の事例より速いか同レベルであった。経済発展段階の違う国で、同時的かつ圧縮的に高齢化が進行しているのである。

これに対して、ベトナム、インドネシア、マレーシアは、高齢化社会への移行にはまだ若干の時間的余裕がある。しかし、ベトナムとインドネシアの倍加年数は、推計によれば韓国並みかそれ以上のスピードであった。高齢化社会への突入が二〇二〇年代以降となるのは、インドとフィリピンの二カ国のみである。両国は出生率の今後の低下が緩やかであると想定するため、年少従属人口比率の高止まりが続くと予測されるからである。

高齢化に潜む社会問題

人口ボーナスは新興アジア諸国に高成長をもたらした。それとは対照的に、高齢人口の増加は新しい経済社会問題を引き起こす。主な問題は次の四つである。

第一は、高齢人口比率の上昇が、人口ボーナスとは逆に、経済成長を抑制するという負の効果である。経済活動人口が減少するだけでなく、貯蓄可能年齢層の人口減少が国内貯蓄率（投資率）を引き下げるからである。また、医療費支出と年金支出の増加は、中央財政と家計の双方を圧迫し、成長率鈍化の原因となる（大泉 二〇〇七：第三章）。

第二は、高齢化の進展が首都圏や大都市で生じるのではなく、地方や農村で主に生じる事実である。都市化の進展は若年労働者の都市への移動を促した。その一方、高齢のために農作業ができなくなった農民たちは、そのまま地方に留まる。その結果、高齢化した農民たちの生活保障と介護・ケアをだれが負担するのかという、日本がかつて直面し、現在も続く問題と同様の社会問題が新興アジア諸国の間でも浮上した。

第三は、社会保障制度の未整備が、地方の農民だけでなく、都市部の自営業者やインフォーマルセクターに従事する人々の退職後の生活を脅かしている事実である。とくに年金制度は、公務員、退役軍人、フォーマルな企業の従業員に限定されることが多く、農民や非正規労働者たちは公的年金制度の外に置かれている(Ramesh with Asher 2000, 末廣編著 二〇一〇。後出の**表終-2**も参照)。

最後は、新興アジア諸国の場合、先進国の経験と違って、経済発展がまだ低い段階で高齢化社会を迎えたという問題である。その結果、政府財政はいまだ国民皆年金や国民皆健康保険を支えるだけの基盤も余裕もない。

日本が社会保障制度を整備したのは一九七〇年(福祉元年と呼ぶ)、ちょうど高齢化社会に突入した年であった。日本が高所得国に移行したのは、それより三年前の六七年である(前出**表6-1**)。台湾(高所得国入りは八八年)が全民健康保険制度を導入したのは九四年、国民皆年金制度に踏み切ったのは二〇〇七年であった。韓国(同九四年)も、九九年に年金制度と健康保険を全国民に拡充している(末廣編著 二〇一〇：第二章)。

一方、タイや中国は「上位中所得国」への仲間入りを果たしたばかりである。にもかかわらず、高所得国より速いスピードで高齢化社会を迎えた。そのため、限られた中央政府の財源を経済成長に回すか福祉に回すかのトレードオフに直面せざるを得ない。

初めてのタイ高齢者実態調査

タイが「高齢化社会」に突入した年は二〇〇一年(前出**表7-3**)である。ただし、政府の当時の関心は経済危機からの回復に向かっており、高齢化社会の問題を憂慮する声はごく一部の政府関係部局か、大学の教員に限られていた。私の見聞によれば、高齢化社会に関する本格的議論や対策がタイで始まるのは二〇〇〇年代後半からであった。

そうした中で、「高齢者実態調査」が実施される。この調査は全国七〇〇万人に達する六〇歳以上の高齢者を対象とした、タイでは初めての悉皆《しっかい》調査であった。調査結果の内容を**表7-4**で見ておこう。

二〇〇七年現在、タイの高齢者数は男性が三一三万人、女性が三八九万人である。生活資金源で見ると、政府が提供する年金制度(民間企業被用者を対象とする老齢年金の給付は、受給資格者が誕生するのが二〇一三年以降のため、調査では対象外である)や、低所得の高齢者に給付する公的扶助(老齢福祉手当)で賄っている人は、男性が九%、女性が六%でしかなかった。主な生活資金源は、男性が本人の仕事の収入と子どもからの支援(仕送り)、女性が子どもからの支援(六割以上)であった。

興味深いデータは、高齢者の介護・ケアの有無の分布と、「介護が必要」と回答した高齢者に対して、だれがケアしているのかに関する調査結果である。

表 7-4 タイの高齢者(60 歳以上)の地域別分布と生活資金，ケアの有無，2007 年調査 (人数，%)

項　目	全国	バンコク	中部タイ	北部タイ	東北タイ	南部タイ
1. 高齢者数(1000 人)	7,021	647	1,653	1,468	2,359	893
2. 男女別の高齢化率(%)						
男　性	9.7	8.4	9.2	11.9	9.6	9.1
女　性	11.6	10.2	11.4	13.2	11.8	10.8
3. 高齢者の主たる生活資金源						
3.1 男性高齢者の主たる生活資金源(%)						
本人の仕事の収入	41.4	25.4	38.9	43.9	42.2	50.7
年金	6.6	19.6	9.3	4.6	3.3	5.3
老齢福祉手当	2.5	0.0	0.7	4.3	3.8	0.8
本人の貯蓄	3.0	7.7	4.5	3.4	0.7	2.9
配偶者の収入	3.8	8.4	4.8	3.3	1.5	5.7
子供の仕送り	40.8	36.6	39.9	38.4	47.3	32.6
3.2 女性高齢者の主たる生活資金源(%)						
本人の仕事の収入	18.7	11.9	19.3	21.1	16.5	25.2
年金	2.5	8.4	2.4	2.0	1.1	3.0
老齢福祉手当	3.0	0.1	1.7	4.5	4.5	1.6
本人の貯蓄	2.7	6.1	3.7	3.1	0.8	3.0
配偶者の収入	7.9	9.0	7.3	7.9	7.1	10.9
子供の仕送り	61.5	59.2	61.5	57.5	67.2	54.3
4. 高齢者のケアの必要性(%)						
自力で生活可能	88.0	87.5	87.6	92.8	85.2	88.6
要ケアで介助者なし	1.1	0.3	1.0	0.7	1.8	0.7
要ケアで介助者有り	10.9	12.2	11.4	6.5	13.0	10.7
5. 主たるケア・介助者の分布(%)						
介助者有りの高齢者数(人)	766,040	79,350	187,863	95,316	307,493	96,018
配偶者	28.0	23.9	22.3	27.7	32.3	29.1
息子	12.0	7.7	15.7	13.1	9.8	14.4
娘	40.5	29.7	41.1	37.8	43.5	41.2
義理の子供，兄弟，孫	12.3	15.8	11.2	10.5	12.5	12.5
使用人	3.3	16.6	3.5	3.7	0.3	0.9

(注)老齢福祉手当は 2009 年から 60 歳以上の全員に支給．2013 年現在，月 600 バーツから 1000 バーツ．
(出所)NSO(2008)，付属統計の表 1，表 11，表 15 より筆者作成．

表7－4から分かるように、要ケアで介助者がいない人の比率は一%と低い（といっても七万人）。一方、「要ケアで介助者有り」の高齢者（七六万六〇四〇人）について、その介助者の属性を見ると、家族とりわけ娘（末娘）の比重が圧倒的に高い事実が判明した。過去の農村社会調査で、末娘との同居が多いことはしばしば指摘されてきた特徴である。今回の高齢者に対する悉皆調査はこの点を裏付けたという意味で、学術的な意義も持つ。また、バンコクの場合、使用人の比重が高いという事実も新たな発見であった。

いずれにせよ、この実態調査は、高齢者の生活保障や介護・ケアが政府の公的支援ではなく、主として家族に依存している事実を明らかにした点で重要である。高齢者の生活保障を家族に依存する体制は、新興アジア諸国である中国や、高所得国に移行し制度的には国民皆年金制度が整っている韓国の場合でも、同じであった（株本 二〇一二）。

4 家族制度の変容

家族の形態と結婚・離婚

圧縮された人口転換に伴って、アジアでは家族構造も急速に変わりつつある。拡大家族から核家族への移行といった、家族社会学が通常想定する動きだけではなく、「個人化」とも呼ぶべき新たな現象が生じているからである（Beck and Beck-Gernsheim 2002，武川 二〇一二：第五章、落合編 二〇一三：第一章）。

表 7-5　東アジアの家族構造の変化，1980 年，1990 年，2010 年

項目	年次	日本	中国	台湾	韓国	シンガポール
平均家族構成員数（人／世帯）	1980	3.22	4.41	4.66	4.45	4.90
	2010	2.46	3.10	2.92	2.69	3.50
単独世帯（%）	1990	23.1	6.3	13.4	9.0	n.a.
	2010	31.2	4.8	22.0	16.5	12.2
核家族世帯（%）	1990	59.6	34.8	63.5	66.3	n.a.
	2010	57.1	53.7	54.5	65.6	76.2
拡大家族世帯（%）	1990	12.5	58.9	16.2	12.2	n.a.
	2010	6.9	32.3	16.4	6.5	6.7
結婚率（1000 人当たり）	1980	6.70	n.a.	9.29	10.60	9.80
	2010	5.60	12.41	6.00	6.50	6.60
離婚率（1000 人当たり）	1980	1.22	n.a.	0.83	0.60	0.80
	2010	2.01	2.68	2.51	2.30	2.00

（注）(1) タイについては表 7-1 を参照．(2) 中国の家族類型は，1 人成員を単独世帯，2 人と 3 人成員を核家族世帯，4 人以上を拡大家族世帯とみなした．1990 年センサス，2011 年サンプル調査の数字．
（出所）日本は総務省統計局（日本の人口），中国は『中国人口統計年鑑 1992』，同 2000 年版，『中国統計年鑑 2012 年版』，台湾は『中華民国九十九年台地区戸口及住宅普査』(2011 年)，韓国は人口センサス，並びに *Korea Statistical Yearbook, 2000*, do., *2010*, シンガポールは人口センサスと *Population Trends 2010* より筆者作成．

具体的には、平均家族構成員数の急速な縮小、単独世帯の比率の増加（中国を除く）、晩婚・非婚化の進行と離婚の増加がそれである（**表7-5**）。

たとえば、一九八〇年と二〇一〇年を比較すると、一人っ子政策を導入した中国（四・四一から三・一〇人）はもちろんのこと、韓国（四・四五から二・六九人）、台湾（四・六六から二・九二人）、タイ（四・五〇から三・二〇人）でも、家族成員の縮小は続いている。さらに、単独世帯の比率が晩婚・非婚化などによって上昇している点も印象的であった。

結婚率は、年齢を無視して、全人口一〇〇〇人当たりの結婚登録数字を共通指標にとっているので、一見するとそれほど目立った変化を示していない。しかし、データが得られるシンガポールを例にとると、一五歳から四四歳の女性一〇〇〇人のうち結婚した女性は、一九九〇年の六一％から二〇一〇年には三七％へと、大きく低下している事実が判明した。逆に、既婚女性のうち離婚した女性の数は、同じ期間に、一〇〇〇人当たり六・一人から七・二人に増えている（『シンガポール統計年鑑』より筆者集計）。

国家の社会保障制度が未整備のもとでは、高齢者の生活資金や介護・ケアのサービスは、いきおい家族とコミュニティ（地域住民社会）に求めざるを得ない。とくにアジアでは家族成員、とりわけ女性にその負担がかかっている（落合編 二〇一三：第六章）。

またそれがゆえに、国家も福祉サービスにおける家族の役割を強調せざるを得なくなる。中国の『二〇〇七年高齢者事業白書』が、高齢者のケアを社区（社会主義体制以前から存在する地域単位）と家族に求めたのは、その最たる事例であった。

しかし、頼りにすべき家族制度はアジアで急速に変わりつつある。福祉サービスの担い手として期待される家族自体が、圧縮された人口転換だけでなく、個人化や晩婚・非婚化の進行のなかで、根底から揺らいでいるからである。

その結果、シンガポールは一九九五年に「老親扶養法」（The Maintenance of Parents Acts）を制定し、中国も二〇一三年七月に「高齢者権益保障法」を改正した。前者は子どもの老親に対する扶養義務を成文化したものであり（末廣編著 二〇一〇：二八三）、後者は扶養義務者に「常回家」（頻繁に親元に顔を出すこと）を義務付けると共に、雇用主に対しては、従業員の帰省休暇を保証することを義務付ける法律であった（木崎翠の情報提供）。

一方、香港、台湾、シンガポールなどのNIESでは、家族ではなく外国人家事労働者に高齢者の介護・ケアを依存する事例が増えている(落合編 二〇一三:第七章)。タイの場合も、高齢者の介護・ケアに従事する「使用人」のうち、相当の数がミャンマー人であると推測される。労働省のデータでは、家事代行業(家政婦)に従事するミャンマー人女性の数は、二〇一〇年現在、五万八〇〇〇人にも達している。

変わる家族観・家族のかたち

アジア、とりわけ儒教文化圏に属する北東アジアは、これまで「家族」を重視するとみなされてきた。この点は日本を含む東アジア一三カ国の価値観調査(二〇〇四年のアジア・バロメーター調査)からも窺い知ることができる(猪口ほか編著 二〇〇七)。

例として、「あなたが最も重視する帰属集団は何か」というアジア・バロメーター調査の選択式の質問を見てみよう。質問に対する選択肢は、家族、宗教、会社・職場、出身校(同窓)、出身地(同郷)、労働組合、政党など一二項目である。

この質問に対して、家族を第一に選んだ回答者の比率は、高い順に日本(九四%)、シンガポール(九一%)、ベトナム(九〇%)、タイ(八七%)、韓国(八三%)、マレーシア(七九%)、中国(六八%)、インドネシア(六六%)であった(同上書:四九〇)。

一方、日本、中国、韓国、台湾の家族観・結婚観を比較した「二〇〇六年東アジア社会調査」(EASS)は、別の興味深いデータを提供している(岩井・保田編 二〇〇九)。

たとえば、「自分の幸福よりも家族の幸福を優先すべきだ」という問いに、賛成派(強く賛成、賛成、どちらかといえば賛成の合計)の比率は、台湾(八三%)、韓国(七九%)、中国(六九%)、日本(五〇%)の順であった(同上書：一四)。

次に「結婚している女性は、結婚していない女性より幸せだ」という問いについては、賛成派の比率が、韓国(五六%)、中国(三九%)、台湾(三〇%)、日本(二九%)となっている(すべての国・地域で「どちらとも言えない」の回答が多い)。「結婚した女性は夫の親を経済的に支援すべきだ」という問いに対しては、賛成派が韓国(八二%)、中国(八一%)、台湾(五七%)、日本(三七%)の順となる(同上書：三七、七七)。

同じ儒教文化圏と言いつつ、調査対象の間でかなりのばらつきが見られることを、この調査は示している。また、「年老いた親の世話はどの子どもに責任があるか」の問いについては、四カ国・地域の回答者のうち「子どもには責任がない」と回答したのはわずかに一%、残りの九九%が、だれであれ子どもには責任があることに賛成している。

ただし、日本・中国・台湾では、六〇%以上が「子ども全員の責任」を選択したのに対して、韓国のみはその比率が二六%と極端に低かった。対照的に、「長男の責任」と回答した人の比率は、韓国が二八%であり、日本(一三%)、中国(一〇%)、台湾(五%)と比べて、抜きんでて高い数字を示した(同上書：七八)。こうした回答を見る限り、韓国では家族や長男の責務に対する社会的規範が依然として強いことが分かる。

しかしながら、その韓国でさえ、時系列データをとると家族観は大きく変わりつつある。

内閣府の『第七回高齢者の生活と意識に関する国際比較調査』(二〇一〇)によれば、老後における子どもや孫たちとの付き合い方について、「同居がよい」と回答した人の比率は、一九八〇年の八三%から二〇〇〇年には三八%、一〇年には二五%へと下がり、逆に「時々会うのがよい」と回答した人が、同じ期間に六%、四五%、五五%と上昇した。韓国の五五%という直近の数字は、アメリカ(六六%)、ドイツ(六五%)と比べても、それほど差がない(内閣府 二〇一〇:五九—六一)。

家族制度は社会を支える根幹のひとつである。その家族制度がいま転換期を迎えている。この点をどう考えるかは、新興アジア経済論だけではなく、日本を含めたアジア全体に共通する今後の重要な検討課題であろう。

第八章　社会発展なき成長
――格差の拡大とストレスの増大

1　貧困人口の減少と経済的不平等の拡大

心配ごとは貧困か失業か？

発展途上国にとって最大の課題は貧困の削減(poverty reduction)である。では、新興アジア諸国にとっても、貧困の削減は引き続き重要な課題なのだろうか。

第七章第4節「家族制度の変容」で取り上げたアジア・バロメーター調査(ただし、本章では二〇〇六／〇七年の調査を使用)では、アジア諸国の人々に対して、「あなたにとって最も心配ごとは何か」という興味深い質問を行っている。

これに対する回答をみると、日本の第一位は自然災害(東日本大震災の前である)、NIESを構成する香港、韓国、台湾、シンガポールの第一位はすべて失業であった。一方、中国、タイ、インドネシア、ベトナム、フィリピンの場合、いずれの国でも「貧困」が第一位を占めた。マレーシアのみ犯罪が第一位で、貧困は第二位になっている(園田編著 二〇一三：二九)。

二〇〇四年一二月のスマトラ沖大地震・津波(死者二二万六五六六名)のあと、アジア地域では、中国の四川省大地震(二〇〇八年)、青海省大地震(一〇年)、タイの大洪水(一一年)、フィリピンの台風(一三年)と大災害が続いたから、現時点で同じ質問を行えば、自然災害がもっと上位に来るかもしれない。ただし、調査時点で、新興アジア諸国の人々にとって貧困が「最大の心配ごと」であったことは確かだろう。しかし、政府にとって貧困問題が現在も最大の政策課題かと言えば、そうとも言えない。

貧困人口を測る方法はいくつかある。単純な方法は、世界銀行が用いている「所得が一日二ドル以下」という一律の基準である。国民の摂取カロリーを基準に貧困人口を測定する方法もある。

最も利用価値の高いデータは、各国の統計局が家計経済調査(世帯ベースの所得と支出)の結果にもとづいて、最低生活水準(都市部と農村部で異なる)を毎年設定し、この水準を下回る人々を貧困人口と定義して割り出した数字である。**図8-1**では、各国データにもとづいて新興アジア諸国の貧困人口比率の推移を示した。

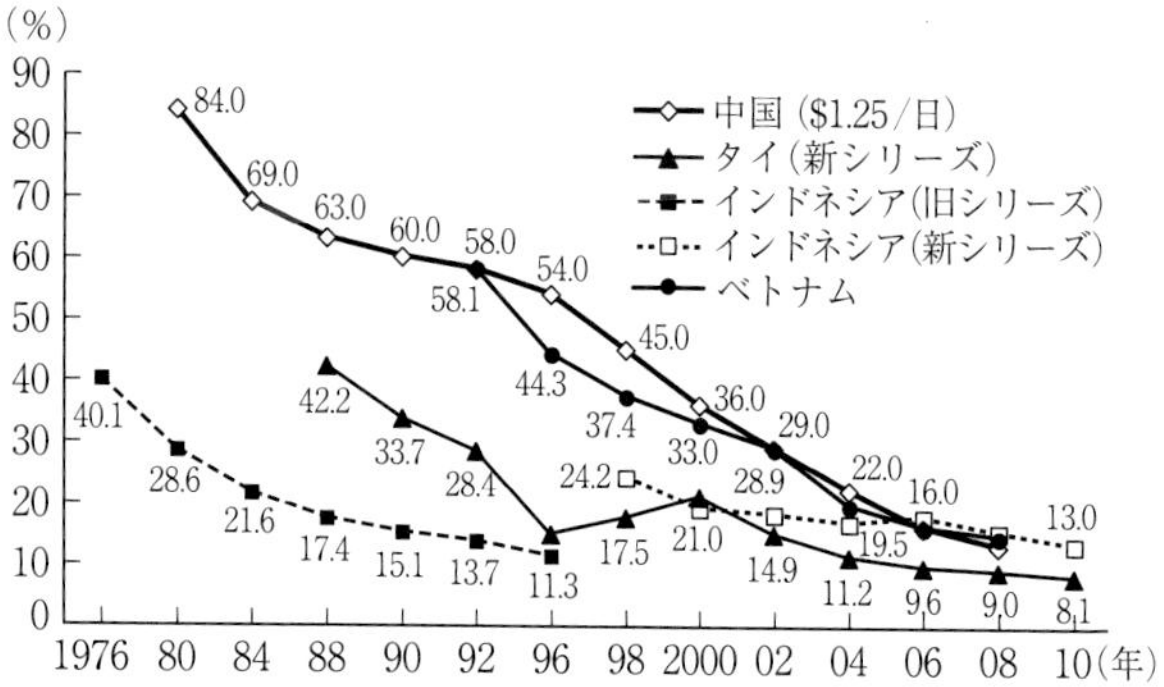

(注)貧困人口比率は各国政府が定義する家計の収入(支出)基準による．新シリーズは貧困人口の要件を変更したあとの数字を指す．
(出所)(1)China: ADB(2012c: 2); (2)Thailand: NSO and NESDB data; (3)Indonesia: *Statistik Indonesia 2003 and 2011*;(4)Vietnam: 1993–2000, World Bank(2007). 2002–2008, *2010 Vietnam Statistical Yearbook*.

図 8-1　東アジアの貧困人口比率の推移，1976–2010 年　(%)

図が明確に示しているように、中国、タイ、インドネシア、ベトナムは、この三〇年間に、着実に貧困人口を減らしてきた。とくに中国の貧困人口比率の低下ぶりは目覚ましく、一九八〇年の八四％から二〇〇〇年には三六％、二〇〇八年には一三％と劇的な低下を示した。二〇〇〇年代に低下が鈍化しているのはインドネシアのみである。以上の結果を見れば、新興アジア諸国は、世界の中で貧困人口の削減に最も成功した国々だと言えそうである。

むしろ、問題は貧困人口の存在ではなく、経済的不平等の方である。この点を端的に示しているのがタイの事例であった（**図8-2**）。

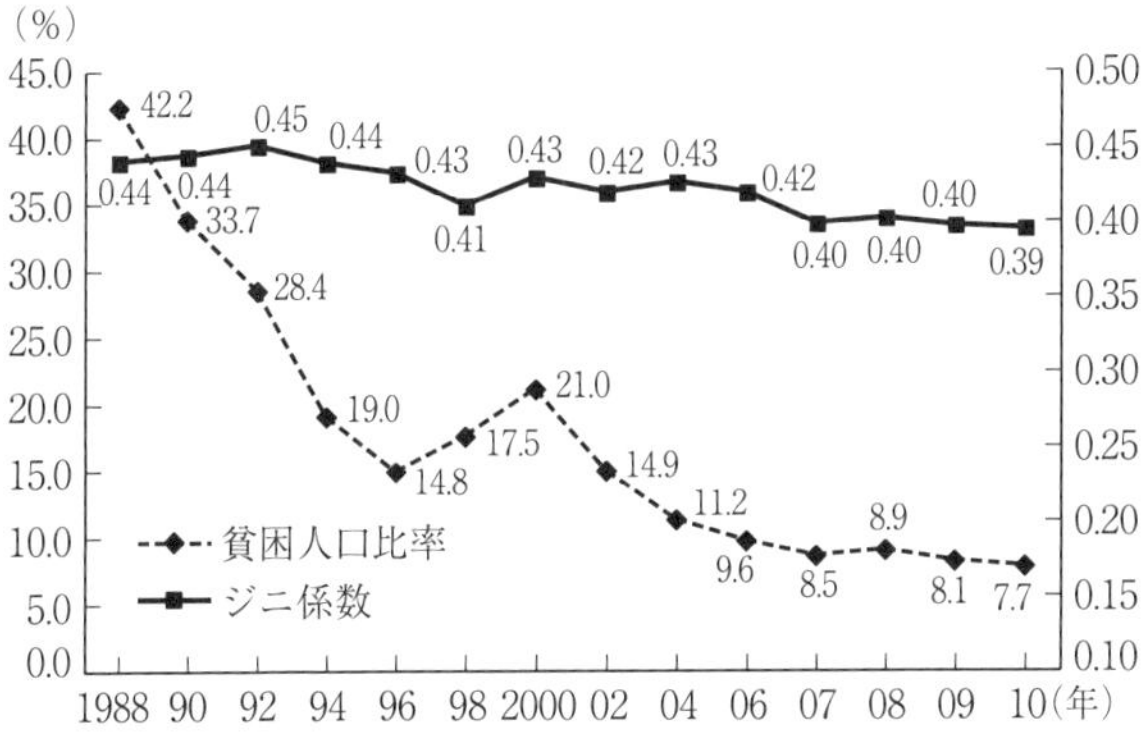

（出所）国家経済社会開発庁(NESDB)の『社会状況報告季報』(タイ語)および内部資料より筆者作成．原典は国家統計局の家計経済社会調査．

図8-2　タイの貧困人口比率とジニ係数の推移，1988–2010年

タイの貧困人口比率は、一九八八年の四二％から、経済ブーム期をへて九六年には一五％にまで一気に低下した。その後、通貨危機の影響で、比率は二一％までいったん上昇したあと、二〇〇〇年をピークに再び下降し、一〇年には七％台まで下がっている。貧困問題は依然として存在するものの、タイにとって最大の課題ではもはやないのである。

一方、経済の不平等を示すジニ係数（〇・四〇以上を不平等度が高い社会、逆に〇・三三以下を相対的に平等な社

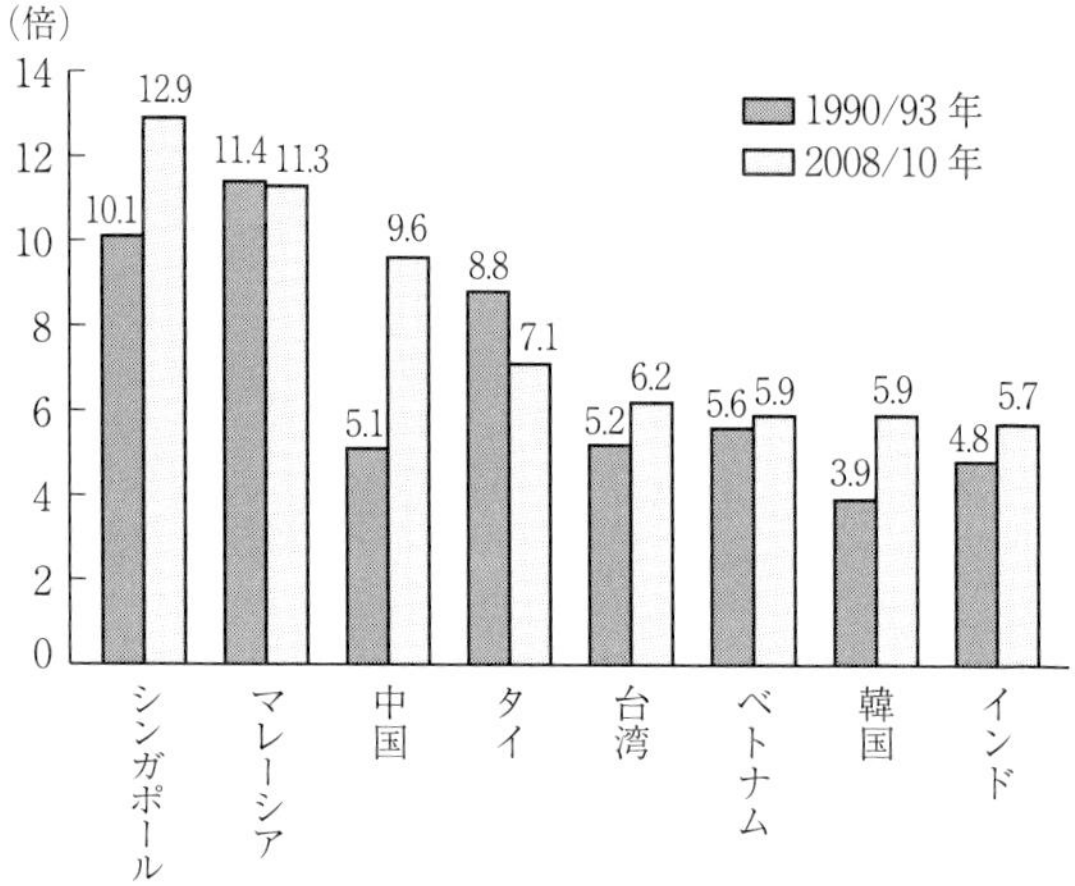

（出所）ADB（2012a: 47）ほかより筆者作成.

図 8–3　アジアにおける所得格差，1990/93 年と 2008/10 年（最上位 20% と最下位 20% の倍率）

会とみなす）は、同じ期間に〇・四五から〇・三九の間にあった。経済の不平等が悪化したとは言えないまでも、この期間に改善はほとんど見られなかったのである。

拡大する国内の経済格差

そこで、ジニ係数と共に経済の不平等を測る指標としてしばしば使われる、所得格差の数字を**図8-3**で見ておこう。

図は、全人口を世帯の所得によって五つの階層グループ（人口の二〇％ずつ）に分け、最上位二〇％の所得合計を最下位二〇％のそれで割った倍率（クズネッツ比率とも呼ぶ）を求め、一九九〇／九三年と二〇〇八／一〇年で比較したものである。タイが若干下がっているものの、NIES（韓国、台湾、シンガポール）も、新興アジア諸国（中国、ベトナム、インド）も、約二〇年間に経済格差が拡大したことが分かる（マレーシアは横ばい）。

とくに中国の経済格差の拡大は著しく、一九九〇年の五・一倍から二〇〇八年の九・六倍に大幅に悪化した（中国の経済格差については、谷口・朱・胡 二〇〇九、三浦 二〇一〇、ADB 2012c: 36）。二〇一三年

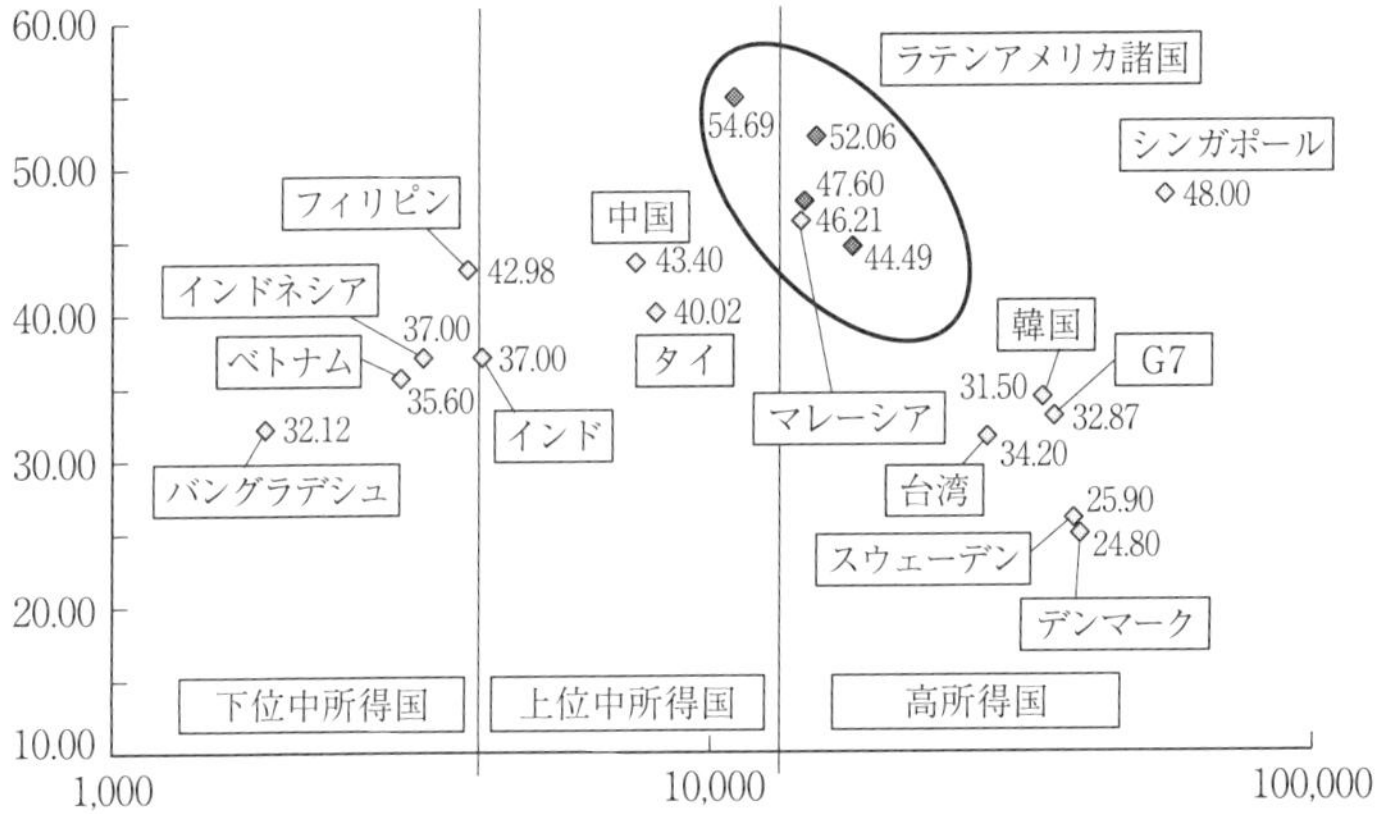

（出所）World Bank, *World Development Indicators 2013 Online*; ADB(2012a); 韓国, 台湾, シンガポール, タイは各国のデータにもとづき筆者作成.

図 8-4　主要諸国のジニ指数と 1 人当たり GDP(PPP)：2010 年

に誕生した習近平政権が、「格差是正」を国家の最重点目標のひとつに掲げざるを得なくなったのは、こうした背景があったからである。

また、日本についても、格差拡大の傾向がさまざまな研究や報告書で指摘されている(橘木 二〇〇六、宮本 二〇〇九)。したがって、格差拡大はもはや新興アジア諸国だけの問題ではなく、日本を含むアジアに共通する問題と言えるだろう。

次に、ジニ指数(ジニ係数に一〇〇を掛けたもの)を使って、アジアと世界の主要国の比較を行ったものが、**図8－4**である。図では横軸に二〇一〇年の一人当たりGDP(PPP)を、縦軸にジニ指数をとってある(上に行くほど不平等の度合いが強まる)。

最も所得水準の低いバングラデシュ(三二・一二)から右に行くにつれて、ベトナム(三五・六〇)、インド(三七・〇〇)と数字が上がり、タイ(四〇・〇二)、中国(四三・四〇)をピークにして、今度は台湾(三四・二〇)、G7(米国など先進七カ国。三二・八七)、韓国(三一・五

○)、スウェーデン(二五・九○)と下がっていく。これを見る限り、次節で紹介する「クズネッツ・カーブ仮説」は該当するように見える。

一方、丸で囲ったのは、ラテンアメリカ諸国とマレーシアであり、これらは一人当たり所得水準に比較してジニ指数が極めて高い。とくにブラジル(五四・六九)とチリ(五二・○六)の数字が際立っている。シンガポール(四八・○○)もすでに高所得国でありながら、マレーシア(四六・二一)と並んでジニ指数が非常に高い。こうした国々は、統計学的にみて異常な数値(外れ値)なのか、それとも、「クズネッツ・カーブ仮説」の方に問題があるのか。この点が次の検討課題となる。

2　経済的不平等をめぐる議論

クズネッツの仮説とその検証

一九五五年に、サイモン・クズネッツは「経済成長と所得の不平等」と題する論文を、『アメリカン・エコノミック・レビュー』に発表した(Kuznets 1955)。経済的不平等を論じる際に、しばしば引用されるこの論文は、しかし、その後「クズネッツ・カーブ」(クズネッツの逆U字形仮説とも呼ぶ)として知られる議論とは異なっている点に注意する必要がある。そこでまず彼の議論を見ておこう。

クズネッツは、一八八○年代から一九五○年代初めまでのイギリス、ドイツ、アメリカの三カ国を取り上げ、各国の所得格差(最上位五%人口、同二○%人口の合計所得が全体の所得に占める比率で示す)の推移を調べた。その結果、イギリスは数字の取れる一八四○年頃から九○年まで所得格差が広がっていき、一八九〇年代から縮小に向かったと推論し、ドイツとアメリカについては、第一次大戦前後に拡大から縮小に転じたとみなした。

所得格差が拡大していった理由として、彼が提示した仮説は二つある。ひとつは工業化の進展であり(一人当たり生産性は工業の方が農業より高い)、もうひとつが農村から都市への人口の移動であった(農村人口より都市人口の内部の方が、貯蓄と世代を超えた資産の蓄積により格差が拡大する)。

また、一九五〇年前後のアメリカやイギリスの所得格差が、インドやセイロン(現スリランカ)などの「低開発国」に比べて低くなるのは、累進的な所得税の導入や低所得層に対する公的扶助によって所得の移転が起こるからだと説明した。その上で、ある国の所得格差の指標が描く逆U字の軌跡を、経済成長の一部を構成する「長期間にわたる円弧」(a long secular swing)と呼んだ(Ibid.: 20)。

しかしながら、ある国の工業化以前の所得に関する詳細なデータを入手することは極めて困難である。そのため、後続の研究者たちは先進国の工業化以前の経済状態を、農業を中心とする低所得国の現在の状態に置き換え、所得水準の違う国の格差の度合いを国際比較することで、クズネッツの仮説を検証するという手法をとった。

具体的には、横軸に一人当たりGDP(PPP)の水準をとり、縦軸に経済的不平等を表す指標(ジニ係数など)をとって、世界各国の数字をマッピングしたのである。そして、所得水準の低い国(左)から高い国(右)に移る過程で、経済的不平等は逆U字形の曲線を描くと主張した。これがいわゆる「クズネッツ・カーブ」である。

クズネッツ・カーブを支持する立場から、大量のデータセットを使って検証作業を行った代表的な研究は、バローの報告書であろう(Barro 2008)。バローは一九六〇年代から一〇年刻みで世界各国のデータを入力し、二〇〇〇年代については、世界銀行の「Income Inequality Database」を用いて、九二カ国のデータセットを作成した。そして、クズネッツ・カーブは統計的に確認できると結論づけた(バロー論文の図1。Ibid.: 12)。

バローは、カーブが上昇から下降に転じるのは、一人当たり国民所得が三〇五〇ドル(二〇〇〇年価格)を超える辺りであること、ある国の経済開放度(輸出入合計を名目GDPで割った数字)が進めば進むほど格差が広がる傾向にあること、といった興味深い結果も紹介している。

パルマのクズネッツ・カーブ仮説批判

以上の「クズネッツ・カーブ仮説」に真っ向から批判を加えたのが、ケンブリッジ大学のパルマである(Palma 2011)。批判の要点は二つある。

ひとつ目の批判は国際比較の指標に対するものである。パルマはまず、全人口を五つの所得階層グループに分ける五分位法の不適切性を指摘し、一〇の所得階層グループに分ける「一〇分位法」(decile)を提唱する。その理由は、富の集中は最上位一〇%人口(D10)の富裕層で起きているのであり、対象を上位二〇%人口(D9+D10)に拡充すると、実際の経済的不平等が隠蔽されると判断したからであった。

そこでパルマは、二〇〇五年のデータを使い、世界一三五カ国を一九の主要国と地域グループ(ラテンアメリカなど)に分けて、「一〇分位法」を用いてさまざまな計測をおこなった。なお、アジア地域は日本、「韓国・台湾」、「香港・シンガポール」、「タイ・マレーシア・インドネシア」の四つのグループに区分している。

計測の結果、最上位一〇％人口(D10)の合計所得が全体の所得に占める比率は、①一九のうち一〇の国・グループが三〇％から三五％の閾値内に収斂すること、②ラテンアメリカと南部アフリカ(南アフリカ、ボツワナ、ナミビア)の両地域は、その数字が四五％と飛びぬけて高く、逆に旧ソ連構成国は、両地域と所得水準が近いにもかかわらず、二五％と低い水準にあること、③同じ高所得国に所属する国・グループでも、アメリカ、香港・シンガポール(各三五％)と、韓国・台湾、北欧諸国(各二〇％)の間には大きな乖離が見られること。以上の新しい事実を提示した。

パルマのもうひとつの重要な指摘は、上位と中位の所得階層グループの所得合計(D4からD9の合計)が全体の所得に占める比率をとると、一九の国・グループのすべての数字が四五％から五五％の狭い範囲に入るという事実であった。D10では突出した数字を示したラテンアメリカ諸国や南部アフリカ三カ国も、上位・中位の所得階層に限れば、他の地域とさしたる違いはなかったのである。

以上二つの「発見」を論拠に、パルマは「クズネッツ・カーブ仮説が想定するような経済状態は、今日の世界ではもはや消滅した」と結論づけた(Ibid.: 11)。そして、同じレベルの所得水準の国でも経済的不平等には大きなばらつきが存在すること、にもかかわらず、どの国でも上位・中位所得層の所得合計は国全体の所得の約半分を占めることを強調した。彼はこうした新しい現象を、真ん中の同質性(中所得層への収斂)と両端における異質性(富裕層と貧困層への分極化)と表現した(homogeneity in the middle vs. heterogeneity at the tails)。

パルマの二つ目の批判は、同一国内での経済的不平等の推移に関するものである。彼はアメリカの時系列データ(一九四七―二〇〇九年)を使って、富裕層(D10)、中所得層(D5からD9)、低所得層(D1からD4)の三つのグループが、それぞれ全体の所得に占める比率を測定した(最新かつ詳しいデータは、Saez 2012)。

それによると、アメリカでは一九八〇年を境にして、富裕層への「富の集中」が、同年の二六%から二〇〇九年には三三%にまで進むと同時に、低所得層が全体の所得に占める比率は一七%から一三%にまで下がった。一方、中所得層の比率はこの間、ほぼ五二%で安定していた。ここでも、異変(格差拡大)は所得階層の両端で起きているのである。

パルマの批判と新興アジア諸国

いずれにせよ、パルマの議論は経済発展の度合い、政治体制、地域の違いを超えて、世界各国の大半でいまや、①富裕層への富の集中、②低所得層のマージナル化、③中所得層の安定的存在という三つの動きが生じていることを実証した点で重要である。

たとえば、最上位一〇%と最下位一〇%の倍率(D10/D1)を見ると、シンガポール(一七・七倍)を筆頭に、中国(一三・二倍)、タイ・インドネシア(一一・〇倍)、韓国(七・八倍)、日本(四・五倍)の順であり、所得水準の上昇が所得格差の縮小を必ずしももたらしているわけではない(Palma 2011: 25)。また、韓国についてD10、D5からD9、D1からD4の全体の所得に占める比率を、一九九〇年から二〇一二年について計算すると、アメリカと類似した分極化の傾向を確認することができた(末廣編 二〇一四：一六）。

ちなみに、図8-4で、シンガポールが飛びぬけて高い数字を示すのは、「クズネッツ・カーブ仮説」にもとづく所得の不平等ではなく、経済のグローバル化・金融化に伴う「富の極端な最上位グループへの集中」という観点から、改めて捉えるべき現象であろう。

シンガポールと並んで高い経済的不平等度を示す国がマレーシアである。多民族国家である同国の場合、ただちに思いつくのは、民族間の所得格差がもたらす影響である。実際、民族別（マレー系、中国人、インド人）のジニ係数は、ロスランの時系列的研究（Roslan 2010）によれば、最新の一九九七年の時点で、マレー系（〇・四五）の方が、中国人とインド人（〇・四一）に比べて経済的不平等の指標が高かった。しかしながら、問題が政治的に極めてセンシティブであるため、同国の統計局は、二〇〇〇年以降、民族別経済的不平等については公表していない。何がマレーシアの経済的不平等の原因であるのかについては、今後の研究の進展に期待したい。

3　経済的不平等の要因

ADB報告書『アジアにおける拡大する不平等への挑戦』

アジア開発銀行は『アジア開発展望二〇一二』の中で、「アジアにおける拡大する不平等への挑戦」と題する特集を組んだ（ADB 2012a）。同行が「貧困削減」に関する特別報告書を刊行したのは一九九九年のことである（ADB 1999）。一方、同行が「拡大する不平等」を本格的に取り上げたのは、この特集が初めての試みであった。

この特集の中で、アジア開発銀行は次のように述べている。

アジアで拡大する不平等の背景には、①技術変化、②グローバル化、③市場志向の経済改革という三つの力が働いている。これら三つの力は、労働の所有者より資本の所有者を、低スキルの労働者より高スキルの労働者を、そして農村・内陸部の住民より都市・沿岸部の住民を、それぞれ有利にしてきたという。

同時に、制度・組織の脆弱性、市場のゆがみ、社会的排除の三つの要因が、アジア諸国に「機会への不平等なアクセス」という状況を生み出した。そして、この「機会の不平等」と先の三つの力とは密接に関係している。政策当局者にとって最も重要なことは、「結果の不平等」と「機会の不平等」を明確に区別し、後者の機会の不平等を是正することで、包摂的な成長を実現することである。これがアジア開発銀行の主張であった(ADB 2012a: 37)。

アジア開発銀行が、経済的不平等が存在する理由として重視した要因は四つある。①世帯主の教育歴の差が生み出す子ども世代のスキル形成の不平等(skill premiums)、②労働分配率の低下、③都市・沿岸部と農村・内陸部の間の所得格差、もしくは空間的格差(spatial inequality)、④教育機会の制限がもたらすジェンダー間の不平等(gender inequality)、がそれであった。

一方、不平等の拡大を引き起こしている主な原因は、何より空間的格差であり(これだけで、現在のアジアの格差の三〇%から五〇%を説明できる)、次いで、新しい経済機会が生み出したスキルや知識の違いにもとづく所得格差であり(二五%から三五%説明可能)、最後が、資本に有利に働いてきた労働分配率の低下であった(Ibid.: 74)。

そこで、上記四つの要因のうち、③の空間的格差と①のスキル・プレミアムをまず取り上げ、次に②の労働分配率の低下を検討する。そして、アジア開発銀行はとくに言及していないが、近年、日本を含むアジア諸国で進行している就業形態の違いにもとづく所得格差、すなわち正規・非正規労働者の間の経済格差を取り上げることにしたい。

空間的格差と教育機会の格差

クズネッツも指摘しているように、所得分配に大きな影響を与えるのは都市と農村の間の所得格差である。これはもっぱら工業と農業の生産性(一人当たり付加価値生産額)の違いにもとづく。また、農村人口内部より都市人口内部で所得格差がより大きくなるため、工業化が進み人口が農村から都市へ移動すると経済的不平等が拡大する。

そこで、新興アジア四カ国の家計経済調査の結果をもとに、都市部と農村部の支出金額を比較したものが、**表8-1**である。支出を指標にとったのは、所得の場合にはどうしても過小申告となり、実態から乖離する恐れがあるからである。

表から次のことが分かる。まず、都市・農村間の格差は、中国(三・六倍)を筆頭に、以下、タイ(二・六倍)、ベトナム(一・九倍)、インドネシア(一・七倍)となっており、とくに中国の数字が突出している。

しかしながら、同時に注目しておきたいのは、格差そのものが二〇〇〇年代に入って縮小傾向にあるという事実である。つまり、経済発展に伴って都市・農村間の経済格差がますます広がっているの

表 8-1　新興アジア 4 カ国の家計消費支出：都市部と農村部，1990-2010 年

年次 / 国	中　国		タ　イ		インドネシア		ベトナム	
	年，元 / 人		月，バーツ / 世帯		年，ルピア / 世帯		月，1000 ドン / 人	
	都市	農村	バンコク	東北農村	都市	農村	都市	農村
1990	1,596	560	10,357	3,499	44,029	24,296	—	—
2000	6,850	1,860	19,582	5,820	163,784	102,900	—	—
2004	8,912	2,319	28,135	8,727	319,220	171,435	595	284
2010	15,907	4,455	29,041	11,307	627,043	371,330	1,726	891
指数	農村世帯＝100		東北農村＝100		農村世帯＝100		農村世帯＝100	
1990	285	100	296	100	181	100	—	—
2000	368	100	336	100	159	100	—	—
2004	384	100	322	100	186	100	210	100
2010	357	100	257	100	169	100	194	100
2010/2000	2.32	2.40	1.48	1.94	3.83	3.61	—	—

（出所）(1)中国　国家統計局『中国農村統計年鑑』各年版；(2)タイ　NSO, *Household Socio-Economic Survey*, 該当年；(3)インドネシア　Badan Pusat Statistik, *Survei Sosial Ekonomi National*(*SUSENAS*), 各年版；(4)ベトナム　General Statistics Office, *Household Living Standards Survey*, 該当年より筆者作成.

ではなく、農村の生活水準も向上しているのである。この点は貧困人口比率の着実な低下からも読み取れる事実であった（前出**図8-1**）。したがって、新興アジア諸国で経済格差が広がっている主な要因となっていたのは、都市・農村間の空間的格差ではなく、農村内部よりも支出格差が大きい都市部への人口移動の方であった。

実際、中国における二〇一〇年の世帯支出金額の格差を、最上位二〇％人口の最下位二〇％人口に対する倍率で示すと、農村部の三・一倍に対して都市部は四・七倍にも達した。つまり、都市化が進むと格差が拡大するのである（『中国統計年鑑二〇一一』の表一〇の七と表一〇の八から算出）。

したがって、都市化の進展はアジアに二つの顔をもたらした。一つは、都市中間層の増大に伴って誕生した「消費するアジ

ア」の顔である(本書第二章)。そして、もう一つが「格差が拡大するアジア」の顔であった。この二つの顔は、パルマが「真ん中の同質性、両端における異質性」と呼んだ現象を、別の言い方で表わしたものである。

ところで、都市と農村の支出格差は、食費や交通費といった生活に必要不可欠の費目ではなく、教育費などでより顕著に現れる。タイの『二〇一〇年家計調査』によると、低所得家庭と、都市部の中所得以上の家庭の子女の就学率を比較すると、中学校レベルでは九三%対九七%と、両者の間にはほとんど差がなかった。これが高校レベルになると五九%対八二%と差が広がり、大学を含む高等教育レベルでは一六%対四三%へと、一気にその差が拡大した(NESDB『社会状況報告季報』より)。世帯主の教育歴の差だけではなく所得の格差も、子どもの「教育機会へのアクセスの不平等」に直接影響を与えているのである。

韓国の『二〇一〇年全国家計経済調査』によると、消費支出総額でみた、最上位二〇%人口の最下位二〇%人口に対する倍率は三・一倍であった。一方、食費は一・七倍、携帯電話やネット利用料を含む通信費も二・二倍と、目立った差は起きていない。違いが明確に現れたのは、塾などの費用を含む教育支出である。その格差は六・三倍にものぼった(韓国統計庁のウェッブサイトより金炫成が集計)。

この「教育機会へのアクセスの不平等」は、新興アジア諸国だけでなく、アジア諸国全般に共通する特徴であり、拡大する不平等の重要な要因のひとつとなっている。

労働分配率の変化

次に労働分配率を見てみよう。労働分配率は、企業が生み出した付加価値額のうち賃金・給与部分が占める比率を指す。労働分配率が上昇すれば、資本の所有者と労働の所有者の格差は縮小する。ここではデータの制約から、国民所得に占める労働報酬部分の比率と定義する。この定義にもとづいて主要国の労働分配率の推移を見たのが**図8-5**である。

労働分配率は五五％から六〇％の範囲にあるアメリカと、三〇％にすら達していないインドやメキシコとの間では、ずいぶんと数字に開きがある。これが南アジアやラテンアメリカの経済的不平等のひとつの原因になっていた。一方、日本はアメリカより五ポイントほど低く、しかも、一九九〇年代半ばから二〇〇〇年代後半まで一貫して低下していった。この労働分配率の低下が国内消費を抑制し、日本のデフレ経済を長引かせたという議論は、まだ私たちの記憶に新しい（山田二〇一〇）。

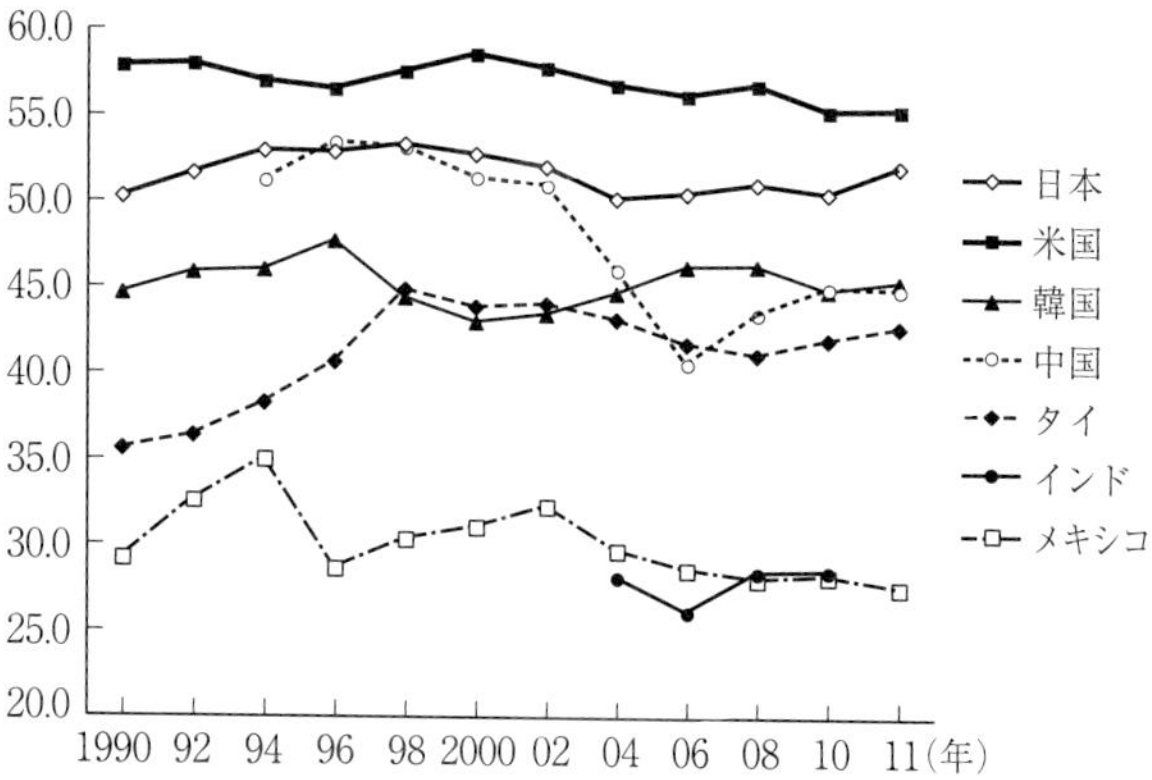

(出所)(1)日本，アメリカ，韓国，メキシコ：OECD National Accounts Online.（2)タイ：国家経済社会開発庁(NESDB)の統計オンラインサービス.（3)中国：『中国統計年鑑』各年版「地区生産総収入法構成項目」. 以上より末廣昭・張馨元作成.

図8-5 アジア諸国とアメリカ，メキシコの労働分配率の推移，1990-2011年

東アジアに目を転じると、中国における労働分配率の急速な低下が目を惹く。その原因は、従業員の国有企業から民営企業への移動が関係している。もっとも、二〇〇〇年代初めに労働報酬額の集計方法を変更しているので、二〇〇四年から二〇〇六年の急速な落ち込みは割り引いてみる必要があるかもしれない。なお、丸川知雄の推計によると、中国の労働分配率は一九八〇年代前半五七%、九〇年代前半五一%、二〇〇〇年代前半四五%、同後半四三%と、傾向的に下がってきている(丸川 二〇一三b：二一〇)。

タイの場合は、経済ブーム期に急速に労働分配率が改善し、四五%の水準まで上昇した。しかし、通貨危機のあとその比率は二〇〇八年の四一%まで下がり、その後、緩やかに回復している。最後に韓国の場合は、通貨危機の前から下がりはじめ、二〇〇〇年以降、四五%の水準まで戻って、〇八年から下降を示した。

以上の結果をまとめると、アジア三カ国の分配率はアメリカと比べると一〇ポイント、日本と比べても五ポイント低かった。ただし、二〇〇〇年代前半の中国を除くと、それほど大きな労働分配率の悪化は起きていない。したがって、アジア開発銀行が想定するほど、労働分配率は経済的不平等の拡大には影響を与えていないと、私は考える。

非正規労働者の増加

むしろ、私が注目したいのは、通貨危機以後、NIESと新興アジア諸国の間で急速に進行していった労働市場の流動化の方である。つまり、労働人口に占める非正規労働者の増加である。韓国の非正規労働者、中国の農村からの出稼ぎ労働者(農民工)、タイの派遣労働者がこれに該当する。タイやマレーシアの場合には、外国人労働者(ミャンマー人、インドネシア人)も非正規労働者に含めてよいだろう。

非正規労働者の増加は韓国に典型的に見ることができる。韓国では、非正規労働者を常用労働者と臨時職・日雇いに分類し、同時に雇用の形態から時限的、非典型、時間制の三つに区分する。二〇〇八年の『経済活動人口付加調査』によると、非正規労働者の数は、常用労働者の一四〇〇万人と臨時職・日雇いの四〇〇万人の合計である五四〇〇万人にも上った。これは、正規労働者一〇六八万人の半分以上に達する数字である(横田 二〇一二：一七八)。韓国の非正規労働者の比率(三四%)は、日本における比率(パート、派遣、契約社員など含めて二〇%)を大きく上回っていた。

韓国で非正規労働者の数が増加した背景には二つの動きがあった。ひとつは、通貨危機後、予測困難な景気変動に迅速に対応するために、経営側が新規の労働者を、解雇が容易な非正規労働者に置き換えていったという動きである。もうひとつは、ＩＴ産業や自動車のような組立加工型産業で、部品のモジュール化が急速に進んだ結果(本書第四章)、作業工程が単純化され、中核的な生産労働者でさえ、熟練工から非熟練工(非正規労働者)への置き換えが進んでいったという動きである。

次に、非正規労働者と正規労働者の賃金水準を比較したものが、**表8-2**である。二〇一二年現在、正規労働者の賃金水準を一〇〇とすると、非正規労働者のそれは月額収入で五七、時間当たり賃金でみても六四と、きわめて厳しかった。しかも、二〇〇四年をピークに、彼らの相対的な賃金水準は低下傾向にあったことが分かる。韓国における経済的不平等の重要な要因のひとつは、間違いなくこの

表 8-2 韓国の正規・非正規労働者の間の賃金格差，2003-2012 年(正規職を 100 とする)

年次	非正規職の月平均相対賃金				非正規職の時間当たり相対賃金			
	全体	時限的	非典型	時間制	全体	時限的	非典型	時間制
2003	61.3	65.1	58.2	29.8	71.6	70.4	85.1	66.3
2004	65.0	69.5	60.3	30.4	73.5	75.9	80.2	66.0
2006	62.8	68.8	54.8	28.9	71.0	74.3	73.1	60.1
2008	60.9	68.5	56.3	27.0	68.0	72.7	64.7	59.4
2010	54.8	61.0	54.4	24.6	62.5	66.2	55.5	57.4
2012	56.6	63.7	56.2	24.7	64.3	69.0	64.3	58.7

(注)非正規は期間制，反復更新，継続不可などの「時限的な雇用」，登録型派遣労働者などの「非典型雇用」，パートなどの「時間制雇用」に区分される．時限的雇用の中でも，2012 年現在，時間当たり相対賃金は「反復更新」が 86.5 に対して，「継続不可」は 54.2 と大きな差がある．

(出所)渡辺雄一(2013: 29)．原典は韓国統計庁『経済活動人口調査』の各年版．

正規と非正規の間の賃金格差であった。

加えて、非正規労働者は社会保障制度の面でも不利な立場に置かれている。非正規労働者の女性の場合、社会保障制度と企業福祉の適用率は、国民年金(三〇%)、健康保険(三一%)、雇用保険(三〇%)、退職金(二三%)、ボーナス(二七%)と、正規労働者の適用率(ほぼ一〇〇%)に比べて、圧倒的に低かった(男性の場合はこれより五%から八%高い)(横田 二〇一二：一九二―一九三)。これを見る限り、韓国が国民皆年金制度、国民皆健康保険制度を構築したとはとても言えないだろう。

この点は中国の農民工も同様である。国家人口・計画生育委員会が二〇一二年八月に発表した『中国流動人口発展報告二〇一二』によると、二〇一一年の流動人口の総数は二億三〇〇〇万人(総人口の一七%)であった。このうち八〇%が農村戸籍を持つと報告されている。したがって、農民工の数は全国で一億八〇〇〇万人と、途方もない数字に達する(加藤 二〇一三：二二九)。

厳春鶴の蘇州市での農民工に関する実態調査によると、

調査対象者の六割が月額収入一五〇〇元以上二〇〇〇元未満の範囲にあり、三割が一〇〇〇元以上一五〇〇元未満の範囲にあった(厳春鶴 二〇一二:七七)。一方、二〇一〇年の公式統計によると、従業員の月平均収入は、広州市(四五四〇元)、北京市(四二〇〇元)、上海市(三九〇〇元)の順であった(日本貿易振興機構北京事務所 二〇一二:一三)。つまり、農民工の賃金収入は沿岸都市部の正規労働者の半分以下か、場合によっては三分の一でしかなかった。

中国が定める社会保障制度の適用率も、韓国と同様に極めて低い。その事実を中国社会保障部自身が認めている。二〇〇九年の調査によると、農民工に対する各種社会保障の適用率は、年金に相当する養老保険が一二%(都市部労働者の適用率は五七%。以下同じ)、健康保険が一九%(同五二%)、失業保険が七%(同四一%)という低さであった(Sawada 2012: 96)。

正規・非正規労働者間の経済的不平等は、高所得国に所属する欧米諸国や日本でも確認できる問題である。しかし、NIESと新興アジア諸国の双方で、この問題が一段と深刻化している背景には、「圧縮された工業化」に由来する原因、たとえば、労働法の適用の不徹底さや労働契約概念の未定着なども存在すると理解すべきであろう。

本書の第六章では、新興アジア諸国が直面する経済課題として、「要素投入型成長路線の限界」とその克服を取り上げた。しかし、ここで検討した拡大する格差の是正は、それに劣らず重要な課題だと私は考える。本章のタイトルに「社会発展なき成長」を掲げたのはそうした理由による。

4　ストレス社会の到来

高等教育と労働市場のミスマッチ

ＮＩＥＳと新興アジア諸国の成長を支えた重要な要因は教育の普及である。この点は世界銀行の『東アジアの奇跡』も力説した点であった。また、人口ボーナス論に依拠すれば、教育の普及は質の高い労働力を供給するという意味で、「残差」を構成する技術革新（生産性の向上）にも寄与する。

ところが、高等教育の急速な拡充を推進してきたＮＩＥＳや新興アジア諸国は、今日では別の問題に直面しつつある。つまり、高等教育が供給する新卒者と労働市場が要求する人材の間のミスマッチである。ミスマッチの意味は二つある。

労働市場（経営サイド）から見ると、大学を含む高等教育の急速な大衆化は、製造業にしろ、情報産業にしろ、生産現場が要求する技術と知識を身につけていない新卒者の大量の供給を意味した。経済協力開発機構（ＯＥＣＤ）『二〇一一年雇用展望』が特集した「必要以上の学歴、要望以下のスキル」(over-qualified or under-skilled)が、そうしたミスマッチを端的に表現している（OECD 2011）。

逆に、高等教育を終えた新卒者も、求職の過程で労働市場との間のミスマッチに悩んでいる。というのも、大卒という学歴ではなく、大学のランキング（銘柄）の壁に阻まれて、本人が望む企業や仕事につけない事例が増えているからだ。その結果、新卒者もしくは若者の間に自発的もしくは強制的な失業問題が発生し、本人の意思とは別に非正規労働につかざるを得ない不満が生まれる。ニート（N

EET。就学・就労・職業訓練を行っていない若年無業者)、高学歴ワーキングプアー、若者問題と、さまざまに表現されてきた問題がそれであった(東アジアの若者問題については、樋口ほか編著(二〇一一)を参照)。

中国に「蟻族」という集団が存在する。彼らは主として地方出身の大卒者で、卒業した大学のランキングが低いため、希望する企業や仕事につけず、アルバイトをしながら北京市、上海市などの大都市郊外で集団生活を行う。頭がよく(高学歴)、群居するが、社会勢力としては非力なところが蟻と似ているというので、この名前がついた。その数は一〇〇万人以上とも言われる(廉思編 二〇一〇)。また、二〇一二年の中国の新卒者の数は六八〇万人。同じ年の彼らの就職内定率は三割でしかなかった(中国における大卒者の就職難問題は、李敏(二〇一一)を参照)。

若者問題は一言で言えば、「希望を喪失した世代」が抱える問題である。とくに、この傾向はNIESにおいて顕著である。受験競争をくぐり抜けて、せっかく有名大学に入学したものの、銘柄企業に就職できないと精神的なダメージが大きい。高成長時代に自分自身の希望(出世、豊かな生活)を実現できた親世代と違って、社会階層の階段を上がっていく可能性が若者世代では確実に狭まっているからである(ウェアフリッツ 二〇〇七)。

「老いてゆくアジア」だけではなく、「疲弊するアジア」とも呼ぶべき現象が、日本を含むアジアでは始まっているのかもしれない。習近平国家主席は就任にあたって「中国の夢」を掲げた。中華帝国の再興という国家の「夢」が膨らむなかで、個人の「希望」はしぼみつつある。

自殺者とうつ病患者数の増加

「疲弊するアジア」を象徴し、それを最も不幸な形で示すのが、自殺者やうつ病患者の増加である。その背後には精神的なストレスや将来に対する生活の不安がある。

第一章で紹介したように(前出**表1-2**)、韓国は二〇一〇年に、OECD加盟国の中で最悪の自殺率(一〇万人当たり三一人)を記録した。女性の自殺率が高いこと、生活問題を抱える高齢者だけでなく、進学や恋愛に悩む若者の自殺率が高いことの二点が、他国と比べた場合の大きな違いである。

社会保障制度の国際比較を精力的に進めている金成垣は、韓国を「後発福祉国家」と位置付ける。そして、OECD加盟国の中では、①最低水準の若者就業率、②最高水準の高齢者貧困率、③最低水準の家族関連給付、④最高水準の教育支出の四つを示す韓国の現状を、「過酷な現実・不安な将来」と表現した(金成垣 二〇一四)。

韓国は、一九九四年に高所得国への移行を達成しながら、社会発展の面では「先進国」に成り切れない、つまり社会的に未成熟な国に留まっているのである。政治学者の大西裕は、こうした状況を「先進国・韓国の憂鬱」と呼んだ(大西 二〇一四)。

新興アジア諸国を代表するタイも、新しい社会問題に直面している。二〇一二年七月に、私が東北タイでフィールド調査をしていたときのことである。タイの友人から、近隣の県で独居老人が生活苦ではなく、孤独に耐えかねて自殺したという話を聞いた。「タイではありえない話」だと、その友人は私に伝えた。

タイ社会では仏教が自殺・自死を道徳的に厳しく抑制し、家族やコミュニティも年長者をうやまう

表 8-3　タイの生活習慣病罹病率とうつ病患者，2001–2011 年

年次	生活習慣病(人口 10 万人当たり)			全国登録精神疾患患者数
	がん	心臓病	糖尿病	年間
2001	80	318	278	…
2003	102	451	381	…
2005	114	531	490	…
2007	131	688	650	1,594,601
2009	133	793	736	2,236,050
2010	143	845	793	2,450,136
2011	154	936	845	3,051,738

(注)2012 年の精神衛生局うつ病センターのデータは，15 歳以上の人口のうち 150 万人(2%)がうつ病に罹患していると報告している．
(出所)NESDB『社会状況報告季報 2012 年第 3 四半期』(タイ語)，24 頁ほかより筆者作成．

伝統がある。だから、孤独が原因の自殺は、従来のタイ社会では確かにありえない話である。しかしながら、「ありえない話」が「ありえる現実」に転じているところに、現在のタイ社会が抱える社会問題の深刻さがある。

タイは自殺率が一九八〇年当時、世界で最も低い国のひとつであった。ところが、一九九二年の一〇万人当たり一二・八人(男性)から、二〇〇四年には一〇・五人まで上昇した。通貨危機による生活の困窮が主な理由だった。ところが、経済危機からの回復が進んだあとも、自殺率は通貨危機以前の水準には戻らず、二〇〇六年の時点でも九・四人と、高い水準を示した(末廣 二〇〇九：一二三)。軍や仏教団体の強い反対で、二〇〇七年以降の自殺率の数字は公表されていない。

しかし、その後タイにおいて事態が改善されたとは思えない。というのも、**表 8-3** が示すように、タイでもうつ病患者の数が着実に増加しているからである。また、ストレス社会と密接に関係している生活習慣病のがん、心臓病、糖尿病の罹病率も、二〇〇一年から一〇年間の間に、二倍から三倍に増加している。「微笑みの国」として知られるタイは、いまや「微笑みを失った国」に転換しつつあ

る。

二〇〇八年の世界金融危機以後、他に先駆けて素早い経済回復を達成し、その後の成長で関心を集める新興アジア諸国。しかし、以上見てきた事実は、新興アジア諸国のもうひとつの顔を示している。私は、タイも韓国も、そして中国も、経済発展の過程で何か大切なものを置き忘れてきたような気がしてならない。

高所得国に移行した韓国で、なぜかくも自殺率が高いのか。「マイペンライ」(物事を深刻に考えない、相手を追い詰めない)が当たり前だったタイ社会で、なぜかくもうつ病患者が増えているのか。こうした問いに回答しない限り、本当の意味でのアジア経済論を描くことは出来ないのではないだろうか。

終　章　経済と社会のバランス、そして日本の役割

1　開発主義・福祉国家・リスク管理

開発主義とキャッチアップ型工業化

第四章の「キャッチアップ再考」では、ガーシェンクロンの「後発性の利益」を紹介した。彼は、後発工業国が先発工業国にキャッチアップするためには、政府の主導的な役割や金融機関の積極的な産業支援とは別に、国民を工業化に駆り立てる「特殊な工業化イデオロギー」が必要だと説いた。ガーシェンクロンが、イギリスの自由貿易主義に対比させて取り上げたのは、ドイツのナショナリズム、フランスのサンディカリズム、ロシアのボルシェキズムなどである（ガーシェンクロン 二〇〇五）。

私は『キャッチアップ型工業化論』の中で、日本を含むアジア諸国の後発工業諸国に共通する工業化イデオロギーとして、「開発主義」(developmentalism)を取り上げた（末廣 二〇〇〇）。開発主義とは、「個人や家族あるいは地域社会ではなく、国家や民族の利害を最優先させ、国の特定の目標、具体的には工業化を通じた経済成長による国力の強化を実現するために、物的人的資源の集中的動員と管理を行なう方法」を指す。

表終-1　東アジアの開発主義と権威主義体制

国　名	首相／大統領	在任期間	権力獲得の方法	政権の終焉
タ　イ	サリット	1959–63	クーデタ	任期中に病死
	タノーム	1963–73	選挙なしで就任	「10月14日政変」で亡命
韓　国	パク・チョンヒ	1961–79	クーデタ	暗殺
	チョン・ドゥファン	1980–88	選挙なしで就任	抗議運動で退任
台　湾	蒋介石	1950–75	選挙なしで就任	任期中に病死
	蒋経国	1978–88	選挙なしで就任	任期中に病死
シンガポール	リー・クアンユー	1965–90	選挙	高齢理由に辞任
フィリピン	マルコス	1965–86	選挙，のち戒厳令	「二月革命」で亡命
インドネシア	スハルト	1968–98	選挙なしで就任	抗議運動で退任
マレーシア	マハティール	1981–2003	選挙	高齢理由に辞任

（出所）末廣(2011: 74)より筆者作成.

そして、後発国が先発国にキャッチアップするために、政府が積極的に経済介入することと、国内外の政治危機、とりわけ冷戦体制以後の政治危機に対処するために、国家が危機管理体制（権力の集中と抑圧的政治体制の構築）をとることの二つを、開発主義と成長イデオロギーの国民的共有にもとづく「開発体制」形成の重要な契機と捉えた（同上書：一一一―一一二）。

表終-1は、東アジアの諸政権が開発主義（政治体制の特徴は権威主義体制、Authoritarian Regime）をとっていた時期を整理したものである。一九五八年の軍事クーデタで誕生したタイのサリット政権を嚆矢として、韓国のパク・チョンヒ（朴正熙）政権、台湾の蒋介石・蒋経国（父子政権、シンガポールのリー・クアンユー（李光耀）政権、フィリピンのマルコス政権、インドネシアのスハルト政権、マレーシアのマハティール政権が、これに該当する。いずれの政権も「国の開発」を国家目標に掲げていた。

ところが、一九八〇年代後半から開発主義を大きく揺るがす二つの動きが生じる。一つ目は、NIESやタイ、インドネシアなどで経済ブームが起こり、開発の果実を国民が確実に実感するようになったことである。その結果、成長した国民経済にそぐわない抑圧的な政治体制への不満が各国で噴出した。二つ目は、一九八九年一一月のベルリンの壁崩壊に象徴される冷戦体制の終焉である。これにより、政治指導者は権威主義体制の「正当化」を、共産主義勢力の脅威という根拠に求めることが困難になった。

一九八〇年代後半から、東アジアでいっせいに起こる民主化運動は、こうした自国の経済と国際政治の変化に敏感に対応したものであった。典型的な事例は、八六年にフィリピンで生じた「二月革命」、すなわち二一年間、開発体制を維持してきたマルコス大統領を権力から追放した、市民による下からの社会運動であった(日下 二〇一三)。

同じ年の一九八六年には、台湾で国民党政権の腐敗に反対する大規模な抗議行動が起こり、翌八七年に「蔣家族・国民党帝国」を崩壊に導く。八七年には韓国でも、労働者を中心に民主化を求める「一九八七年大闘争」が発生した。そして八九年六月には、中国で共産党一党支配に対する大規模な抗議行動である「天安門事件」が起こる。

さらに、一九九〇年にはネパールで王制に反対する運動が激化した。九二年になると、タイでスチンダー陸軍総司令官の軍政復帰に反対する流血の民主化運動(残虐の五月事件)が発生。そして九八年には、インドネシアで三二年間続いたスハルト政権が遂に崩壊した。それは、「国の開発」を前面に掲げて権威主義体制を維持する時代の終焉を意味した（末廣 二〇一一）。

福祉国家戦略と社会保障制度の整備

民主化運動の嵐のあと、各国・地域では民主主義の制度化が進んでいった。国会の役割強化、定期的な選挙の実施、選挙を監視するための制度の導入などがそれである。ところが、二〇〇〇年一一月、フィリピンでエストラーダ大統領を追放する国会による弾劾決議や、二〇〇九年以降のタイにおける「赤色シャツと黄色シャツ」（親タックシン派と反タックシン派）の激しい対立に象徴されるように、制度としての民主主義は形を整えたものの、実質的には民主主義と言えない状況が続いている。民主化運動のあと、新興民主主義は安定していないのである（川中 二〇〇九）。

「新興民主主義の安定」、もしくは「民主主義の定着」（consolidation of democracy）をめぐる議論とは別に、一九九〇年代以降の東アジアでは、体制に係るもうひとつ別の重要な議論が起きていた。福祉国家（a welfare state）をめぐる議論がそれである（末廣編著 二〇一〇：第一章、Kwon ed. 2005）。

この議論の背後にあるのは、①一九八〇年代後半以降の民主化運動の勃興と開発主義への批判（政治的要因）、②九七年アジア通貨危機の発生と社会的弱者向けのソーシャル・セイフティネットの導入（経済的要因）、③少子高齢化の急速な進展とそれへの対応の要請（社会的要因）、という三つの要因である。そして、これら三つの要因が相互に結び付いて、東アジアでは福祉国家への関心が一気に強まり、これに伴って福祉社会に向けての取り組みや社会保障制度の整備が進展していった。

具体的には、国家が中心となって制度化を進めていった所得保障（年金制度や最低生活保障）、医療保障（国民健康保険や各種の医療サービス）、雇用保障（失業保険、職業訓練、雇用創出）、高齢者対策（介護ケアに対する政策）がそれである（**表終-2**）。

ただし、民主主義の制度化とその定着が同義ではないのと同様に、社会保障制度の構築と福祉国家（福祉社会）の実現は、まったく別の問題である。たとえば、日本に次いで国民皆年金制度が整備されている韓国においても、実際に公的年金によって老後の生活を支えている人は未だ少なかった。六〇歳以上の高齢者に対する調査（二〇〇八年）によると、公的年金を主たる生活資金とする高齢者の比率は、男性が一六％、女性にいたっては六％にすぎなかった。逆に、子供・家族からの仕送りや支援に依存している高齢者は、男性が二八％、女性が五七％にも上る（株本 二〇一二）。

こうした事態が生じるのは、年金の受給金額の低さだけでなく、国民年金を受給する資格や保険料支払いの期間によって、給付が制限されているからである。

第八章で見たように、各種の社会保障制度の適用についても、正規労働者と非正規労働者の間では大きな格差がある。また、農民やインフォーマルセクターに従事する人々の老後の生活を保障する年金制度は、新興アジア諸国にはまだ存在しない。加えて、仮に制度に加入していたとしても、そこにはアクティブ加入者（保険料を実際に支払っている加入者）と非アクティブ加入者（保険料を滞納するか全納していない加入者）の二つのグループが存在した。

たとえば、マレーシアを例にとってみよう。年金・医療・教育・住宅支出をカバーする被用者積立基金（ＥＰＦ）の場合、五四歳（二〇一二年現在）に達した加入者のサンプル調査によると、アクティブ加入者六万八一五一人（平均積立額は一五万八三〇〇リンギ、四〇九万円）に対し、非アクティブ加入者の数

表終-2　東アジアの社会保障制度の種類とその整備，2013年現在

制度 国・地域	年金制度 老後の所得保障	医療保険 医療保障	失業保険 雇用保障	高齢者対策 ケア・生活保障	公的扶助 生活保障
日　本	61年4月国民皆健康保険制度(59年国民年金法)	61年4月国民皆健康保険制度開始	47年失業保険法(63年改正). 74年雇用保険法	71年中高年齢者雇用促進法. 97年介護保険法(00年施行)	49年身体障害者福祉法. 50年生活保護法(同年施行)
韓　国	86年国民年金法(99年皆年金制度)	99年国民健康保険法(00年施行)	93年雇用保険法(95年施行, 01年改正)	老人長期療養保険法(08年施行)	99年国民基礎生活保障法制定
台　湾	58年公務員保険法, 07年国民年金法	94年全民健康保険法制定	02年就業保険法制定	02年低中所得高齢者生活手当	80年社会救助法
中　国	基本養老保険(都市), 農村養老保険	基本医療保険, 新型農村合作医療	99年失業保険条例制定	07年高齢者事業白書	最低生活保障(都市部, 農村部)
タ　イ	96年公務員年金法(本人負担導入), 98年SSS養老年金	91年SSS医療保険. 02年30バーツ医療サービス	04年SSSに失業保険を追加	老齢福祉手当, 第二次国家高齢者計画(2001-20年)	貧困世帯向け補助. 制度は未整備
マレーシア	51年被用者積立基金(EPF). 64年全国に拡充	EPFを適用. 国民健康保険構想は97年に挫折	なし	なし	低所得者向け手当. 制度は未整備
シンガポール	55年中央積立基金(CPF)	84年Medisave口座開設. CPFを医療費にも適用	なし	95年老親扶養法, 07年高齢者雇用対策	生活保護法など公的制度はなし
インドネシア	公務員TASPEN 14年以降, JAMSOSTEKの拡充(本人も負担の養老保険)	公務員ASKES 92年JAMSOSTEK(民間企業). 08年地域健康保障JAMKESMAS	なし	02年高齢者経済自立支援, 03年国家行動計画——高齢者福祉ガイドライン	07年希望の家族プログラム, 09年社会福祉法, 11年貧困者対策法

(注)タイのSSS(Social Security System)は，1990年社会保障法によって開始されたもの．30バーツ医療サービスは，既存の医療保険制度外にある農民，自営業者，主婦などを対象．インドネシアの地域健康保障も，ASKES・JAMSOSTEKがカバーしない地域住民を対象．
(出所)末廣編著(2010)，末廣編(2014)ほかより筆者作成．

は、倍以上の一五万七四二五人（同二万四一〇〇リンギ、六二万円）にも達した（鈴木 二〇一四）。

インドネシアの民間企業被用者を対象とする労働者社会保障（ＪＡＭＳＯＳＴＥＫ。年金・医療・死亡・出産をカバーする）を見ても、状況はほぼ同じである。二〇一〇年末現在、加入使用者（支払義務のある雇用主）二二万四九〇〇人のうち保険料支払者は五九％、加入被用者（被保険者）の場合には、三一七五万人のうち二九％を占めるにすぎなかった（同基金の『年報』より。インドネシア社会保障制度の動向については、増原（二〇一四）を参照）。

社会保障制度の構築と福祉国家の実現はまったく別の問題である、と述べた理由が理解していただけたと思う。

リスクの頻発と多様化

社会保障制度について言えば、以上見てきたように、制度と実態の間には大きな乖離が存在する。しかし、一九九七年アジア通貨危機を転機に、東アジアが開発体制、もしくは開発志向国家からの脱却を試み、経済開発と社会開発を統合するような新しい体制へと、重要な一歩を踏み出したことは事実である。

それでは、新しい体制は、東アジアが直面する諸問題に十分に対応できているかと言えば、そうとも言えない。ウルリッヒ・ベックが述べているように、世界の人々は現在、「さまざまなリスクに晒されている」からである（ベック 二〇〇三）。

一九九〇年代に入ってからリスクは世界で頻発し、かつ多様化している。経済リスク（世界金融危機、財政危機、雇用不安など）のほか、政治リスク（国際テロ、地域紛争など）、自然災害リスク（地震・津波、台風、洪水など）、環境リスク（地球温暖化、大気汚染、森林喪失など）、健康リスク（新型感染症、食の安全問題など）といったように、さまざまなリスクが今や人々の生活を脅かすようになった。

しかも、こうしたリスクは自然災害や世界金融危機が示すように、事前の予測が困難なリスクである。二〇世紀半ばまでのリスクは、飢餓や景気循環による不況（失業）のように、予測が一定程度可能なリスクであった。そして、政府や諸団体（労働組合など）が、具体的に被災者を特定して救済することができるリスクでもあった。

ところが、「ポスト産業社会のリスク」、「二一世紀型リスク」と呼ばれる新しいリスクは、事前に予測することが困難なだけでなく、ほとんど回避することができないリスクである。そのため、国家にとっても、個人にとっても、リスクをどう回避するかではなく、どう最小化するかが課題となる。

以上のようなリスクの性格の変化を前提にして、香港のレイモンド・チャン（Chan 2009）は、福祉国家を、伝統的な福祉国家とリスク社会下の福祉国家の二つに類型化した。そして後者の場合、国家に期待される役割は、人々のニーズに応じたサービス（福祉）の提供者ではなく、リスクの管理者であると主張した。

チャンの議論を受け入れるならば、新興アジア諸国の政府に求められている役割は、経済開発、社会開発（福祉政策）、リスク管理の三つとその有機的な統合ということになるだろう。それは、新興アジア諸国だけでなく、「高所得国」に所属する日本やＮＩＥＳにも、程度の差はあれ共通する課題であった。

2　経済と社会のリバランス

世界経済の不均衡

二〇〇八年世界金融危機を契機に、ＩＭＦなど国際機関が盛んに取り上げるようになったコンセプトがある。「成長の不均衡是正」(rebalancing growth)、もしくは「世界経済のリバランス」がそれである(ADB 2009, IMF 2010)。「成長の不均衡是正」論の背景には、国際的な経済不均衡と国内的な経済不均衡の二つが存在する。

国際的な経済不均衡というのは、輸出と輸入、投資と貯蓄の間の国際的な不均衡を指す。アメリカは貯蓄不足(過剰投資)と貿易赤字(過剰消費)のもとで成長を享受してきた国である。一方、アメリカとは対照的に、ドイツ、産油国、新興アジア諸国は、過剰貯蓄と貿易黒字(過小消費)を続けている国々である。

ところが、アメリカでは貯蓄不足にもかかわらず、住宅などの資産価格が二〇〇〇年代半ばに上昇し続け、これがローンに頼った家計消費をますます煽ることになった。そして、住宅価格の低下が引き金となって世界金融危機が生じた(伊藤正直 二〇一〇)。したがって、世界経済を安定させるためには、アメリカにおける貯蓄の増進・貿易赤字の削減と、新興アジア諸国などにおける国内消費の増進・貿易黒字の削減を、並行して進める(リバランスする)必要がある。これが「成長の不均衡是正」論者の主張であった。

一方、国内的な経済不均衡とは、投資と貯蓄、輸出と国内消費、製造業と非製造業の間の不均衡を指す。本書の第六章第4節でみたように、アジア開発銀行は、中国の「中所得国の罠」からの回避を議論するにあたって、公共投資と輸出が主導する成長戦略から国内消費が主導する成長戦略へ、製造業中心の産業構造から製造業とサービス産業のバランスのとれた産業構造へ移行することを提言していた。

この点を明瞭に示すのが、名目GDPに占める家計最終消費、資本形成(投資)、輸出の三つの比率を、アメリカ、日本、中国、タイ、マレーシアの五カ国で比較した**表終-3**である。表では、アジア通貨危機と世界金融危機の発生を重視して、二つの危機前後の三年間の平均値をとっている。

表から分かるように、家計最終消費が名目GDPに占める比率は、アメリカでは七〇%前後、日本では五五%から六〇%であったのに対し、中国は二〇〇〇年代半ばに四〇%を切り、とくに二〇〇九年から三年間の平均値は三五%にまで低下している。逆に、資本形成(投資)は、同じ三年間に、アメリカ一五%、日本二〇%に対して、中国は四八%と突出して高かった。中国の数字の高さは、世界金融危機直後(二〇〇八年一一月)に発表された、総額四兆元(五五兆円)に及ぶ緊急プロジェクトなど、巨額の公共投資を反映したものである(加藤・渡邉・大橋 二〇一三:七六)。

一方、輸出に目を転じると、マレーシアの九二%を筆頭に、タイの六六%、中国の二八%と、アメリカ(一二%)、日本(一四%)よりはるかに高かった。中国の数字は相対的に低いものの(金額は世界第一位)、それでも比率は日本の二倍である。IMFなどが主張する国際的な経済不均衡は、もっぱらアメリカと新興アジア諸国を代表する中国の間で起きているのである。

表終-3　主要国の成長要因の構成(対 GDP 比)，1994-2011 年　(%)

項　目	1994-1996	1999	2004-2006	2009-2011
(1)家計最終消費(内需)				
アメリカ	67.6	68.2	70.1	71.1
日　本	55.4	57.2	57.7	59.9
中　国	46.6	46.7	39.3	35.3
タ　イ	51.6	53.1	55.4	53.0
マレーシア	47.4	41.6	44.2	47.9
(2)資本形成(投資)				
アメリカ	18.3	20.3	19.8	14.6
日　本	28.3	24.7	22.6	19.8
中　国	41.5	36.7	42.8	48.3
タ　イ	42.2	20.2	27.8	22.8
マレーシア	42.1	22.4	22.7	21.5
(3)輸出				
アメリカ	10.8	10.6	10.5	12.1
日　本	9.3	10.2	14.6	14.4
中　国	20.5	20.4	36.7	28.2
タ　イ	39.7	56.5	67.9	65.7
マレーシア	91.6	121.3	113.5	92.2

(出所)ADB, *Key Indicators for Asia and the Pacific 2013* ほかより筆者作成.

しかし、本書で主張したい点は、こうした世界経済や国内経済の不均衡是正の問題だけではない。むしろ、強調したいのは国内の「経済と社会のリバランス」の方である。

社会発展を伴った成長

新興アジア経済論を、本書第六章で検討した「中所得国の罠」論を中心に描き、その対策に力点を置けば、世界経済の不均衡是正は重要な政策オプションとなる。しかし、現在の新興アジア諸国で進行している動きは、「生産するアジア」「消費するアジア」だけでなく、「老いてゆくアジア」であり、「経済的不平等が拡大するアジア」であり、「疲弊するアジア」であった。

確かに、所得水準の向上は人々の幸福と強く結びついている。また、日本、NIES、新興アジア諸国は、等しく所得水準を引き上げてきた(前出**表6-1**)。本章の冒頭に述べた開発主義が、二〇年以上にもわたって東アジアで有効なイデオロギーであったのは、経済成長を国家の第一の目標に据えることを多くの国民が積極的に受け入れたからである。

二〇一一年現在、先進国の代名詞である経済協力開発機構(OECD)加盟国の一人当たりGDPの平均値は三万六〇〇〇ドルである。そこで、アジア諸国が七%という相対的に高い成長率を今後続けたと仮定して、どれだけの年数で「先進国」の水準に到達するのかを、シミュレーションしてみた。韓国(二〇一一年二万ドル)は九年後、マレーシア(同八四〇〇ドル)は二二年後、中国(同四九〇〇ドル)は三〇年後、タイ(同四四〇〇ドル)は三一年後、ベトナムとインド(同一四〇〇ドル)は四八年後となる。タイの場合、実績に合わせて年成長率を五%に置き換えると、年数は三一年から四三年に伸びる。思った以上に時間がかかるのである。

成長率七%を維持するためには、絶えまないイノベーション、産業構造の高度化、生産と労働の効率性の向上など、不断の努力が必要となる。一方、この期間に、新興アジア諸国は、進行する高齢化社会に対応し、経済的不平等の拡大を解消し、多様化するリスクを管理することも求められる。経済成長の実現と社会問題の解決を同時的に遂行することは、決してたやすいことではない。

情報経済学の功績でノーベル経済学賞を受賞したスペンスは、『マルチスピード化する世界の中で――途上国の躍進とグローバル経済の大転換』(二〇一一)の中で、一九五〇年を起点とする一〇〇年間の間に、大半の途上国が先進国化するという、きわめて大胆かつ楽観的なシナリオを描いた。そして、先進国と途上国の間の経済格差が拡大していった過去の二世紀と対比させて、二一世紀は、途上国が先進国との格差を大幅に縮める「収斂の新世紀」(the Next Convergence)になると展望した。

スペンスはこの本の中で、途上国のキャッチアップ、中所得国の罠、世界経済の不均衡是正など、本書と重なる問題を数多く取り上げている。しかし、彼は今後の課題として金融システムや気候変動は論じているものの、新興アジア諸国が直面する社会問題にはほとんど触れていない。

いま議論すべきは、新興アジア諸国がどれだけの時間をかけて先進国になるのか、あるいはどのようにして中所得国から高所得国に移行するのか、そうした問題だけではないはずである。むしろ、韓国が高い自殺率や若者の就職難をどう解消し、新興アジア諸国が高齢化社会や格差拡大社会を克服してどのような社会を構築するのか、という問いの方が重要であろう。つまり、「経済と社会のリバランス」を真剣に考える必要があるのではないだろうか。

先に、東アジアの社会保障制度は不十分であると述べた。制度のカバリッジの問題もあるが、東アジアの社会保障制度の基本的な特徴は、国家が制度を設計し、政府や企業(雇用主)と被保険者が保険料を負担する「社会保険方式」にある。しかし、社会保障制度の枠外にある農民やインフォーマルセクターの人々(いわゆる「排除された大多数」)を包摂するためには、既存の制度だけでは十分ではない。

そこで、韓国では二〇一二年に、「ゆきすぎた市場主義」への反省から、協同組合思想を掲げる新しい生活保障の試みが始まった(株本 二〇一四)。一方、国民皆年金制度の構築や高齢者の公的ケア施設の建設が遅々として進まないタイでは、地域住民と地方自治体が中心となって、「コミュニティ福祉センター」を各地に設立し、地方に住む高齢者のケアを開始している(河森二〇一四)。こうした「草の根社会保障」(grassroots social security)は他のアジア諸国でも始まっている(Midgley and Hosaka eds. 2011)。これらの動きはまだ始まったばかりで、今後の発展は未知数である。ただし、国家主導ではなく、地域住民やNGOが参加する「経済と社会のリバランス」の試みとして注目すべきであろう。

経済成長と社会保障(福祉社会)を両立させる成長戦略は、「包摂的成長」(inclusive growth)と呼ばれる。アジアは高い経済成長率の追求ではなく、「社会発展を伴った成長」を目指すべきではないのか。それが私の意見である。

3　「課題先進国」日本の役割

『通商白書』に見る日本のアジア協力

本書では、アジアで起きている経済と社会の大きな変動について、新興アジア諸国を中心に検討してきた。また、中国やインドの台頭によって日本のプレゼンスが低下していること、ＩＴ産業では韓国・台湾や中国の新興企業に、先導企業である日本企業が追い付かれ、場合によっては追い抜かれている状況も紹介した。

それでは、大きく変わるアジア経済の中で日本が果たすべき役割は何なのか。

一九六〇年代から八〇年代まで、日本はアジアの中で「キャッチアップ型工業化」の先頭を走り、文字通りの「工業先進国」として、近隣諸国、とりわけNIESに工業化のモデルを提供してきた。同時に、かつてアメリカが日本に技術・知識を提供したように、日本は海外から輸入し、改善・改良を加えた製造技術や生産ノウハウを、企業の海外活動や経済協力を通じて、近隣諸国に伝えてきた。そうした行動が「地域としてのアジア」の経済発展に貢献してきたことは、まぎれもない事実である。

その一方、二一世紀のアジアの中で、日本が「工業先進国」として先導的な役割を引き続き果たすと言い切るには無理がある。NIESや新興アジア諸国の製造業の輸出競争力は、三〇年前に比べると格段に向上しているからである。同時に、世界の経済的覇権も、米ソの二大大国、あるいはG5の時代から、「米中伯仲の時代」に移りつつある(飯田 二〇一三)。この流れはだれも止めることはできないだろう。

今日のアジア地域における日本の位置取りは、「工業先進国」としての先導ではなく、「課題先進国」としての協力にあるのではないのか。

この点について示唆を与えてくれるのは、『通商白書二〇一〇』の記述であろう。『通商白書二〇一〇』は、副題に「国を開き、アジアとともに成長する日本」を掲げ、アジアとの共生を明確に打ち出した。そして、同白書第二章は、「アジア「内需」とともに成長する我が国、持続的成長実現に向けたアジア・太平洋の枠組み」と題して、次の四つの課題を掲げている。

① アジア地域内の国境を越えたサプライチェーンの確立によって、「世界の工場」としてのアジアの地位をより強固にする。

② 「世界の消費市場」としてのアジアの中で、旅行・医療・教育への支出が伸びていることに着目

して、日本のサービス産業のアジア展開を本格化させ、アジア諸国に日本の「魅力・安全・安心」を提供する。

③都市化の進展に伴って急増するアジアのインフラ需要に対応して、日本が広域インフラを整備し、「東アジア産業大動脈」を形成する。

④少子高齢化や環境・エネルギー問題など、アジアが地域として直面する共通の課題に対して共に取り組む。

このうち①は、本書の第三章で紹介した「アジア化するアジア」、あるいは東アジア生産ネットワーク論に依拠した提案である。「生産するアジア」に焦点をあてた日本の協力と言い換えてもよいだろう。

②は、本書の第二章で取り上げた「消費するアジア」にもっぱら注目したもので、アジア諸国の富裕層・中間層の著しい成長と、日本のサービス産業（アニメなどのコンテンツ産業、外食、コンビニ、ホテル・観光、教育産業など）のアジア進出を結びつけようとする提案である。

③は、二階俊博経済産業大臣が、二〇〇八年八月の「ASEANプラス6」経済大臣会合の場で表明した「東アジア産業大動脈構想」（国境を越えた産業圏の形成とそのリンケージ）に端を発する。その後、経済産業省のPPP（Public-Private Partnership）政策研究会の答申「アジア広域インフラ開発と中核拠点建設構想」をへて、経済産業省の肝煎りでASEAN事務局内に設立された東アジア・アセアン経済研究センター（ERIA）の「アジア総合開発計画」に引き継がれた。この構想の背後には、長期不況のもとで苦境に陥っている日本の建設業界を活性化させたいという、政府の目論見もあった。

ところで、以上の三つは『通商白書』の主張としては決して目新しいものではなく、二〇〇五年頃から彼らが提案してきた構想であった。新しい主張は四番目にある（『通商白書』と日本のアジア政策の変遷については、末廣（二〇一四）を参照）。

もっとも、『通商白書』はアジアが直面する社会問題、たとえば、国内格差の拡大や高齢化社会の到来についても、小規模ながら特集を組んできた。また、『通商白書二〇一二』（第二章）は、二〇一一年のタイ大洪水について、四二頁にわたる特集を組んでいる。これは、タイ大洪水が自動車産業や電機電子産業のグローバル・サプライチェーンに対して、深刻な打撃を与えたという認識にもよるが、東日本大震災を経験した日本が、自然災害のリスクに晒されているアジア諸国と連携して、今こそ防災・減災にあたるべきだという強い意図も込められていた。

『通商白書二〇一〇』は本文の最後で、日本の役割は「課題解決型国家」として、また「知のリーディングパワー」としてアジア諸国に貢献することにある、と述べている（同白書：四〇八）。この姿勢に私も賛成である。

「工業先進国」から「課題解決型先進国」へ

「課題先進国・日本」の言葉を最初に使ったのは、前東京大学総長で、地球環境工学を専門とする小宮山宏である（本書第二章第3節も参照）。小宮山（二〇〇七）は、日本が「モノ作り」のキャッチアップから、世界のフロントランナー（モデルをつくる）へと飛躍するためには、環境・エネルギー、高齢化と医療システム、高等教育など、世界が直面する喫緊の課題に果敢に挑戦すべきであると述べる。

そのための経験とノウハウを日本は持っている。たとえば、モノ作りだけではなくエネルギー利用についても、日本は世界最先端の効率性を誇る。次世代エネルギーの開発には日本の技術と知識が欠かせない。また、産業公害や環境問題では試行錯誤を繰り返してきた。高齢化社会への移行もアジアの中では最も早く、そのため医療技術を発展させてきた。過去、さまざまな問題に直面し、失敗も経験してきた日本の姿は未来の地球の縮図であり、その意味で「課題先進国」であると。

ただし、「課題先進国」日本が「課題解決型先進国」に転換するためには三つの力が必要だと、彼は述べる(同上書:二五二)。①混沌の中に本質を見出し、課題解決の具体的なビジョンを描く力、②このビジョンを描くために、独りではなく他者と生きているという認識、もしくは他者を感じる力、③世界は変わる、社会は変わるという信念のもと、先頭に立つ勇気の三つである。

この三つの力を、新興アジア経済論のアプローチにひきつけて私なりの言葉に置き換えると、次のようになる。

①はアジア諸国・地域、あるいは特定の国を、政治、経済、社会、文化などに切り分けて分析するのではなく、「丸ごと理解する」努力を行うこと。本書でもできるだけこの姿勢を取るようにした。

②は統計や文献だけではなく、自分の目と足を使い、対話を通して相手の実態を理解すること。他者(アジア)を理解することは、結局は自分(日本)を理解することにつながる。本書では数多くの統計を援用しており、私の主張と矛盾するように見えるかもしれない。しかし、すべての統計の選択や作成は、アジア通貨危機以後、タイをはじめアジア諸国を訪問して得た、私自身の体験にもとづいている。地域研究(アジア研究)は知識の束ではなく、「他者を感じる力」で支えられていると思うからだ。

③は既存のアジア経済論に満足せず、変動を続けるアジアの現実に密着し、これを理解するための新しい枠組みを提供する、そうしたチャレンジ精神を持つこと。したがって、挑戦する相手は何よりもまず、自分自身の前著『キャッチアップ型工業化論』にならざるを得ない。本書の副題に「キャッチアップを超えて」を選んだのはそのためでもある。

新興アジア経済の動きを、経済と社会の両側面から捉えるという本書の目的は、一定程度果たしたと私は思っている。ただし、本書はあくまで現状分析にとどまっており、「社会発展を伴った成長」の具体的なシナリオを描いたわけではない。アジア各国・地域で展開されているさまざまな活動を、現地調査や共同研究を通じて丹念に追跡し、「新しい社会」の具体像を提示すること。これが私にとって次の課題になる。

参考文献

青木健（一九八七）『太平洋成長のトライアングル』日本評論社。

――（二〇一〇）「日本と東アジアの貿易構造変化」青木健・馬田啓一編著『グローバリゼーションと日本経済』文眞堂。

赤羽淳（二〇一四）『東アジア液晶パネル産業の発展――韓国・台湾企業の急速キャッチアップと日本企業の対応』勁草書房。

アジア経済研究所（日本貿易振興機構アジア経済研究所）（一九八五―二〇一二）『アジア動向年報（各年版）』。

安倍誠（二〇一一）『韓国財閥の成長と変容――四大グループの組織改革と資源配分構造』岩波書店。

飯田敬輔（二〇一三）『経済覇権のゆくえ――米中伯仲時代と日本の針路』中公新書。

池間誠編著（二〇〇九）『国際経済の新構図――雁行型経済発展の視点から』文眞堂。

石川幸一・清水一史・助川成也編著（二〇一三）『ASEAN経済共同体と日本――巨大統合市場の誕生』文眞堂。

伊藤亜聖（二〇一〇）「「義烏」のジレンマと発展のダイナミクス――安物雑貨供給システムとしての発展」『三田学会雑誌』第一〇三巻第一号。

伊藤正直（二〇一〇）『なぜ金融危機はくり返すのか――国際比較と歴史比較からの検討』旬報社。

――（二〇一二）『金融危機は再びやってくる――世界経済のメカニズム』岩波ブックレット。

糸久正人・猪狩栄次朗・吉川良三（二〇〇七）「サムスン電子におけるリバース・エンジニアリング型開発プロセス」東京大学ものづくり経営研究センター、ディスカッションペーパーNo.165。

猪口孝・田中明彦・園田茂人、ティムール・ダダバエフ編著　(二〇〇七)『アジア・バロメーター　躍動するアジアの価値観――アジア世論調査(二〇〇四)の分析と資料』明石書店。
岩井紀子・保田時男編　(二〇〇九)『データで見る東アジアの家族観――東アジア社会調査による日韓中台の比較』ナカニシヤ出版。
ウェアフリッツ、ジョン　(二〇〇七)「希望なき次世代の虎たち――The Death of Social Mobility」『ニューズウィーク日本版』一二月五日号。
ヴォーゲル、エズラ・F　(一九九三)『アジア四小龍――いかにして今日を築いたか』渡辺利夫訳、中公新書。
馬田啓一・浦田秀次郎・木村福成編著　(二〇一二)『日本のTPP戦略――課題と展望』文眞堂。
大泉啓一郎　(二〇〇七)『老いてゆくアジア――繁栄の構図が変わるとき』中公新書。
――(二〇一一)『消費するアジア――新興国市場の可能性と不安』中公新書。
――(二〇一二)「東アジアの経済発展と人口ボーナス論」学位請求論文、京都大学大学院アジア・アフリカ地域研究研究科。
大西裕　(二〇一四)『先進国・韓国の憂鬱――少子高齢化、経済格差、グローバル化』中公新書。
大野健一　(二〇一三)『産業政策のつくり方――アジアのベストプラクティスに学ぶ』有斐閣。
小川紘一　(二〇〇九)『国際標準化と事業戦略――日本型イノベーションとしての標準化ビジネスモデル』白桃書房。
落合恵美子編　(二〇一三)『親密圏と公共圏の再編成――アジア近代からの問い』京都大学学術出版会。
郭四志　(二〇一一)『中国エネルギー事情』岩波新書。
ガーシェンクロン、アレクサンダー　(二〇〇五)『後発工業国の経済史――キャッチアップ型工業化論』絵所秀紀ほか訳、ミネルヴァ書房(A. Gerschenkron, *Economic Backwardness in Historical Perspective*, Cambridge, Mass.: Harvard University Press, 1962)。
加藤弘之　(二〇一三)『「曖昧な制度」としての中国型資本主義』NTT出版。

加藤弘之・久保亨（二〇〇九）『進化する中国の資本主義』岩波書店。

加藤弘之・渡邉真理子・大橋英夫（二〇一三）『二一世紀の中国　経済篇――国家資本主義の光と影』朝日新聞出版。

株本千鶴（二〇一二）「韓国における高齢者の所得保障」東京大学社会科学研究所『社会科学研究』第六三巻第五・六合併号。

――（二〇一四）「韓国における協同組合の法制化――経済と社会の構想に関する一考察」末廣編（二〇一四）所収。

上山邦雄編著（二〇一四）『グローバル競争下の自動車産業――新興国市場における攻防と日本メーカーの戦略』日刊自動車新聞社。

川上桃子（二〇〇五）「台湾パーソナル・コンピュータ産業の成長要因――ODM受注者としての優位性の所在」今井健一・川上桃子編『東アジア情報機器産業の発展プロセス』アジア経済研究所。

――（二〇一二）『圧縮された産業発展――台湾ノートパソコン企業の成長メカニズム』名古屋大学出版会。

川中豪（二〇〇九）「新興民主主義の安定をめぐる理論の展開」『アジア経済』第五〇巻第一二号。

川端望（二〇〇五）『東アジア鉄鋼業の構造とダイナミズム』ミネルヴァ書房。

河森正人（二〇一四）「タイ農村部における高齢者の生活保障」末廣編（二〇一四）所収。

金成垣（二〇一四）「福祉国家以降の韓国福祉国家――「過酷な現実・不安な将来」の諸相」末廣編（二〇一四）所収。

木村福成・安藤光代（二〇〇六）「国際的生産・流通ネットワークと新国際通商戦略」『フィナンシャル・レビュー』第八一号。

木村福成・石川幸一編著（二〇〇七）『南進する中国とASEANへの影響』ジェトロ。

日下渉（二〇一三）『反市民の政治学――フィリピンの民主主義と道徳』法政大学出版局。

経済産業省（二〇〇一―二〇一三）『通商白書（各年版）』。

厳春鶴（二〇一二）「中国における農民工の社会保障問題に関する一考察――就労・生活実態の分析を通して」『海外社会保障研究』第一七九号。

高龍秀（二〇〇〇）『韓国の経済システム――国際資本移動の拡大と構造改革の進展』東洋経済新報社。

――（二〇〇九）『韓国の企業・金融改革』東洋経済新報社。

河野稠果（二〇〇七）『人口学への招待――少子・高齢化はどこまで解明されたか』中公新書。

駒形哲哉（二〇一一）『中国の自転車産業――「改革・開放」と産業発展』慶應義塾大学出版会。

小宮山宏（二〇〇七）『「課題先進国」日本――キャッチアップからフロントランナーへ』中央公論新社。

小宮山宏・武内和彦・住明正・花木啓祐・三村信男編（二〇一一）『サステイナビリティ学5　持続可能なアジアの展望』東京大学出版会。

佐藤創編（二〇〇八）『アジア諸国の鉄鋼業――発展と変容』アジア経済研究所。

佐藤幸人（二〇〇七）『台湾ハイテク産業の生成と発展』岩波書店。

――編（二〇〇八）『台湾の企業と産業』アジア経済研究所。

――編（二〇一二）『キャッチアップ再考』（調査研究報告書）、アジア経済研究所。

佐藤百合（二〇一一）『経済大国インドネシア――二一世紀の成長条件』中公新書。

――編（二〇〇四）『インドネシアの経済再編――構造・制度・アクター』アジア経済研究所。

シュンペーター、J・A（一九九八）『企業家とは何か』清成忠男編訳、東洋経済新報社。

新宅純二郎・天野倫文編（二〇〇九）『ものづくりの国際経営戦略――アジアの産業地理学』有斐閣。

末廣昭（二〇〇〇）『キャッチアップ型工業化論――アジア経済の軌跡と展望』名古屋大学出版会。

――（二〇〇三）『進化する多国籍企業――いま、アジアでなにが起きているのか？』岩波書店。

――（二〇〇六）『ファミリービジネス論――後発工業化の担い手』名古屋大学出版会。

――（二〇〇七）「木村誠志著『後発工業化の挑戦』を読む――その批判と継承」福島大学『商学論集』

第七六巻第二号。

――（二〇〇九）『タイ――中進国の模索』岩波新書。

――（二〇一〇）「東アジア経済をどう捉えるか？――開発途上国論から新興中進国群論へ」日本総合研究所『環太平洋ビジネス情報 RIM』第一〇巻第三八号。

――（二〇一一）「開発体制論」和田春樹ほか編『岩波講座東アジア近現代通史8 ベトナム戦争の時代』岩波書店。

――（二〇一四）「日本のアジア認識・政策の変容――二〇〇一年以降の『通商白書』を中心として」宮城大蔵編『歴史のなかの日本政治5 戦後アジアの形成と日本』中央公論新社。

――編著（二〇一〇）『東アジア福祉システムの展望――七カ国・地域の企業福祉と社会保障制度』ミネルヴァ書房。

――編（二〇一四）『東アジアの雇用・生活保障と新たな社会リスクへの対応』東京大学社会科学研究所研究シリーズNo.56。

末廣昭・伊藤亜聖・大泉啓一郎・助川成也・宮島良明・森田英嗣（二〇一四）『南進する中国と東南アジア――地域の「中国化」』東京大学社会科学研究所現代中国研究拠点研究シリーズNo.13。

末廣昭・大泉啓一郎・宮島良明・助川成也・布田功治（二〇一一）『中国の対外膨張と大メコン圏（GMS）・CLMV』東京大学社会科学研究所現代中国研究拠点研究シリーズNo.7。

末廣昭・南原真（一九九一）『タイの財閥――ファミリービジネスと経営改革』同文舘出版。

鈴木絢女（二〇一四）「上位中所得国マレーシアの福祉政治――「新経済モデル」下の社会保障・雇用保障改革」末廣編（二〇一四）所収。

スペンス、マイケル（二〇一一）『マルチスピード化する世界の中で――途上国の躍進とグローバル経済の大転換』土方奈美訳、早川書房。

園田茂人編著（二〇一三）『リスクの中の東アジア』勁草書房。

武川正吾（二〇一二）『政策志向の社会学——福祉国家と市民社会』有斐閣。

橘木俊詔（二〇〇六）『格差社会——何が問題なのか』岩波新書。

谷口洋志・朱珉・胡水文（二〇〇九）『現代中国の格差問題』同友館。

曺斗燮《チョ・トゥソップ》・尹鍾彦《ユン・ジョンオン》（二〇〇五）『三星の技術能力構築戦略——グローバル企業への技術学習プロセス』有斐閣。

寺尾忠能編（二〇一三）『環境政策の形成過程——「開発と環境」の視点から』アジア経済研究所。

寺西重郎責任編集、一橋大学経済研究所経済制度研究センター編（二〇〇三）『アジアのソーシャル・セーフティネット』勁草書房。

湯進《トウ・シン》（二〇〇九）『東アジアにおける二段階キャッチアップ工業化——中国電子産業の発展』専修大学出版局。

トラン・ヴァン・トゥ（二〇一〇）『ベトナム経済発展論——中所得国の罠と新たなドイモイ』勁草書房。

鳥居高編（二〇〇六）『マハティール政権下のマレーシア——「イスラーム先進国」をめざした二二年』アジア経済研究所。

内閣府（二〇一〇）『第七回高齢者の生活と意識に関する国際比較調査』内閣府。

日本貿易振興機構『世界貿易投資報告(各年版)』同機構。

——（二〇一三）『世界と日本のＦＴＡ一覧』同機構。

日本貿易振興機構北京事務所（二〇一二）『中国の社会保険の概要とその最新動向』同機構。

糠谷英輝（二〇一二）「マレーシア経済の動向と今後の課題」国際通貨研究所『Newsletter』No.4。

樋口明彦・上村泰裕・平塚眞樹編著（二〇一一）『若者問題と教育・雇用・社会保障——東アジアと周縁から考える』法政大学出版局。

広井良典・駒村康平編（二〇〇三）『アジアの社会保障』東京大学出版会。

富士キメラ総研（二〇〇五—二〇一三）『ワールドワイドエレクトロニクス市場総調査(各年版)』同研究所。

藤本隆宏（二〇〇三）『能力構築競争――日本の自動車産業はなぜ強いのか』中公新書。

藤本隆宏・新宅純二郎編著（二〇〇五）『中国製造業のアーキテクチャ分析』東洋経済新報社。

藤本隆宏・武石彰・青島矢一編（二〇〇一）『ビジネス・アーキテクチャ――製品・組織・プロセスの戦略的設計』有斐閣。

ベック、ウルリッヒ（二〇〇三）『世界リスク社会論――テロ、戦争、自然破壊』島村賢一訳、平凡社。

星野妙子編（二〇〇七）『ラテンアメリカ新一次産品輸出経済論――構造と戦略』アジア経済研究所。

星野妙子・末廣昭編（二〇〇六）『ファミリービジネスのトップマネジメント――アジアとラテンアメリカにおける企業経営』岩波書店。

増原綾子（二〇一四）「変わるインドネシアの社会保障制度」末廣編（二〇一四）所収。

マディソン、アンガス（二〇〇四）『経済統計で見る世界経済二〇〇〇年史』金森久雄監訳、政治経済研究所訳、柏書房。

丸川知雄（二〇〇七）『現代中国の産業――勃興する中国企業の強さと脆《もろ》さ』中公新書。

――（二〇一三a）『チャイニーズ・ドリーム――大衆資本主義が世界を変える』ちくま新書。

――（二〇一三b）『現代中国経済』有斐閣アルマ。

三浦有史（二〇一〇）『不安定化する中国――成長の持続性を揺るがす格差の構造』東洋経済新報社。

南亮進・馬欣欣（二〇〇九）「中国経済の転換点――日本との比較」『アジア経済』第五〇巻第一二号。

宮田敏之（二〇〇八）「タイ産高級米ジャスミン・ライスと東北タイ」東京大学東洋文化研究所『東洋文化』第八八号。

宮本太郎（二〇〇九）『生活保障――排除しない社会へ』岩波新書。

柳田邦男（一九八一）『日本の逆転した日』講談社。

山田久（二〇一〇）『デフレ反転の成長戦略――「値下げ・賃下げの罠」からどう脱却するか』東洋経済新報社。

横田伸子（二〇一二）『韓国の都市下層と労働者――労働の非正規化を中心に』ミネルヴァ書房。

吉岡英美（二〇〇六）「韓国半導体産業の技術発展――三星電子の要素技術開発の事例を通じて」『アジア経済』第四七巻第三号。

――（二〇一〇）『韓国の工業化と半導体産業――世界市場におけるサムスン電子の発展』有斐閣。

――（二〇一一）「韓国半導体産業の発展をどう捉えるか――後発工業化の視点から」京都大学経済学会『経済論叢』第一八五巻第三号。

吉冨勝（二〇〇三）『アジア経済の真実――奇蹟、危機、制度の進化』東洋経済新報社。

李敏（二〇一一）『中国高等教育の拡大と大卒者就職難問題――背景の社会学的検討』広島大学出版会。

廉思編（二〇一〇）『蟻族――高学歴ワーキングプアたちの群れ』関根謙監訳、勉誠出版。

渡辺利夫（一九八六）『開発経済学――経済学と現代アジア』日本評論社（第二版、一九九六）。

――（一九九九）「アジア化するアジア――危機の向こうに見えるもの」『中央公論』六月号。

渡辺利夫編・日本総合研究所調査部環太平洋研究センター（二〇〇四）『東アジア――経済連携の時代』東洋経済新報社。

渡辺利夫・向山英彦編（二〇〇一）『中国に向かうアジア　アジアに向かう中国』東洋経済新報社。

渡辺雄一（二〇一三）「高齢化社会における経済格差問題」（特集　韓国新政権の課題と展望）『アジ研ワールド・トレンド』二一三号。

Abramovitz, Moses (1986), "Catching-Up, Forging Ahead, and Falling Behind", *The Journal of Economic History*, Vol.46, No.2.
ADB (Asian Development Bank) (各年度版), *Key Indicators for Asia and the Pacific*, Manila: ADB.
―― (1999), *Fighting Poverty in Asia*, Manila: ADB.

———(2007), "Uncoupling Asia: Myth and Reality", *Asian Development Outlook 2007: Growth amid Change*, Manila: ADB.
———(2009), *Asian Development Outlook 2009: Rebalancing Asia's Growth*, Manila: ADB.
———(2012a), *Asian Development Outlook 2012: Confronting Rising Inequality in Asia*, Manila: ADB.
———(2012b), *Asia 2050: Realizing the Asian Century*, Manila: ADB.
———(2012c), *Growing beyond the Low-Cost Advantage: How the People's Republic of China Can Avoid the Middle-Income Trap?*, Manila: ADB.
———(2013), *Flood Risk Management: A Strategic Approach*, Manila: ADB.
Akusonsri Phanitsarn(2011), *Thun Chin Ruk ASEAN* (中国資本，ＡＳＥＡＮに深く進入), Bangkok: Krungthep Thurakit(タイ語).
Amsden, Alice H.(1989), *Asia's Next Giant: South Korea and Late Industrialization*, New York: Oxford University Press.
Amsden, Alice H. and Wan-wen Chu(2003), *Beyond Late Development: Taiwan's Upgrading Policies*, Cambridge, Mass.: The MIT Press.
APO(Asian Productivity Organization)(2012), *APO Productivity Data Book 2012*, Tokyo: APO.
Arkhom Termpittayapaisith(2011), "Setthakit Sarngsan khong Thai(タイの創造経済)", Bangkok: NESDB(website)(タイ語).
———(2013), "Utsahakam Yuk Mai, The Next Generation of Thai Industry", Bangkok: NESDB (website)(タイ語).
Arndt, Sven W. and Henryk Kierzkowski(eds.)(2001), *Fragmentation: New Production Patterns in the World Economy*, Oxford: Oxford University Press.
Barro, Robert J.(2008), "Inequality and Growth Revisited", Working Paper Series on Regional Econom-

ic Integration No.11, Manila: ADB.
Beck, Ulrich and Elisabeth Beck-Gernsheim (2002), *Individualization: Institutionalized Individualism and Its Social and Political Consequences*, London: Sage.
Bloom, David E. and Jeffery G. Williamson (1997), "Demographic Transitions and Economic Miracles in Emerging Asia", NBER Working Paper No.6268.
Bloom, David E., David Canning and Pia N. Malaney (1999), "Demographic Change and Economic Growth in Asia", CID Working Paper No.15, Harvard University.
Bloom, David E., David Canning and Jaypee Sevilla (eds.) (2003), *The Demographic Dividend: A New Perspective on the Economic Consequences of Population Change*, Santa Monica, CA: Rand.
Chan, Raymond K.H. (2009), "Risk Discourse and Politics: Restructuring Welfare in Hong Kong", *Critical Social Policy*, Vol.29, No.1.
Epstein, Gerald A. (ed.) (2005), *Financialization and the World Economy*, Cheltenham, UK: Edward Elgar.
Freeman, Chris (1995), "The 'National System of Innovation' in Historical Perspective", *Cambridge Journal of Economics*, Vol.19, No.1.
Fujita, Masahisa (ed.) (2007), *Regional Integration in East Asia: From the Viewpoint of Spatial Economics*, Basingstoke: Palgrave Macmillan.
Fujita, Masahisa, Paul Krugman and Anthony J. Venables (1999), *The Spatial Economy: Cities, Regions and International Trade*, Cambridge, Mass.: The MIT Press. (藤田昌久、ポール・クルーグマン、アンソニー・J・ベナブルズ『空間経済学――都市・地域・国際貿易の新しい分析』小出博之訳、東洋経済新報社、二〇〇〇年)
Gawer, Annabelle (ed.) (2003), *Platforms, Markets and Innovation*, Cheltenham, UK: Edward Elgar.

Gawer, Annabelle and Michael A. Cusumano(2002), *Platform Leadership: How Intel, Microsoft, and Cisco Drive Industry Innovation*, Boston: Harvard Business School Press.(アナベル・ガワー、マイケル・A・クスマノ『プラットフォーム・リーダーシップ——イノベーションを導く新しい経営戦略』小林敏男監訳、有斐閣、二〇〇五年)

Gill, Indermit and Homi Kharas(2007), *An East Asian Renaissance: Ideas for Economic Growth*, Washington D.C.: The World Bank.

van Ginneken, Wouter (ed.)(1999), *Social Security for the Excluded Majority: Case Studies of Developing Countries*, Geneva: ILO.

Goldman Sachs(2003), *Dreaming with BRICs: The Path to 2050*, Global Economics Paper No.99.

Halper, Stefan(2010), *The Beijing Consensus: How China's Authoritarian Model Dominate the Twenty-First Century*, New York: Basic Books(ステファン・ハルパー『北京コンセンサス——中国流が世界を動かす?』園田茂人・加茂具樹訳、岩波書店、二〇一一年)

Hateley, Louise and Gerald Tan(2003), *The Greying of Asia: Causes and Consequences of Rapid Ageing in Asia*, Singapore: Eastern Universities Press.

Huang, Yasheng(2008), *Capitalism with Chinese Characteristics: Entrepreneurship and the State*, Cambridge: Cambridge University Press.

IMD(2001), *The World Competitiveness Yearbook 2001*, Switzerland: IMD.

———(2013), *The World Competitiveness Yearbook 2012*, Switzerland: IMD.

IMF(International Monetary Fund)(2010), *World Economic Outlook April 2010: Rebalancing Growth*, New York: IMF.

Kharas, Homi(2010), "The Emerging Middle Class in Developing Countries", OECD Development Centre Working Paper No.285.

Kimura, Seishi (2007), *The Challenge of Late Industrialization: The Global Economy and the Japanese Commercial Aircraft Industry*, Basingstoke: Palgrave Macmillan.

Koopman, R., Z. Wang and S-J Wei (2008), "How Much of Chinese Exports is Really Made in China?", NBER Working Paper Series No.14109.

Krugman, Paul (1994), "The Myth of Asia's Miracle", *Foreign Affairs*, 73(6), November/ December.(ポール・クルーグマン「アジアの奇跡という幻想」『良い経済学　悪い経済学』山岡洋一訳、日経ビジネス人文庫、二〇〇〇年)

Kuznets, Simon (1955), "Economic Growth and Income Inequality", *American Economic Review*, Vol.45, No.1.

Kwon, Huck-ju (ed.) (2005), *Transforming the Developmental Welfare State in East Asia*, Basingstoke: Palgrave Macmillan.

Lin, Justin Yifu (2011), "From Flying Geese to Leading Dragons: New Opportunities and Strategies for Structural Transformation in Developing Countries", The World Bank Research Paper No.5702, Washington D.C.: The World Bank.

Mason, Andrew (1997), "Population and the Asian Economic Miracle", *Asia-Pacific Population & Policy*, East-West Center, No.43.

———(ed.) (2001), *Population Change and Economic Development in East Asia: Challenges Met, Opportunities Seized*, Stanford: Stanford University Press.

McMillan, Margaret and Dani Rodrik (2011), "Globalization, Structural Change, and Productivity Growth", Geneva: ILO.

Midgley, James and Mitsuhiko Hosaka (eds.) (2011), *Grassroots Social Security in Asia: Mutual Aid, Microinsurance and Social Welfare*, London: Routledge.

Natenapha Wailerdsak and Akira Suehiro(2010), "Thailand", Asli Colpan et al. (eds.), *The Oxford Handbook of Business Groups*, Oxford: Oxford University Press.

National Economic Advisory Council(NEAC), Malaysia(2010), *New Economic Model for Malaysia Part I: Strategic Policy Directions*, Putrajaya, Malaysia: NEAC.

Nelson, Richard R.(ed.)(1993), *National Innovation Systems: A Comparative Analysis*, New York: Oxford University Press.

NSO(National Statistical Office), Thailand(2008), *Report on the 2007 Survey of the Older Persons in Thailand*, Bangkok: NSO(タイ語).

OECD(1979), *The Impact of the Newly Industrializing Countries*, Paris: OECD.(ＯＥＣＤ『ＯＥＣＤレポート　新興工業国の挑戦』大和田悳朗訳、東洋経済新報社、一九八〇年)

———(2011), "Right for the Job: Over-Qualified or Under-Skilled?", OECD, *OECD Employment Outlook 2011*, Paris: OECD.

Ohno, Kenichi(2009), "Avoiding the Middle-income Trap: Renovating Industrial Policy Formulation in Vietnam", *ASEAN Economic Bulletin*, Vol.26, No.1.

Palma, Jose Gabriel(2011), "Homogeneous Middles vs. Heterogeneous Tails, and the End of the 'Inverted-U': The Share of the Rich is What It's All About", Cambridge Working Papers in Economics (CWPE)No.1111.

Park, Youngwon, Junjiro Shintaku, Junichi Tomita, Paul Hong and Gyewan Moon(2009), "Modularity of Flat Panel Display TV and Operation Management Practices: A Case Study of LG Electronics", MMRC No.248.

Pérez, Carlota(2001), "Technological Change and Opportunities for Development as A Moving Target", *CEPAL Review*, No.75.

Porametee Vimolsiri(2011), "Economic Outlook in 2011 and the Draft 11th National Economic and Social Development Plan", Bangkok: NESDB.

Porter, Michael E.(1998), "Clusters and the New Economics of Competition", *Harvard Business Review*, November-December.

Ramesh, M with Mukul G. Asher(2000), *Welfare Capitalism in Southeast Asia: Social Security, Health and Education Policies*, Basingstoke: Palgrave.

Roslan, A.H.(2010), "Income Inequality, Poverty and Development Policy in Malaysia"(website).

Saez, Emmanuel(2012), "Striking It Richer: The Evolution of Top Incomes in the United States"(website).

Sawada, Yukari(2012), "What Makes Unemployment Insurance Funds Grow: China's Challenge to Stabilize Workers and the UI Fund", *Towards a More Resilient Society: Lessons from Economic Crises*, Pacific Economic Cooperation Council.

Suehiro, Akira(2008), *Catch-up Industrialization: The Trajectory and Prospects of East Asian Economies*, Singapore: NUS Press.

Udom Wongviwatchai(2013), "Five-Year Investment Promotion Strategy Draft 2013–2017", Bangkok: BOI(website).

Ulrich, Karl(1995), "The Role of Product Architecture in the Manufacturing Firm", *Research Policy*, No.24.

United Nations(1956), *The Aging of Populations and Its Economic and Social Implications*, New York: United Nations.

——(2010), *World Population Prospects: The 2010 Revision*, New York: United Nations.

Wade, Robert(1990), *Governing the Market: Economic Theory and the Role of Government in East*

Asian Industrialization, Princeton: Princeton University Press.

World Bank, *World Development Indicators Online*, various issues.

World Bank(1993), *The East Asian Miracle: Economic Growth and Public Policy*, New York: Oxford University Press.(世界銀行『東アジアの奇跡——経済成長と政府の役割』白鳥正喜監訳、海外経済協力基金開発問題研究会訳、東洋経済新報社、一九九四年)

———(1998), *East Asia: The Road to Recovery*, Washington D.C.: The World Bank.(世界銀行『東アジア　再生への途』柳原透監訳、東洋経済新報社、二〇〇〇年)

World Bank (2007),*Vietnam Development Report 2008: Social Protection*, Washington D.C.: The World Bank.

World Bank and Development Research Center of the State Council, People's Republic of China(2012), *China 2030: Building a Modern, Harmonious, and Creative High-Income Society*, Washington D.C.: The World Bank.

Yusuf, Shahid(ed.)(2003), *Innovative East Asia*, Washington D.C.: The World Bank.(シャヒッド・ユスフほか『東アジアのイノベーション——成長への課題』関本勘次・近藤正規ほか訳、シュプリンガー・フェアラーク東京、二〇〇五年)

Yusuf, Shahid and Simon J. Evenett(2002), *Can East Asia Compete? Innovation for Global Markets*, Washington D.C.: The World Bank.

Yusuf, Shahid and Kaoru Nabeshima(2009), *Tiger Economies under Threat: A Comparative Analysis of Malaysia's Industrial Prospects and Policy Options*, Washington D.C.: The World Bank.

あとがき

二〇一二年の五月から六月の一ヵ月間と、同年九月から翌二〇一三年二月までの五ヵ月間、それぞれメキシコシティとフランスのリヨンに滞在した。エルコレヒオデメヒコ大学院大学とリヨンの東アジア研究所で、アジア経済論の講義を行うのが目的であった。本書はこのときの講義の内容がベースになっている。

メキシコシティやリヨンに滞在し、学生や先生たちと議論する中で、いろいろなことを考えた。工業化のパターン、経済発展に占める政府の役割、企業の経営戦略や技術革新の問題に偏っていた私のアジア経済論を見直し、経済発展と社会発展の相互関係、あるいは「経済と社会のリバランス」という観点から捉え直す作業を始めたのは、このときの滞在経験がきっかけとなっている。

私がこれまでアジア経済論で心掛けてきたのは、工場、企業、生活の現場での観察からマクロの経済社会を照射すること、タイという一国の経験(地域研究)からアジア諸国・地域の動向を把握すること、そして、工業化を推進した政府の政策だけではなく、工業化を担った人々の活動とこれを支えた制度・組織を分析することであった。この方針は本書でも基本的には変わっていない。ただし、アジア諸国・地域の変化はあまりに速く、議論すべき問題も少子高齢化や経済的不平等の拡大など、多岐にわたるようになった。また、タイの経験をもってアジア経済を代表させることも、中国の台頭によって難しくなった。結局、いくつかの重要なテーマをまず設定し、「生産するアジア」「消費するアジア」「老いてゆくアジア」「疲弊するアジア」という四つの観点を軸にすえて、新興アジアの現実を捉えることにした。その意図をくみ取っていただければ幸いである。

本書の目次構成に取り掛かったのは、リヨンに滞在中の二〇一二年一二月のことである。また、本書で使用した多くの統計資料の収集と整理もこのときに行った。その後、二〇一三年度の大学院での演習では、アジア開発銀行、世界銀行、国際通貨基金（IMF）などの報告書を院生とともに読み、彼等と共に論点を整理していった。東京にいて膨大な統計資料や文献を収集し、リヨンにせっせと送ってくれた張馨元さん、そして私の議論の進展に貢献してくれた大学院の院生諸君に、まずはお礼を申し上げたい。日本総合研究所の大泉啓一郎氏、東京大学社会科学研究所の現代中国研究拠点事業に従事している伊藤亜聖氏、アジア経済研究所の佐藤百合氏からは、それぞれ草稿を読んだ感想と貴重なコメントを頂戴した。彼らにも謝意を表したい。

本書執筆の機会を与えていただいた岩波書店編集部の小田野耕明氏、編集を担当していただいた石橋聖名氏にも、それぞれ大変お世話になった。石橋氏とは、二〇〇二年の『岩波講座東南アジア史9「開発」の時代と「模索」の時代』の編集以来、二度目の仕事である。

最後に、メキシコシティとリヨンでの講義と実り多い研究を支えてくれた妻京子にも感謝したい。

二〇一四年六月　本郷にて

末廣　昭

末廣 昭

1951年生まれ．専門はタイ国研究，アジア経済社会論．1976年東京大学大学院経済学研究科修了．アジア経済研究所，大阪市立大学，東京大学社会科学研究所を経て，現在，学習院大学国際社会科学部教授．東京大学名誉教授．経済学博士．
『タイ　開発と民主主義』『タイ　中進国の模索』(以上，岩波新書)，『キャッチアップ型工業化論――アジア経済の軌跡と展望』(名古屋大学出版会)，『進化する多国籍企業』(岩波書店)，『東アジア福祉システムの展望』(編著，ミネルヴァ書房)など編著書多数．

シリーズ 現代経済の展望
新興アジア経済論――キャッチアップを超えて

2014年7月29日　第1刷発行
2020年8月6日　第7刷発行

著　者　末《すえ》廣《ひろ》昭《あきら》

発行者　岡本　厚

発行所　株式会社 岩波書店
〒101-8002 東京都千代田区一ツ橋2-5-5
電話案内 03-5210-4000
https://www.iwanami.co.jp/

印刷・理想社　カバー・半七印刷　製本・牧製本

ISBN978-4-00-028742-5　　Printed in Japan